中国古代法律文献研究丛刊

主编 徐世虹

李雪梅 著

昭昭千载 法律碑刻功能研究

上海古籍出版社

本书的出版得到中国政法大学交叉学科

"法律文献学"建设经费的资助。

本书为中国政法大学校级人文社会科学研究

项目的结项成果,并获得学校基本科研业务费的支持。

丛 刊 总 序

　　中国古代法律文献，一般是指以书籍形式或非书籍形式记载中国古代法律的文字资料，其主要载体有甲骨、金石、简帛与纸，其大别有传世文献与出土文献，其类别则有政书律典、行政与司法文书、审判档案、律学文献、实务参考、乡规民约、便民指南等等，种类繁多，数量可观。中国古代法律文献是认识中国古代法治文明的重要对象。在中国法律史学科发展已逾百年，历史文献学学科设立亦历三十余载的当下，对中国古代法律文献予以学理、学科的条理，是上述两个学科共同面临的任务。

一

　　中国古代法律文献的概念与类别的厘定，与制度因革、学者识见乃至学科发展密切相关。在传统学术中，《艺文志》为"学问之眉目，著述之门户也"，[1]因而是了解古代法律文献条理、传承的重要依据。《汉书·艺文志》未录律令，宋人王应麟言其原因为"律令藏于理官，故志不著录"。[2] 余嘉锡亦言，"盖班固作《志》，用《七略》之成例，《七略》不录国家官书，故不得而入之也"。[3] 西晋荀勖《中经新簿》创立四分法总括群书，丙部始见"旧事"。梁阮孝绪《七录》"记传录"则有旧事部、职官部、仪典部、法制部，发官书入志之先声。《隋书·经籍志》以四部分类，史部亦有旧事、职官、仪注、刑法诸篇。其中的旧事包括旧有政令、品式章程，职官为官职、官仪、官名之书，仪注为礼仪制度

---

[1]　（清）王鸣盛撰，黄曙辉点校：《十七史商榷》卷二二《汉艺文志考证》，上海古籍出版社，2013年，第248页。

[2]　（宋）王应麟著，张三夕、杨毅点校：《汉制考　汉艺文志考证》，中华书局，2011年，第232页。

[3]　余嘉锡：《目录学发微　古书通例》，上海古籍出版社，2013年，第148页。

之书,刑法为晋至隋的律令、律注之书,其体例可谓自汉志以来而一大变。官书之入志,不仅使唐以前法律文献中的典章制度现于史部,亦令天下之书门类扩充,条理清晰,因而成为后世经籍志的编撰定制。如《旧唐书·经籍志》、《新唐书·艺文志》乙部史录,皆列旧事(故事)、职官、仪注、刑法类,《宋史·艺文志》《明史·艺文志》亦然。至《四库全书总目》,国政朝章、六官所职仍入此类,仪注、条格"均为成宪,义可同归",只是"未可仍袭旧名",于是以"政书"领属通制、典礼、邦计、军政、法令、考工,以"见综括古今之意焉"。①

历朝历代的典章之制,于官修目录的史部自可循其踪迹,撮其大要,而若将中国法律史的视野扩展到制度以外,则追寻礼法关系、诸子法律观念、法言法语、乡里秩序,又必不可无视经、子、集部。如此说来,意欲探究中国古代法律,则四部之书当无所不涉。其存量之夥,自可想见。

伴随着编纂史志目录传统的继承及学科研究对象的延伸,新的史志目录在政书类的定位、归属上呈现出进一步的拓展。如《中国古籍总目》是全面反映当下中国古代文献流传与存藏状况的总目录,②历时十七年而成。其《史部·政书类》下辖丛编、通制、仪制、邦交、军政、刑法、考工、水利、章则、公牍、档册、杂录之属,刑法之属包括了律例、刑案、刑制、检验、治狱、判牍各类。③以刑法之属所见,其类别与范围显然要大于既往目录,包括了立法、司法、律学、普法、司法档案诸类。尽管其类目有的彼此关系不清,④类目与书目也有不尽贴切之处,⑤但合理的范围扩大无疑有益于法律文献的归类。

据《中国古籍总目》研究统计,中国古籍的著录总数为二十万种,其中"刑法之属"就有近八百种,若再网罗系于他类他部者,其数量将更为繁多。⑥然而毋庸赘言,事实上中国古代法律文献的存量无疑还有更多。百年来出土文

① (清)永瑢等撰:《四库全书总目》卷八一,中华书局,2008年,第693页。
② 《中国古籍总目》编纂委员会编:《中国古籍总目》,中华书局、上海古籍出版社,2009年。
③ 《中国古籍总目》编纂委员会编:《中国古籍总目·史部》1,"目录"第2页。
④ 例如"律例"与"刑制"单就类目看,应是规范,但就关系而言,刑制应在律例之下,二者并非并列关系,更何况刑制类下所系书目多为研究刑制之作,本身不是规范。
⑤ 例如《读律心得》、《法官须知》、《公民必读》、《直隶法律学堂讲习科讲习》之类,系于"律例"类下当有不妥。
⑥ 自20世纪30年代以来,有3部重要的古代法律文献目录问世。孙祖基的《中国历代法家著述考》(1934)辑书572种,李祖荫等的《中国法制史参考书目简介》(法律出版社,1957年)辑书932种,张伟仁主编的《中国法制史书目》(中研院历史语言研究所,1976年)著录书目2352种,可见数量会因学者的识见不同而有所变化。

献的丰富、金石资料的发掘、司法档案的迭见、各类契约的存藏,是充实其存量的重要来源。以出土的秦汉法律文献为例,敦煌、居延汉简是汉代西北边境屯戍者的生活记录,数量庞大,内容丰富,是研究秦汉法律史重要的资料来源之一;而湖北云梦睡虎地秦墓竹简(1975)、甘肃武威王杖诏书令木简(1981)与东汉墓汉简(1989)、湖北江陵张家山247号汉墓竹简(1983)与336号汉墓竹简(1988)、云梦龙岗秦简(1989)、尹湾汉简(1993)、湘西里耶秦简(2002)、湖南长沙走马楼汉简(2003)与东牌楼简牍(2004)、湖北云梦睡虎地M77号墓汉简(2006)、岳麓书院藏秦简(2007)等,内容涉及秦汉律令、司法文书、行政文书,它们的相继发现极大地充实了秦汉时期的法律文献。再如中央各部院衙门的各类档案、地方政府的司法档案,也是占据古代法律文献份额的重要资料群。仅据邢永福主编的《北京审判制度研究档案资料选编》(清代部分)所见,其书即包括了第一历史档案馆所藏内阁、军机处、大理寺、顺天府、京师高等审判厅、宗人府、内务府、宪政编查馆等21个全宗,近百万件档案资料,成精装26册。各地地方司法档案见知者则有巴县档案、淡新档案、南部县档案、宝坻档案、黄岩档案、冕宁县档案、龙泉司法档案等,它们之于地方司法的认识作用自然毋庸赘言。与此同时,非汉语的古代法律文献也是中国古代法律文献的重要组成部分,它们的存世与整理同样具有重要的学术价值。

铜器铭文、石刻文献、秦汉简牍、敦煌吐鲁番文书、黑水城文献、明清档案、契约文书,这些耳熟能详的资料群已是继传统的四部分类后古代法律文献重要的组成部分。张伟仁主编的《中国法制史书目》按规范、制度、理论、实务归类,著录书目2352种,是迄今为止最为宽泛、详备的古代法律文献目录,但其缺憾之一是实物法律文献未列其中。因此若续编以实物法律文献目录,古代法律文献的全貌可以得到更详尽的反映。

二

中国古代法律的编纂历史悠久,解释之学其来有自。如果以律学、吏学的视角考察中国古代法律文献的整理研究,其源流自成一脉。从睡虎地秦简《法律答问》、岳麓书院藏秦简《为狱等状四种》、张家山汉简《奏谳书》、汉律章句，到魏晋律学、《唐律疏议》、《名公书判清明集》乃至明清公私注律著作，经学者与法吏之手而成的律学著作颇为可观。尽管律学的传承带有明显的经世致用的观念主导，法律适用与普法宣传的需要也是国家、法吏、学者参与其事的动因，因而律学著作的产生与传承并不具备学科意义上的独立品格，但它们作为历史文献之一端，无疑具有传统学术的方法与经验。如律章句与律疏可视为历史文献学中传注学的体现，与《奏谳书》等同类的案例汇编亦可看做编纂学的成果。

春秋战国至秦汉时期的法律，经历了由简至繁、不断孳乳的变化。及至东汉末年，断罪时具有法律效力的律令、章句总量已多达七百七十三万二千二百余言，而如此浩繁的文本经魏晋至隋唐，唯存《律疏》三十卷。因此欲知唐以前的法制状况，非爬梳剔发而不能。南宋王应麟为汉律辑佚之开先者。其于《汉制考》辑佚《周礼》郑注及《说文》所见汉律令，又于《汉艺文志考证》"法家"增汉律、汉令二种；他所撰写的大型类书《玉海》凡 21 门，其中的"诏令"门下有律令、赦宥、刑制。清乾嘉以来，史家往往补撰史志，明辨源流，"刑法"类文献藉此而更得条理。及至清末，汉律辑佚再兴，杜贵墀、张鹏一、薛允升、沈家本勉力而为，民初程树德踵趾其后，其中以沈氏的《汉律摭遗》成就最高。沈家本的《历代刑法考》与程树德的《九朝律考》，从方法论而言也是辑佚考据的鸣世之作。

百年来，在传统学术的浸润与先贤业绩的影响下，尤其是伴随着新发现文献的价值彰显，古代法律文献的整理研究成果迭现。传世法律文献的整理成果钩其要者：如目录以张伟仁主编的 3 册《中国法制史书目》为案头必备。注释成果可以形成两个峰值的刑法志与《唐律疏议》为代表，前者有内田智雄主编的《译注中国历代刑法志》(创文社 1964)，[①]高潮、马建石主编的《中国历代刑法志注译》(吉林人民出版社 1994)，梅原郁编《译注中国近世刑法志》(上、下)(创文社，2002、2003 年)，[②]另中、日学界还有若干单篇刑法志的译注成果；后者有日本律令研究会编《唐律疏议译注》(东京堂，1979—1996)，美国

---

① 此书为《汉书·刑法志》《晋书·刑法志》《魏书·刑法志》三志的译注。1971 年创文社出版了《译注续中国历代刑法志》(隋志、两唐志)，书后附有梅原郁的"补记"；2005 年创文社出版了《译注续中国历代刑法志(补)》，书后增补了冨谷至的"解说"。
② 该书上卷为《旧五代史》《宋史》《辽史》《金史》刑法志的译注，下卷为《元史》《明史》刑法志的译注。

学者 Wallace Johnson 的英文译本(*The T'ang Code*,Princeton University,1979、1997),曹漫之主编的《唐律疏议译注》(吉林人民出版社 1989),刘俊文撰写的《唐律疏议笺解》(中华书局 1996),韩国学者任大熙、金铎敏主编的《译注唐律疏议》(韩国法制研究院 1994—1998),钱大群撰写的《唐律疏义新注》(南京师范大学出版社 2007)。辑佚成果中影响较大者,为仁井田陞的《唐令拾遗》(东方文化学院东京研究所 1933)与池田温主编的《唐令拾遗补》(东京大学出版会 1997)。至于各种汇编、点校成果则更不胜枚举。杨一凡多年来致力于古代法律文献的挖掘与整理,他所主编的《中国珍稀法律典籍集成》(14 册)、《中国珍稀法律典籍续编》(10 册)等数种成果,钩沉拾遗,包举恢博,令中国古代法律文献的价值更得彰显。

出土及新见古代法律文献问世后,相关的整理研究取得了更为突出的成就。如睡虎地秦简法律文书面世三十余年来,已有中、日、英、韩文译注本行世,目前新的校释、集释研究正在进行中,显示了这一划时代发现所具有的深远影响;又如张家山 247 号汉墓所出法律文献价值宏富,海内外的译注、集释成果已多达十余种,语种涉及中、日、英、德;敦煌吐鲁番文书中的法制资料是研究唐代法制的重要文献,对此中日学者悉心研判,爬梳钩稽,产生了如山本达郎、池田温等编纂的《敦煌吐鲁番社会经济资料集》(东洋文库 1978—2001)、刘俊文撰《敦煌吐鲁番唐代法制文书考释》(中华书局 1989)等系列成果;而《天圣令》的基础研究亦未止步于整理成果的出版,中、日、韩等多语种的译注研究同在进行之中。或可如是说,中国古代法律文献的整理研究在当下体现了较高的国际化程度。

古代法律文献的整理研究方法多端,其中的译注校释最见学者的综合功力。文献的本真非整理者潜心钻研、切身体味而不得,因而也是其费力费时所在,甚至代际传承亦不乏其例。研究者旷日持久的点滴推进,在令古代法律文献存量增加的同时,也表明其整理研究将是一个漫长的过程。

伴随着古代法律文献存量的增多及研究的需要,一门新的分支学问——"法律文献学"亦孕育而生。张伟仁主编的《中国法制史书目》堪称一部详备的专科目录,所收之书均写明版本、作者小传、重要内容及存藏处,其学颇已予焉。1986 年,中国政法大学法律古籍整理研究所第一任所长高潮先生与学者史幼华首倡建立法律文献学,并阐述了该学的特点、文献分布及研究方法。① 此后高潮、刘斌所撰的《中国法制古籍目录学》(北京古籍出版社 1993)为破茧之作，为古代法律的"辨章学术，考镜源流"做了有益的尝试。张伯元的《法律文献学》(浙江人民出版社 1999)则是第一部冠以此名的专著，全书的内容由类目、文献概况、法典编纂、整理研究四章构成，为此学的奠基之作。李振宇、李润杰的《法律文献学》(湖南人民出版社 2010)则涵盖古今，意在构建中国法律文献学学科理论体系。

中国古代法律文献的整理研究，既往或依附于实学而自成一脉，或因时局之变而钩沉图存，终究藉传统学术的浸润与现代学术的发展而渐成规模，蔚然可观。其学之出，亦在必然。然而有关此学的冠名、对象、范围、内容以及体系，仍需要进一步探讨完善。

三

中国古代法律文献是中国古代法律的载体，研究中国古代法律的第一要务就是精读相关文献，这在方法论上无需赘言。近年来学界对中国法律史的学科属性多有申说，由此还涉及了对研究路径、方法的评价。但是从总体而言，法律史学科的双重属性是人们早已认同的基本识见。这一属性为研究者设定了双重门槛：既要求有法学的素养，又不允许历史学的缺位。割裂学科的双重属性而过度强调单一属性，或据学缘而自负其能，或身居此学而无意甚至回避汲取彼学，都不能真正推动法律史研究的进步。

事实上有关中国法律史研究的基本方法，中外先贤早已论之甚确。日本明治、大正以来的法制史学界，有法科派与文科派之别，两派各以比较法制史与文化史为主要的研究方法与路径。被视为法科派"牙城"的法学博士泷川政次郎在论及法制史的研究方法时，即以史料的搜集——史料的批判——史料的整理与解释——史论的构成与表现为逻辑关系。② 史料的搜集需要史家的意识与法律史学的眼力，史料的批判又要求文献学的知识乃至史学史的眼

① 高潮、史幼华：《建立法律文献学推进法学古籍整理工作》，《政法论坛》1986 年第 5 期，第 60—65 页。
② 泷川政次郎：《日本法制史》(上)，讲谈社，1985 年，第 49—58 页。是书初版 1928 年由有斐阁刊行。

光,史料的整理解释更是对学者各科学识的考量,史论的构成则是所有逻辑关系的最终落脚点。陈顾远论中国法制之"史疑",指出推测之辞不可为信,设法之辞不可据,传说之辞不可为确,①强调的是对史料的信疑之辨。林咏荣认为,考订史实以判别史之真伪,整理史料以贯通史之系统,确定史观以把握史之重心,是研究法制史应持有的态度与方法。②

先贤论之既备,法律史研究的基本方法亦毋庸赘言。在法律史研究的范围已由制度史、思想史扩展至文化史、社会史的当下,方法论颇为论者关注,然而先贤所总结的这一方法的指导意义仍当明察。揆其要义,以为有三:其一,法律史研究者当亲身研读基础史料,等待"服务"的意识难以规避人误我亦误的风险;其二,对新材料的占有与旧材料运用的反思,是推动法律史研究进步的动因之一;其三,论从史出的精耕细作与宏观提炼在本质上并无二致,二者是逻辑上的渐进关系,"见微知著"是其必然途径。"见木不见林"固然令研究价值失半,而"见林不见木"则难免空中楼阁之虞。中国法律史的研究有方法、理论、对象、流派的不同,自然不是非此即彼的关系。但对史料的重视与考证不等于对史论的必然漠然,对宏观考察的强调也不意味着对细节的有意忽视。换言之,对研究方法的表象感知不意味着评价的确然可信。

法律史学科的双重属性对历史文献学的促进作用也是不言而喻的。在法学领域,中国法律史是一门成熟学科,对基础文献的重视自研究之始即为先学所重,百年来在学科建设与发展中获得了基本认同与共识;在历史学与文学领域,文献学的发展历史更为悠久,及至当下,学科系谱下有历史文献学与古典文献学两个二级学科。但需要看到的是,栖身法学的文献研究难以在学科层面破茧而出,历史文献学下的法律文献也需要符合学科特征的表述。在中国古代法律文献的整理研究既不能脱离历史文献学而为之,亦不能隔绝法律史学而独行,且历史文献学已衍生出具有鲜明学科特色的分支研究的现实下,正如民族文献、宗教文献、医药学文献、农学文献已愈发显现出学科与文献交叉后的发展前景,古代法律文献学也是目下已事实存在且有待进一步充实完善的新的学科发展点。古代法律文献的产生、聚散、存量、种类、编纂、

---

① 陈顾远:《中国法制史》,商务印书馆,1934 年,第 3—10 页。
② 林咏荣:《中国法制史》,三民书局,1980 年(增订八版),第 2—4 页。

实证、解释，是文献学的研究对象与目的，它的准确揭示与清晰描述，将更有益于中国法律史的深入研究。

四

中国政法大学法律古籍整理研究所成立于 1984 年，是在当时全国高校中率先成立的第一所专门从事中国古代法律文献整理研究的学术机构。建所宗旨是搜集、整理、研究中国古代法律文献，传承中国古代法律文化精粹，振兴与繁荣传统学术。三十年来，全所几代学人秉持宗旨，勉力前行，取得了《中国历代刑法志注译》、《大清律例通考校注》、《中华大典·法律典·刑法分典》(全五册)、《沈家本全集》(全八卷)等较为同行所关注的集体成果，研究所所刊《中国古代法律文献研究》的学术影响力也在逐步提升，研究所成员亦在传世法律文献、出土法律文献、民间法律文献方面形成了各自的研究旨趣。2009 年，研究所成为教育部全国高等院校古籍整理研究工作委员会的直接联系单位，迎来了新的发展机遇。

值此建所三十周年之际，研究所拟编辑出版"中国古代法律文献研究丛刊"。丛刊为开放性的系列丛书，自今年始陆续推出。丛书的内容以作者的研究旨趣为出发点，主要体现古代法律文献以及文献作用于法律史研究的研究成果，以此反映这一学术领域的现状与水准。

本丛刊的出版，得到了上海古籍出版社的支持，也得到了中国政法大学重点学科、交叉学科建设经费的资助，对此谨致谢忱。

徐世虹

2014 年 5 月 3 日

2019 年 7 月 8 日修订

目　　录

第一章　法律碑刻分类原则

历代碑石数量众多。哪些碑石属于法律碑刻，如何对其定性与分类，是法律碑刻研究的根基。本章在对传统及当代碑石整理范式及碑石分类进行总结、检讨的基础上，阐明将其分为公文碑、规章碑、示禁碑、契证碑、讼案碑和法律纪事碑等类别的依据，以及化解分类冲突的原则，并以此作为法律碑刻规范性整理和研究的范式。

一、法律碑刻分类举要

（一）碑志之分类编纂

1. 传统金石志分类尝试

中国石刻文献著录源自汉魏，兴盛于两宋，完备于清，正如朱剑心所言："金石之学，肇于汉，盛于宋，而中衰于元、明。入清以后，百年之间，海内渐定，群治朴学，而斯学乃复兴焉。"[①] 现传世的宋代以来的石刻文献著录，计有上千种。[②] 加上遗佚不传者，共约 2200 余种。[③]

传统金石著录编排以按朝代分卷、按时间顺序为主导，宋代赵明诚《金石录》，清代王昶《金石萃编》、陆增祥《八琼室金石补正》，以及地方专志如《山左金石志》《山右石刻丛编》《江苏金石志》等均是如此。

传统著述对碑志进行分类编纂者不多，较典型之例，一是南宋佚名撰《宝刻类编》，将所录碑目分为帝王、太子诸王、国主、名臣、释氏、道士、妇人、姓名

---

① 朱剑心：《金石学》，浙江人民美术出版社，2015 年，第 35 页。
② 黄立猷《金石书目》（民国十五年活字本）著录 878 种，补遗 47 种，总计 925 种。林钧《石庐金石书志》（民国十七年自刊本）著录 970 种。容媛《金石书录目》收尚存之书上千种，参见氏著《金石书录目》"容庚序"和"分类目"，民国十九年刊本，第 5—10、17—19 页。
③ 据宣哲之《金石学著述考》，引自朱剑心：《金石学》，第 61 页。

残缺等八类,每类"以人名为纲而载所书碑目,其下各系以时月、地名";①二是明陈暐编《吴中金石新编》,将所收碑刻分为学校、官宇(附仓驿)、水利、桥梁、祠庙、寺观、杂纪等七类,凡一百余篇。② 该书独选明初诸碑,内容皆取"有关郡中利弊者。而于颂德之文、谀墓之作,并削而不登",③在传统金石志中,可谓特立独行。

作为"孤例"性的古代碑志分类著录对后世影响甚微。清代叶昌炽将载录石刻文献的方式总括为六种:一曰存目,一曰录文,一曰跋尾,一曰分代,一曰分人,一曰分地。④ 清人匡源曾对历代金石著录评论道:"体例各殊,繁简不一,从未有分门别类勒为一书者。"⑤民国学者朱剑心对分类之事进行探讨言:

> 昔人著录石刻,从无分类,亦罕有专录一类者。名称尤不注重,任意标举,往往失实。近世以来,始有考订名称,专录一类之作;而分类以著录者,仍未尝有。颇病宋清两代著录之书,各类杂出,泛滥无归:碑版与瓦砖并列,墓志与造像纷陈,此言其制也;亦有典章与诗文杂录,题名与画像同流,此言其刻也。今宜将历代石刻分类录出,作一统计,庶使读者开卷厘然,不致瞀瞀,此亦我辈之事也。⑥

朱氏进而提出石刻的分类之法,"以石刻之形制为经,而以所刻文字之性质为纬……或为经,或为颂,或为诗文,或为题名,更分列若干子目以系之"。⑦

---

① 《宝刻类编》不著撰人名氏。《宋史·艺文志》不载其名,诸家书目亦未著录,世无传本,仅见于《永乐大典》中。《名臣类》十三之三,《永乐大典》原阙,故自唐天宝迄肃、代两朝碑目未全。详见《钦定四库全书·宝刻类编八卷·提要》,载林荣华校编:《石刻史料新编》第1辑第24册,台北新文丰出版公司,1982年,第18404页。

② (明)陈暐《钦定四库全书·吴中金石新编·提要》,载林荣华校编:《石刻史料新编》第3辑第5册,台北新文丰出版公司,1986年,第362—488页。

③ 《钦定四库全书·吴中金石新编·提要》,载《石刻史料新编》第3辑第5册,第361页。

④ (清)叶昌炽撰,柯昌泗评:《语石·语石异同评》,陈公柔等点校,中华书局,1994年,第559—560页。下同,省略撰、评、校者和出版信息。

⑤ (清)匡源:《汉石例序》,载(清)朱记荣辑:《金石全例》(上),北京图书馆出版社,2008年,第645页。下同,省略辑者、出版信息。

⑥ 朱剑心《中国金石著录法》,原刊1941年10月《世界文化》第3卷第3、4辑,现收入朱剑心:《金石学研究法》,浙江人民美术出版社,2015年,第25—50页。

⑦ 朱剑心《中国金石著录法》,第43页。

但遗憾的是,朱剑心七十多年前的主张,尚未完全在实践层面落实。

其实此前,传统金石学家已在学理层面对碑石分类作过多种形式的探讨。元代潘昂霄在所撰《金石例》中曾梳理德政碑、墓碑、神道碑、家庙碑、先庙碑、先茔先德等碑之源流和体例,并已注意到不同用途之碑志有不同的发展路径和表达方式。[①] 在清代金石义例学发达之时,分类探讨碑志文例也成一时风气。刘宝楠著《汉石例》将所甄选的东汉碑石分为"墓碑例百五十,庙碑例二十九,德政碑例十三,墓阙例十一,杂例三十二,总例四十八,为文之体,略备于斯";[②]梁廷枏著《金石称例》及《续金石称例》则将碑志分为国制、官属、姻族、丧葬、文义、时日、二氏等七类,[③]均为有益的尝试。虽然金石义例学派[④]对碑志分类多从文体学的角度,但已注意到德政碑、墓碑、神道碑等的相对独立性,对后来的碑石分类有一定影响。

清末民国学者对碑石分类的探讨较为积极。叶昌炽《语石》据碑石的主要功能和作用分为述德、名功、纪事、纂言四大类,强调:"立碑之例,厥有四端……此外石刻为碣、为表、为志、为碶、为石阙、为浮图、为幢、为柱、为摩崖、为造像、为井栏、为柱础,其制为方、为圆,或横而广,或直而修,或觚棱、或觕确,皆非碑也。"[⑤]叶氏将碑文与其他形制和功能的石刻文字做了区分,再将碑文和石刻文字细分为石经、字书小学、封禅、诏敕、符牒、书札、格论、典章、谱系、界至等四十一小类。朱剑心对《语石》的分类进行"循名核实",指出"凡形制之别有十,刻辞之别二十又六,而碑与志又兼为文体之名,实二十又八"。为避免《语石》中的分类杂乱,朱氏提出以形制为基础,分为刻石、碑碣、墓志、塔铭、浮图、经幢、造像、石阙、摩崖、地莂等十类;按刻辞性质,分为六经、佛经、道经、封禅、诅盟、诏敕、符牒、投龙、典章、谱系、界至、医方、书目、题名、诗

① (元)潘昂霄:《金石例》卷2,载《金石全例》(上),第54—63页。
② (清)刘宝楠:《汉石例·序》,载《金石全例》(上),第653页。
③ (清)梁廷枏:《金石称例》,载《金石全例》(中),第707—761页;(清)梁廷枏:《续金石称例》,载《金石全例》(中),第763—778页。
④ 梁启超将清代金石学研究细分为以顾炎武、钱大昕为代表的"专务以金石为考证经史之资料"的考据派,以黄宗羲等为代表的"从此中研究文史义例"的义例派,以翁方纲、黄易为代表的"专讲鉴别,则其考证非以助经史"的鉴藏派,以包世臣为代表的"专讲书势"的书艺派,以及以叶昌炽为代表的"集诸派之长"的综合派。义例派在清代金石学中的重要性,仅次于考据派。参见氏著《清代学术概论》,东方出版社,1996年,第52—52页。
⑤ 《语石·语石异同评》,第180—181页。

文、书札、字书、格言、吉语、题榜、楹联、符箓、玺押、画像、地图、礼图等二十六类,并对易混淆的类别列出标准,细加说明。①

总体而言,从宋代至清代、民国,对石刻进行分类著录研究者为数不多,成果不过十数种,在存世的上千种金石著录中,所占份额几可忽略不计。之所以出现这种分类理论和实践势弱状况,推测原因有二。

一是传统志书载录碑石多截止到金元而不及明清。就石刻数量、种类的丰富度而言,汉唐宋元与明清,均有较大差距。以山西为例。清光绪十八年(1892)官修《山西通志·金石记》(单行本称《山右金石记》)收录汉以来碑刻1550通;清光绪二十五年(1899)胡聘之纂修《山右石刻丛编》辑录从北魏至元代碑刻资料712篇。而当代张正明、科大卫主编的《明清山西碑刻资料选》三辑(山西人民出版社,2005年;山西古籍出版社,2007年;山西经济出版社,2009年)所收录的明清碑文有1364篇,仍不过是山西明清碑刻资料的冰山一角。②

二是传统石刻整理者注重考据,侧重于铭刻中的典章制度和名家书法,广泛存在于民间的碑刻未受到应有的重视,所载碑志内容相对简单,无分类整理之必要。

而当代社会,由于学科分化和地方史志研究的需要,大量长期被忽视的碑石被重新视为有待挖掘的"史料宝库",简单地按年代编排,无法展现碑石的多重价值,分类整理和研究遂成为一个新的课题。

2. 当代碑志分类特色

从实践层面看,当代碑志按年代顺序编排、分地或分类系年仍是主流,但各种分类尝试明显增多,目前所知以分类形式出版的碑志著述(包括文物志)已不下百种。各书采取的分类标准不一,或基于形制、内容,或按性质、功能,均不失为一种有益的尝试。在当代碑志分类编纂整理中,已出现以下特点:

1) 墓志、寺庙碑、教育碑等独立成类。当代一些区域性碑志著述多采取

---

① 朱剑心:《金石学研究法》,第43—47页。
② 新中国成立后,经过文物部分的多次调查和普查,认为山西现存各类碑碣大约2万通。至2006年,山西有9个市出版了《三晋石刻总目》,共收录存碑11878通,佚碑4168通,合计16046通。参见李玉明:《三晋石刻大全·临汾市洪洞县卷》"总序",三晋出版社,2009年

兼顾普遍性和个别性的分类原则。《北京市石景山区历代碑志选》分为墓碑石刻、墓志铭、寺庙碑刻和石经艺文四类。[①]《怀柔碑刻选》从现存和已知的100多种碑刻中辑录寺庙、长城、城垣廨宇、墓志、艺文五类共42种。[②]《辽南碑刻》按寺庙碑、德政碑、墓碑、贞节碑、墓志铭、纪念碑、石经幢、桥碑、日本碑、俄文碑、其他等进行分类。[③] 上述分类中,墓碑、墓志、寺庙碑等属于各地常见的石刻类别,具有普遍性;石经、长城碑、日本碑、俄文碑等类别则具明显的地域性。

有些碑志著录分类较细,但在编排时也有意将功能相近者进行归并。《黑龙江碑刻考录》共收碑265通(含牌坊3个),分为记事碑,界碑、告示碑、建置碑(附遗址碑),德政碑、纪功碑,墓碑、神道碑、生圹志铭,祠堂碑、庙碑,节孝碑,总计六章。[④] 其分类特色是将形制、功能近似的小类合组为大类,如将与丧葬有关的墓碑、神道碑、生圹志铭并为一组;界碑、告示碑、建置碑多与行政管理有关,也并为一大类。《吉林碑刻考录》列有记事碑、寺庙碑、记功碑、墓碑、祠堂碑、其他六章,实即为六大类,大类下包含功能相近的小类,如记事碑包括界碑、摩崖石刻、纪念碑、告示碑,寺庙碑包括宗教碑、文庙碑,记功碑包括德政碑、去思碑、遗爱碑,墓碑包括神道碑、墓志铭、节孝碑,祠堂碑包括御赐祭文碑、上谕碑,其他类包括日文碑及刻石等。[⑤]

在各种分类中,有些类别呈现出明显的独立性,墓碑墓志即是一例。无论是文物志还是碑志辑录,墓志多单独成类。也有些碑刻集将墓志归为人物类。《丽江历代碑刻辑录与研究》将所录102通碑按内容分为宗教、人物、历史事件、桥梁、教育、法律法规和其他七类。其中人物类碑记数量最多,有37通,以墓碑和诰封碑为主;其次为宗教类碑记,有17通。[⑥]《宜良碑刻》收录147份碑文,分为水利、文教、宗教、社俗、人物、交通、宗族等,其中人物类也以墓志为主。[⑦]

---

① 中共石景山区委宣传部等编:《北京市石景山区历代碑志选》,同心出版社,2003年。
② 政协北京市怀柔区文史资料委员会编:《怀柔碑刻选》,内部资料,2007年。
③ 崔世浩编著:《辽南碑刻》,大连出版社,2007年。
④ 王竞、滕瑞云编著:《黑龙江碑刻考录》,黑龙江教育出版社,1996年。
⑤ 皮福生编著:《吉林碑刻考录》,吉林文史出版社,2006年。
⑥ 杨林军编著:《丽江历代碑刻辑录与研究》,云南民族出版社,2011年,第4—6页,凡例,第217—233页。
⑦ 周恩福主编:《宜良碑刻》,云南民族出版社,2006年。

寺观、教育、水利等类碑刻因数量较多，单独设类也较常见。《嘉定碑刻集》将碑石按内容分为社会政治、经济赋税、文化教育、营建修缮、沟洫水利、寺观祠宇、功德传记、园宅艺文、墓志墓表和佚碑存目十大类，为数较多者依次为墓志墓表(293 种)、寺观祠宇(133 种)、文化教育(110 种)类。①《宁波现存碑刻碑文所见录》共收录碑刻 2671 种，分七大类，其中教育科举学校类收自北宋到民国碑目 381 种，水利类收自南朝至民国碑目 167 种，城垣桥梁建筑类收碑目 401 种，军事类收碑目 41 种，寺观祠庙会馆类收自唐朝至民国碑目 889 种，墓志铭类收自汉代至民国碑目 511 种，其他类收自晋代至民国碑目碑目 281 种。其中墓志、寺观、文教、水利类碑石不仅数目多，而且历时相对久远。②

综之，尽管上述诸书对碑石分类采用不同标准，但墓志、宗教(寺庙)、文教(学校)、水利等独立成类的趋势较为明显。

2) 专业碑志分类细化，类目并举。专题专业碑文汇编多以类系年，但细目化趋势较之综合性碑志更为明显，往往以类聚文，类目并举。以工商经济类碑刻为例。基于 20 世纪五六十年代关注"阶级斗争"的特殊社会背景，编著者对工商业碑刻的整理多按地区、行业分类。《江苏省明清以来碑刻资料选集》收录苏州碑刻 253 通，按行业分为丝织、综业、绸缎类，染坊、踹坊、布坊类，赋税、扰民类，会馆事务类等 17 类。③《明清苏州工商业碑刻集》分为丝绸刺绣业、棉布洋布业等 20 目。④《清代工商行业碑文集粹》将北京、上海、苏州、杭州四地的工商碑文，依据地区特色，分为数行至二十余行不等，其中北京分冶行、木瓦作行、药行、颜料行等 18 行，上海分水木业、典业等 14 行，苏州分布染踹业等 27 行，杭州分丝织业等 7 行，共收录碑文 179 通。⑤

当然，出于不同的研究目的，分类的标准也不尽一致。《上海碑刻资料选辑》为"上海史资料丛刊"之一，选编目的是为上海的地方历史研究提供第一手史料，特依碑石内容、性质分类编排，计有沿革和名胜古迹、社会经济、会馆公所、社会治安、学校、其他六大类，社会经济类下又分港口码头和航运、城镇

① 嘉定区地方志办公室、嘉定博物馆编：《嘉定碑刻集》3 册，上海古籍出版社，2012 年。
② 龚烈沸：《宁波现存碑刻碑文所见录》，宁波人民出版社，2006 年。
③ 江苏省博物馆编：《江苏省明清以来碑刻资料选集》，北京三联书店，1959 年。
④ 苏州历史博物馆等合编：《明清苏州工商业碑刻集》，江苏人民出版社，1981 年。
⑤ 彭泽益选编：《清代工商行业碑文集粹》，中州古籍出版社，1997 年。

商业和手工业、农业赋税和漕粮、水利等目。①

当代社会史研究者多按研究对象对碑刻进行分类。《明清以来苏州社会史碑刻集》按照社会史的内容,分为社会角色与社会群体、社会生活与社会合作、社会信仰与社会心态、社会问题与社会管理四大类,32 个子目。如社会角色与社会群体类主要是对墓志的设类,下设妇女儿童、农民、商贾、塾师郎中、粮长富户、士宦乡绅、将官、其他等 11 目;社会生活与社会合作类下设宗族生活与互济、行业生活与互济、公共生活与公益事业、其他 4 目;社会信仰与社会心态下设道教、佛教、回教、基督教、民间神祇、先贤祠祀、祖先崇拜、行业神灵、劝世劝善、其他 10 目;社会问题与社会管理类下细分为社会问题、赋役管理、商业管理、宗族管理、寺观管理、环境城市管理、其他 7 个子目,学科的专业特色颇为鲜明。②

当代对水利碑文的分类具有明显的行业特色,且将现代水利管理模式纳入分类体系。《渭南地区水利碑碣集注》将收录的 104 通碑石分为水利工程类(15 通)、水利管理类(9 通)、治河工程类(11 通)、水旱灾害类(15 通)、水土保持类(3 通)、濬泉类(10 通)、水井建设类(5 通)、水利纠纷类(15 通)、治水人物类(9 通)、其他类(12 通)。③《豫西水碑钩沉》将 1949 年以前的碑文分为大禹治水(8 通)、旱灾儆戒与赈济(41 通)、水灾赈济(34 通)、水利工程与管理(40 通)、官府断结水案勒石(9 通)、乐善好施等碑记(25 通)等六类。④《中州百县水碑文献》将河南省 110 个县市的 1786 通水利石刻按内容分为水信仰、旱灾与赈济、水灾与抗洪、工程与管理、人物纪事、景观作品六卷,其中水信仰类再细分为颂禹、水崇拜、祈雨三目,工程与管理类下分蓄水工程、供水灌溉工程、桥津、工程管理等目。⑤《河东水利石刻》辑录古河东(今运城)境内有关水利石刻 200 通,按内容分为禹功(20 通)、德政(16 通)、河水(27 通)、泉湖(14 通)、井池(30 通)、堤桥(18 通)、水规(18 通)、争讼(16 通)、灾异(14 通)、艇海(11 通)、祷雨(16 通)等十一类。⑥

由文物部门编辑的专题碑刻集,如《河北省明代长城碑刻辑录》,根据石

---

① 上海博物馆图书资料室编:《上海碑刻资料选辑》,上海人民出版社,1980 年。
② 王国平等主编:《明清以来苏州社会史碑刻集》,苏州大学出版社,1998 年。
③ 渭南地区水利志编纂办公室编:《渭南地区水利碑碣集注》,内部发行,1988 年。
④ 范天平等编注:《豫西水碑钩沉》,陕西人民出版社,2001 年。
⑤ 范天平整理:《中州百县水碑文献》(上下册),陕西人民出版社,2010 年。
⑥ 张学会主编:《河东水利石刻》,山西人民出版社,2004 年。

刻的形式、内涵,划分为城工碑,阅视、鼎建碑,纪年记事刻石,门额、台铭刻石,相关碑刻,墓碑、墓志铭,佚碑录文等八类,并对每一类别的形式和内容特征均有简要说明,①属于较为规范的专项碑志分类。

3) 采用交叉分类标准。由于历代碑石数目庞大,内容繁杂,采取单一标准进行分类往往无法应对,故多采取以一种标准为主而兼顾其他,或者是数种分类标准并用。《石上墨韵：连云港石刻拓片精选》兼用年代和内容两种分类法,分为史前文明、两汉雄风、唐宋胜迹、明清弥珍、民国遗踪、抗日烽火、民俗风情、功德纪念碑等类。②

大类和类目并列,也是一些碑刻著录常用的分类法。《北京道教石刻》将271 种石刻按内容进行分类,分为御制碑和敕建碑(20 种)、兴建碑(18 种)、重修碑(49 种)、人物碑(27 种)、香会碑(112 种)、诸事碑(38 种)、墓志志文(7种)七个部分。③ 其对道观修建碑的分类采取按事由的标准,但对香会碑却未作进一步的细分。这种分类层次不一的现象,在当代碑志书籍中并不少见。

《首都图书馆馆藏北京金石拓片目录初编》(铅印本,1959 年)采用碑石归属地加内容的双重标准。该书将北京城区和部分郊区的 1414 件碑石钟铭,按庙宇、官署、陵墓、行会会馆、题咏、其他进行分类编排,前四类均以单位名称按笔画顺序排列,单位内再依年代排列。为检索方便,特附编年索引,其分类法明显受到图书馆书目分类检索法的影响。

兼收古今碑文的《三晋石刻大全》,其分类标准尤有探讨的必要。该系列石刻资料汇编按县(市、区)分卷,全卷分现存石刻与佚失石刻,分别按时代顺序排列。附录中有"分类统计表",分碑碣、造像碑、摩崖题刻、名人题记、经幢、墓志铭、画像石、其他八类,即按碑石形制分类统计现存和佚失石刻数目。这些内容均尚属规范。问题较多的是附录中的索引分类,少者七八类,多者十余类,类别、次序各卷不尽相同。《长治市黎城县卷》(三晋出版社 2012 年版)分为乡规民约、题名题刻题诗、记事、烈士碑、墓志铭祭文、造像等、匾额、其他八类;《临汾市浮山县卷》(三晋出版社 2012 年版)分名碑、施政、教育、灾

---

① 河北省文物局长城资源调查队:《河北省明代长城碑刻辑录》,科学出版社,2009 年。
② 连云港市重点文物保护研究所编:《石上墨韵：连云港石刻拓片精选》,上海古籍出版社,2013 年。
③ 孙勐、罗飞编著:《北京道教石刻》,宗教文化出版社,2011 年。

荒、乡规民约及家训、诗咏及题名、义行、记事、烈士及纪念碑、诰命墓碑及墓志铭、经幢牌坊造像及摩崖题刻、匾额楹联、书法、其他等 14 类。其分类,将碑石的形制类别如造像、摩崖、石幢、匾额,与内容上的分类如施政、教育、灾荒、乡规民约等并列,更有墓志、记事等大类与诰命、祭文等细目的同序。更要害的是,对许多具体碑目的归类并不妥当(详见后文)。这些问题,当是设类随意、缺乏规范的分类标准造成的。

(二) 显见的法律碑刻分类及问题

在当代的碑刻资料辑录中,有些类别名称与法律碑刻关系密切,主题集中,较常见者有如下十类。

1. 法律法规类

《丽江历代碑刻辑录与研究》将碑文按内容分为七类,分别是宗教、人物、历史事件、桥梁、教育、法律法规和其他类。从数量上看,人物类最多,有 37 通,以墓碑和诰封碑为主;其次为宗教类,有 17 通;再次为法律法规类,有 14 通碑,包括《执照》碑,以及地方官府告示、公文及村规民约碑等。此处的"法律法规类"非指法律典章规范,而是比较宽泛的法律概念。但该书实际所载法律碑刻不止归入此类的 14 通,在宗教类和历史事件类中均存在。另该书附录"丽江历代碑刻补记"所载 63 通碑刻中,也包括法律碑刻 9 通。[1]

2. 圣旨敕谕类

《中国少数民族古籍总目提要·藏族卷·铭刻类》收录 172 条,其中石刻 135 条。全书按内容分为圣旨敕谕碑、盟约记事碑、功德纪事碑、建寺建塔碑、墓志墓地碑、捐资布施碑、石刻、铭文、牌匾楹联、其他十大类。前两类,即圣旨敕谕碑有 29 条,盟约记事碑 15 条,多属于法律碑刻。[2] 另《北京道教石刻》设有御制碑和敕建碑,《分水访碑录》中有敕赐碑类别,且均位居全书之首,是传统地方志、艺文志的通行编纂规则。

3. 告示、示谕类

在一些地方碑志辑录中,告示碑往往与墓碑、记事碑等并列,如《青浦碑

---

① 杨林军编著:《丽江历代碑刻辑录与研究》,云南民族出版社,2011 年。
② 国家民族事务委员会全国少数民族古籍整理研究室编写:《中国少数民族古籍总目提要·藏族卷·铭刻类》,中国大百科全书出版社,2014 年,第 3—25 页。

刻》将所选 53 通碑文分为墓志类(15 种)、记事类(25 种)、告示类(7 种)、艺术类(6 种)，其中告示碑 7 种均为清代。①《阿坝州文库·历代碑刻契文族谱》将碑刻分为墓冢碑、祠庙碑、功德碑、记事碑、告示碑、其他六类，其中告示碑 20 通，数量仅次于记事碑的 29 通。告示碑中也包括乡规民约碑和结案碑。②

依据通常的理解，告示碑上的内容应特指政府告示。《东莞历代碑刻选集》在对 200 通历代碑刻进行分类统计时，也特别列出"政府告示"碑 8 通。③但在不少分类中，告示碑和乡约碑往往错杂一处，这种状况在《三晋石刻大全》各卷中尤为明显。有的专类碑文辑录虽未标以"告示"之类目，但内容多以告示为主，如《绿色史料札记——巴山林木碑碣文集》将林木碑文分为风水古木、寺庙林木、墓冢林木、经济林木、林木采伐等，而告示禁碑分散于各个类别。④也有在记事类中设有告示碑细目，如《吉林碑刻考录》中的记事碑类包括界碑、摩崖石刻、纪念碑、告示碑。另《黑龙江碑刻考录》《分水访碑录》等书均有告示碑的专类。

台湾诸碑刻文集多设有"示谕类"或"示禁类"。《台湾南部碑文集成》将收录的 511 件碑文分为记、示谕、其他三类，并对各类之范围有简明之界定："记：凡记叙文属之，计 209 件。示谕：凡官禁示禁及谕告、执照之类属之，计 141 件。其他：各种捐题及不属以上二类者属之，计 141 件。"各类均按年代先后排列。⑤《台南古碑志》将 112 通碑石分为建置、示禁、其他三类，分别有51、35、26 种，并在大类下设小类，如示禁类下分抚恤民番、恶习陋规、农田水利，并制成"台南县古碑类别统计表"，⑥可见禁碑在清代台湾碑刻中的重要性。

4. 乡规民约类

《三晋石刻大全》大多数卷册的分类检索均列有乡规民约，所列位序前后

① 青浦碑刻编纂委员会编：《青浦碑刻》，上海青浦博物馆，1998 年。
② 《阿坝州文库》编委会编：《阿坝州文库·历代碑刻契文族谱》，四川民族出版社，2013 年，第66—84 页。
③ 东莞市文化广电新闻出版局编：《东莞历代碑刻选集》，杨宝霖"前言"，上海古籍出版社，2014 年。
④ 张浩良编著：《绿色史料札记——巴山林木碑碣文集》，云南大学出版社，1990 年。
⑤ 台湾银行经济研究室编印：《台湾南部碑文集成》，黄典权"弁言"，载《石刻史料新编》第 3 辑第 18 册，第 365 页。
⑥ 吴新荣纂：《台南古碑志》，载《石刻史料新编》第 3 辑第 20 册，第 152 页。

及数目多寡不一。《阳泉市盂县卷》《临汾市洪洞县卷》《临汾市侯马市卷》《长治市黎城县卷》《长治市长治县卷》《长治市屯留县卷》分别列有 19、10、1、14、7、7 通乡规民约碑。《晋中市寿阳县卷》标为"乡约碑",似对乡规民约的简化,计有 7 通碑,排位居首,下面依次为记事碑、诗文碑、庙宇碑、经文碑、标志碑、烈士碑、教育碑、墓碑、楹联碑、题名碑、摩崖碑,总计 12 类。但从归入乡约类的碑文内容看,其中既有官方的告示禁令,也有民间公议规则。《长治市黎城县卷》"乡规民约类"收入 14 通碑,前 4 通为明代《涉县为禁约事通知》《莅官总要》《兵巡道禁约》和清代《奉宪饬禁碑》,归入"乡规民约类"明显不妥,①当归于施政类,但该卷未像其他卷一样设"施政类",仅列乡规民约、题名等、记事、烈士碑、墓志铭祭文、造像等、匾额、其他八类,此或是造成归类不准的原因之一。而《阳泉市盂县卷》设有"施政类",却将带有官府示谕内容的万历四十八年(1620)《柏泉村神山禁谕碑记》归入乡规民约类,很难找出令人信服的理由。② 另《安康碑版钩沉》设有"乡规与民俗篇"的分类,其内容也是官方禁令和民间规约并存。③ 此类碑文中存在上述诸多问题,主要是对"乡规民约"缺乏明确的界定。

5. 禁令乡约类

《高平金石志》将内容大体相近的碑刻资料并为 16 类,与法律关系较密切者有田土钱粮类、纪荒息诉类、禁令乡约类。④ 其中禁令乡约类收录碑石 51 通,包括元明令旨及明清官府告示、乡约,文体有公文和记事,法律碑刻的特征鲜明,归类也基本准确。《中国少数民族古籍总目提要·侗族卷》收录贵州、湖南、广西、湖北等侗族分布集中地区的 46 种"款碑",也为乡规民约和官方禁令的合并。编者特别强调侗族汉语款碑的特色道:多为基层组织所立,内容比较简单;数量以乾隆年间以后所立为多,王朝统治已经深入侗乡,款约中对重罪处以极刑的很多条款被限制刻录;多数碑文均渗入了地方官府的旨意,为地方官府所利用;等等。⑤ 反映了在基层社会,官方告示禁令与乡规民

---

① 王苏陵主编:《三晋石刻大全·长治市黎城县卷》,三晋出版社,2012 年,第 647 页。
② 李晶明主编:《三晋石刻大全·阳泉市盂县卷》,三晋出版社,2010 年,第 126、799 页。
③ 李启良等编著:《安康碑版钩沉》,陕西人民出版社,1998 年。
④ 王树新主编:《高平金石志》,中华书局,2004 年。
⑤ 国家民族事务委员会全国少数民族古籍整理研究室编写:《中国少数民族古籍总目提要·侗族卷》"序言",中国大百科全书出版社,2010 年,第 4 页。

约的融合。而前述告示碑、乡规民约碑虽单独设类，却难免归类冲突的一个重要原因，就是忽视了清代官禁碑与乡约碑的相融共生。

6. 施政类

《三晋石刻大全》中"施政类"的设置是碑石分类的一个积极尝试。从字面理解，当为实施政务类的碑刻。与施政类并列者有教育类、科技类、灾荒类、乡规民约类、义行类等。但《大全》各卷施政类所收碑目，一个明显的问题是真正的施政碑为数有限，而散见于其他类中施政碑却比比皆是。《临汾市洪洞县卷》设 14 类，收录 1098 通碑石，其中施政碑有 158 通，数目仅次于记事碑（430 通），再次为科技、义行、教育，分别为 91、75、64 通。在该卷的分类编排中，施政碑的数目相当可观。但观其内容，有御制祭文 119 通，当代文物保护标志碑 11 通，箴铭 6 通，功德碑 5 通，圣旨诏书碑 6 通，官府告示碑 2 通，讼案碑 4 通，其他御制御书碑文 3 通，纪念碑 2 通。真正属于施政内容的仅有圣旨诏书、官府告示和讼案碑等 12 通。① 该类中为数最多的是祭文碑。虽然祭祀典礼与国家政治有关，但将祷祝祭文归入此类，明显不妥。

《临汾市侯马市卷》收施政碑 30 通，其中当代文物保护标志碑有 21 通，诰命碑 2 通，属于施政类的为古代敕牒、告示、断案碑 6 通及当代环保碑 1 通。② 由于《三晋石刻大全》各卷均是古今碑石并收，而同处一类中的古今碑文的面貌却大相径庭。这是因为古今碑文在文体、文风以及作用、功能等方面都有明显不同。加之归纳的偏颇、失误，也造成同类碑目之间的不和谐感较为突出。

《嘉定碑刻集》将"社会政治"列为十类之首，所收 34 通碑文以整顿社会秩序和申办义庄者为多，文体表现为告示、章程、纪事等，较之《三晋石刻大全》诸卷，此书"社会政治"类似更符合施政碑的内涵。③

7. 税赋类

此类较为常见，内容以减赋免役为主。《江苏省明清以来碑刻资料选集》设"赋税扰民类"，收碑 9 通；《安康碑版钩沉》"税赋与商贸"收碑 32 通；《嘉定碑刻集》"经济赋税"收碑 24 通。《浦东碑刻资料选辑》的"经济类"、苏州碑刻

---

① 汪学文主编：《三晋石刻大全·临汾市洪洞县卷》（下册），三晋出版社，2009 年，第 1146—1157 页。
② 高青山主编：《三晋石刻大全·临汾市侯马市卷》，三晋出版社，2011 年。
③ 嘉定区地方志办公室、嘉定博物馆编：《嘉定碑刻集》，第 3—90 页。

博物馆的《农业经济碑刻》(苏州古吴轩出版社,2012)等,均可证税赋类碑石的普遍性。此类多以纪事形式表述,以告示形式出现者也占一定比例。

8. 科技与工程管理类

此类多指水利碑刻。《三晋石刻大全》诸卷多设科技类,除收录水利碑外,也有少量医药和植树等方面的碑文。但在《临汾市洪洞县卷》"科技类"中看到金代《都总管镇国定两县水碑》、明代《察院定北霍渠水利碑记》、清代《建霍泉分水铁栅详》等水利讼案、告示和公文碑,会有"文不对题"之感;[①]《临汾市安泽县卷》"科技类"中所列嘉庆十七年《送瘟神碑》只能反映民众信仰,也看不出科技内涵;[②]《忻州市宁武县卷》"科技类"收录19通碑,多为修建龙神庙、修桥护桥、禁伐等碑记。[③] 综观归入"科技类"的碑文,反不如标为"水利类""林木类"合适。

《中州百县水碑文献》设"工程与管理"大类,下分蓄水工程、供水灌溉工程、桥津、工程管理小类,其内容既有水利规章、圣旨、奏议、民间水规,也有判词、告示、讼案纪事、租课、施渠等。[④] 其分类采取以当代水利管理模式套换传统水利管理方法,难免"削足适履"。

9. 讼案类

《安康碑版钩沉》一书所设九大类别中,税赋与商贸、乡规与民俗、讼案与契约三类与法律的关系较为密切。其中讼案与契约类收录碑文32通,讼案碑有7通以田土水利争讼为主,文体兼有公文、告示、纪事多种;[⑤]《高平·金石志》纪荒息诉类收有16通碑,纪荒内容有5通,11通讼案碑涉及水利、寺产、林木等纷争,文体有判词、告示、合同、纪事等多种。[⑥]《渭南地区水利碑碣集注》有水利纠纷类15通,《豫西水碑钩沉》有官府断结水案勒石9通,《河东水利石刻》有争讼碑16通,[⑦]可证古代晋、陕、豫地区水利讼案的多发性。

---

① 汪学文主编:《三晋石刻大全·临汾市洪洞县卷》(下册),第1151—1153页。
② 高剑峰主编:《三晋石刻大全·临汾市安泽县卷》,三晋出版社,2012年,第93、332页。
③ 任宁虎、郭宝厚主编:《三晋石刻大全·忻州市宁武县卷》,三晋出版社,2010年,第339页。
④ 范天平整理:《中州百县水碑文献》(上下册),陕西人民出版社,2010年。
⑤ 李启良等编著:《安康碑版钩沉》,陕西人民出版社,1998年。
⑥ 树新主编:《高平金石志》,中华书局,2004年。
⑦ 渭南地区水利志编纂办公室编:《渭南地区水利碑碣集注》,内部发行,1988年;范天平等编注:《豫西水碑钩沉》,陕西人民出版社,2001年;张学会主编:《河东水利石刻》,山西人民出版社,2004年。

10. 契约类

此类碑石在寺观中较常见。《中国回族金石录》选编全国有代表性的回族碑记440篇，内容包括创建维修清真寺碑记（107份）、圣旨教育碑记（7份）、教义教旨教理教史碑记（9份）、功德纪念碑记（77份）、捐资助学碑记（24份）、禁约议约契约告示碑记（44份）、建立社团及述事抒怀碑记（18份）、人物碑记（99份）、族规教争教案碑记（8份）、回民墓地碑记（46份）等十个方面。[①]除"禁约议约契约告示碑记"类中有大量契约内容外，在"功德纪念碑"类中，也有不少关于施产、舍产、捐产等寺产议约、契约的内容。[②]《安康碑版钩沉》"讼案与契约篇"类中收录契约碑25通。尽管此类碑石数目多，但分散性强，从分类的总体情况看，对契约碑单独设类尚不普遍。

（三）隐性的法律碑刻分类及问题

隐性的分类指法律碑刻存数较多但无明显的提示性，通常指包容宽泛的类别，如记事类、其他类、杂类、应用类等。这些类别往往与其他类别并列，而无法归入与之并列类别的碑石，多会归入该类。

1. 记事类

记事和纪事文意相近，本意指记叙事实。明宋濂《文原》载："世之论文者有二，曰载道，曰纪事。纪事之文当本之司马迁、班固。"[③]但在碑文中，记事多指以记述事实经过为主的文体名，碑名多带"记"字，如唐光化三年（900）《招提净院施田记》、北宋太平兴国六年（981）《石堂院石刻记》、金大定九年（1169）《宝山寺地界记》等。叶昌炽《语石》将碑文分为述德、名功、纪事、纂言四大类，其中对"纪事"的解释是："灵台经始，斯干落成，自庙、学营缮，以逮二氏之宫，是也。"[④]意指有关宫殿、学宫、寺观等营造修建之事。柯昌泗指出叶氏对"纪事"类的界定过于狭窄，特补充道："纪事一例，亦不当专就营缮为言。若《隶释》汉'金广延母纪产碑'、《金石录》唐'五太守小洞庭宴游记'，及见存唐'寻菖蒲涧记'、宋'武连种松碑'、金'亢泉更名碑'，均以纪事之体立碑者。"[⑤]

① 余振贵等主编：《中国回族金石录》，宁夏人民出版社，2001年。
② 余振贵等主编：《中国回族金石录》，第1、225页。
③ （明）宋濂：《文宪集》卷25《文原》，文渊阁《四库全书》本。
④ 《语石·语石异同评》，第180—181页。
⑤ 《语石·语石异同评》，第182页。

记事碑应主要表现为以记述事实为主的文体名,与之相对应的当是公文碑、契约碑等并列的文种类别。但记事碑适用广泛,事关寺庙、教育、水利等事,均可以记事的形式表现。《崇明历代碑文译注》将传世碑文分为记事、纪功、祠庙、墓志四个类别。其对记事碑的解释是:"指反映崇明历史上各类事情的起因、经过、变化的碑文,如城池的变迁、学宫的修建、田赋的征收、河道的疏浚等。"①内容可谓无所不包,因为任何碑刻文字都具有记事作用,故在该书"记事类"中看到明代《兵道禁约碑》、清代《详拨学田香火育婴恤孤田碑记》等公文碑,②也就不足为奇了。《平谷文物志》所列 5 通记事碑中,有 2 通明显是公文碑。万历十五年(1587)《征编赋役规则碑》,碑阳载征收赋役规则及数量,碑阴载官簿式样和由票式样;乾隆四十五年(1780)《训饬士子谕旨碑》主体为皇帝谕旨,谕旨前为礼部交工部刊碑的奏请及御批公文。③ 而《吉林碑刻考录》在记事碑大类中,设界碑、摩崖石刻、纪念碑、告示碑小类,④其中既有碑和摩崖的载体不同,也有界址、纪念、告示等功能和文体的差异,是取广义之记事,而非文体意义上的记事。

至于《三晋石刻大全》各卷的记事类,所表现的主要问题有二:一是记事类比例过大,有的占全书碑目总数三分之一以上。如《临汾市洪洞县卷》碑目总数为 1098 种,记事类为 430 种,占 39%;《长治市长治县卷》碑目总数为253 种,记事类为 98 种,占 38.7%;《长治市屯留县卷》碑目总数为 103 种,记事类为 58 种,比例高达 56.3%。而与记事类并列的其他类别,有些仅有一两通碑石,数目畸重畸轻。二是有些明显应归入施政类、教育类的碑文仍在记事类,使与记事类并列的其他类别形同虚设。

从目前诸多著录采取将无法归入寺庙碑、教育碑等单列类别者归入记事类的做法看,记事类实际为综合类。类似者还有《杭州孔庙》中设立的"史实类",⑤也属于过于宽泛的类别。

2. 其他、杂刻类

《台南古碑志》将 112 通碑石分为建置、示禁、其他三类,"其他"类中设公

① 周惠斌主编:《崇明历代碑文译注》"前言",上海文化发展基金会,2009 年,第 2 页。
② 周惠斌主编:《崇明历代碑文译注》,第 36、67 页。
③ 北京市平谷区文化委员会编:《平谷文物志》,民族出版社,2005 年,第 141 页。
④ 皮福生编著:《吉林碑刻考录》,吉林文史出版社,2006 年。
⑤ 杜正贤主编:《杭州孔庙》,西泠印社出版社,2009 年。

约书契、去思颂德、墓碑界址小类，分别有 7、8、11 种。① 《宁波现存碑刻碑文所见录》分教育科举学校、水利、城垣桥梁建筑、军事、寺观祠庙会馆、墓志铭及其他等七大类，其他类碑目 281 种，初步统计其中有法律碑刻 149 种，内容包括圣旨、赋役规则、告示、除弊示禁、判案、禁赌、规约等，尤以地方官颁刻的示禁碑为数最多。② 《福州市郊区文物志》将石刻分为摩崖石刻，墓志、墓碣、买地契、神道铭，神道碑、墓碑、其他重要碑刻，造像，石槽等题刻五类。其中"其他重要碑刻"包括敕命碑、告示碑、祭文碑等。③ 《三晋石刻大全》各卷也设有"其他类"，举凡诏书、讼案、判词、乡规、文契、箴言、塔铭等，均能见之。

杨殿珣撰《石刻题跋索引》将元以前的历代石刻分为墓碑（墓碣、墓幢、塔铭、纪德碑俱属之）、墓志、刻经（石经、经幢俱属之）、造像（画像附之）、题名题字（题名碑、神位题字、食堂题字、石人题字、石盆题字等俱属之）、诗词与杂刻（砖瓦、法帖附之）七类，各类条目按刻石年代排序，年代不详者分附某朝或某一时期后，条理清晰，便于使用。就各类篇幅而言，不算附属之画像、砖瓦、法帖，杂刻类最多，占 191 页，其余依次为墓碑、题名题字、墓志、造像、诗词、刻经，分别占 128、112、102、67、36、32 页。④ 我们所关注的法律碑刻，多集中在杂刻类中。

3. 应用类

此类为学理层面的分类。王立军认为碑刻具有文物和文献两大属性，分类也当按属性确定。按照文物的属性，可分为摩崖、碑碣、墓志、石经、经幢、造像、柱础、井栏等类型；按文献属性，可分为志墓碑、记事碑、经籍碑、诗文碑、图像碑、应用碑、书法碑等七种类型。⑤ 毛远明与王立军的分类大体相近，也是兼及碑刻的形制和内容，从形制上分为碑碣、石阙、摩崖、墓志、经幢石柱铭刻、造像题记、石刻画像题字七类，从内容上分为记事赞颂、哀诔纪念、祠庙寺观、诗歌散文、图文、应用文、石经、题名题记、其他等类。其中应用文碑刻，毛远明将其分为文书、簿册契券、地界、医药方剂、规约、地震、道路交通、环

---

① 吴新荣纂：《台南古碑志》，载《石刻史料新编》第 3 辑第 20 册，第 152 页。
② 龚烈沸：《宁波现存碑刻碑文所见录》，宁波人民出版社，2006 年。
③ 黄荣春编著：《福州市郊区文物志》，福建人民出版社，2009 年。
④ 杨殿珣：《石刻题跋索引》，商务印书馆 1941 年初版，1990 年重印。
⑤ 王立军：《谈碑刻的文献性质分类法》，《河北大学学报（哲学社会科学版）》2005 年第 1 期。

保、水利等目,属于法律碑刻的细目为数不少。① 郭瑞将 1525 种魏晋南北朝石刻文献,分成记事颂德、造物行善、名物题记、社会应用、诗词文章、佛家经典、保存书法七类,其中前两类最多,分别有 865、532 种,社会应用类有 13种,大体反映了唐代以前碑石内容的分布情况。②

另叶昌炽《语石》所列举的"纂言类",主要指"官私文书,古今格论,自朝廷涣号,以逮词人之作是也",③也属于包涵广泛的类目,其中的官私文书多属法律碑刻。

从上述列举的各种分类可以看出,有些法律碑刻的类别已趋于定型,如禁令乡约类、讼案类、契约类;有些表现出一定的独立趋向,但不够完善,如施政类;有些类别受到特别关注,如水利讼案类。但上述分类中也存在许多问题,主要是设类随意,缺乏分类标准,如《三晋石刻大全》各卷分类索引中多设有"名碑"一类,但缺乏对"名碑"的界定标准;有些类别包容性不强,并列类别收录碑石数目相差悬殊;以及碑文归类不合理、归类冲突明显;等等。

指明问题的所在,正是为了解决问题,以期建立符合古代碑石自身发展规律,同时又能满足古代社会主要法律需求的分类体系。而这也正是本章的撰写主旨所在。

二、法律碑刻辨析

传统碑志虽不见对法律碑刻的类举,但我们依据碑刻之名称和内容大致能判断出哪些可能与法律有关,再经过研读,可进一步确定其类别属性。

(一) 碑志通目中的法律碑刻

传统碑志载录碑石一般截止于金元,而少及于明清。欲了解元代以前法律碑刻的总体面貌,应首选收录信息全面、碑石数目多的金石目志。清代王昶《金石萃编》和《金石萃编未刊稿》、陆增祥《八琼室金石补正》固然是非常好

---

① 毛远明:《碑刻文献学通论》,中华书局,2009 年,第 248—278 页。
② 郭瑞:《魏晋南北朝石刻文字》,南方日报出版社,2010 年,第 11 页。
③ 《语石·语石异同评》,第 181 页。

的选择,但这些集成之作往往篇幅过大,考证琐细,通览全书需要相当的古文功底,更适合用作断代或专题法律碑刻整理研究。而选用民国时期学者编纂的碑志著录,往往可以事半功倍。其原因,一是民国时期学者对文献辑录整理的规范性和目的性较强;二是收录的文献时间跨度长,至少截止到元,有些也包括明清时段;三是特色鲜明,或图包容之全,或求考证之细。以缪荃孙所撰《艺风堂金石文字目》18 卷和《续目》3 卷为例。该目载录缪氏自藏金石碑版万余种,截止于元。① 而《金石萃编》收录 1500 余种,截止到金。《艺风堂金石文字目》的编纂特色是内容精简,碑石撰写人、书体、格式、刻时、所在地等关键信息齐整,内容提示性强,命名合理。根据初步研读,特将该书收载的法律碑石按卷统计如下(见表 1、表 2)。

表 1　《艺风堂金石文字目》所载法律碑刻统计

卷数	朝代名及法律碑刻条数	文种或内容及数量
卷 1	周、秦（3）、汉（9）、魏（2）、吴、晋、蜀、前秦、后秦、宋、齐、梁、陈	**秦**：诏书 3 **汉**：公文 5,界址 2,契券 2 **魏**：奏 1,表 1
卷 2	魏（1）、西魏、东魏、北齐、北周、隋（2）	**北魏**：造像（神判）1 **隋**：疏 1、界碑 1
卷 3	唐、后唐、梁、宋	
卷 4	唐（5）	诏 1、手敕 1、诏表 1、记 1、造像记（神判）1
卷 5	唐（10）	敕 5、批制 1、批答 1、诫 1、界至 1、记 1
卷 6	唐（15）	四至 3、敕 2、批答 1、批敕 1、敕牒 1、使牒 1、状 1、表 1、疏 1、盟 1、界碑 1、施山田 1
卷 7	梁、唐（2）、晋（1）、汉、周（4）、吴、南唐、前蜀（1）、后蜀、闽、吴越、北汉、南诏（1）	**后唐**：敕 1、牒 1 **后晋**：牒 1 **后周**：屏盗 2、敕 1、神判（记幢）1 **前蜀**：记（施田）1 **南诏**：记 1
卷 8	宋（15）	牒 7、诏 3、敕 2、帖 1、四至 1、记（买田）1
卷 9	宋（9）	牒 3、敕 2、使帖 1、敕札 1、札子 1、公堂铭 1

① 　缪荃孙:《艺风堂金石文字目》《艺风堂金石文字续目》,均载张廷银、朱玉麒主编:《缪荃孙全集·金石》第 1 册,凤凰出版社,2014 年。下同,省略编者和出版信息。

（续表）

卷数	朝代名及法律碑刻条数	文种或内容及数量
卷 10	宋（13）	牒 8、敕黄牒 1、帖 1、学规 1、铭 1、田亩数 1
卷 11	宋（61）、西夏（0）	牒 21、学规 14、铭 8、记事 4、敕 2、公据 2、札子 2、神禁 2、敕书 1、诏 1、圣旨 1、御押 1、院帖 1、四至 1
卷 12	南宋（58）	田亩 10、田籍 8、牒 6、公据 6、敕 5、约 3、告敕 2、手诏 2、疏 2、铭 2、帖 1、院帖 1、使帖 1、省札使帖 1、诰 1、公牒 1、敕黄 1、制敕 1、府据 1、指挥 1、榜 1、党籍 1
卷 13	辽（2）	四至 1、帐 1
卷 14	金（71），伪齐（2）	**金：** 牒 48、地界四至 8、公据 4、疏 3、禁令 2、田亩 2、公据并牒 1、札付 1、帖 1、遗嘱 1 **伪齐：** 牒 1、执照 1
卷 15	元（81）	制诏 21、圣旨 17、田产四至 13、诏书 4、加封号记 4、牒 4、公据 3、榜 2、疏 2、神禁 2、令旨 1、手诏 1、谕旨 1、玺书 1、敕 1、给付 1、札付 1、执照 1、遗言 1
卷 16	元（59）	制诏 13、田产四至 10、圣旨 6、敕 3、制诰 4、诏 3、制正 2、制词 2、懿旨 2、牒 2、札付 2、榜 2、疏 2、谕诏 1、诏旨及札付 1、执照 1、公据 1、追封 1、加封 1
卷 17	元（31）	田亩 7、制诏 2、制诏 2、制 2、敕 2、疏 2、加封 2、诏书 1、诏 1、圣旨 1、令旨 1、制词 1、封赠 1、札子 1、户计公文 1、榜 1、戒 1、乐户 1、归田（讼案）1
卷 18	墓志	

　　因《艺风堂金石文字目》各卷收录大量造像碑或题刻诗文，表中未对各朝代碑石总数进行统计。第二栏中"（ ）"内的数字，表示该朝代法律碑刻的数目，如"秦（3）、汉（9）"指该卷收录秦代法律碑石 3 通、汉代法律碑石 9 通；第三栏中文体或内容后面的数字，如"汉：公文 5，界址 2，契券 2"，表示此卷收录汉代公文碑 5 通，界址刻石 2 通，契券刻石 2 通。表 1、表 2 相同。

表 2 《艺风堂金石文字续目》所载法律碑刻统计

卷数	朝代名及法律碑刻条数	文种或内容及数量
卷 1	汉、魏、晋、宋、梁、魏、北魏、西魏、东魏、齐、隋	
卷 2	唐(1)、梁(1)、后唐、晋、周、南唐、吴越、宋(13)、南宋(11)、辽、金(4)、西夏、元(29)	唐：敕 1 梁：敕 1 宋：学规 4、田土地界 4、牒 2、敕诰 1、敕 1、手诏 1 南宋：敕 3、牒 3、敕牒 1、训 1、文据 1、堰规 1、舍田 1 金：牒 4 元：制诏 5、诏书 4、加封制 3、田粮田租 3、圣旨 4、懿旨 2、制诏 1、敕 1、令旨 1、法旨 1、诏告 1、执照 1、界碑 1、复田(讼案)1
卷 3	墓志	

　　表 1、表 2 总计有法律碑刻 515 种，其中秦汉 12 种，魏晋南北朝 3 种，隋唐 33 种，五代十国和南诏 10 种，两宋 180 种(北宋 111 种、南宋 69 种)，金 75 种，辽、伪齐 4 种，元代 200 种。

　　从纵向发展看，公文和私约(契券)类的碑石始自秦汉，历史悠久。在后来的发展中，公文碑渐成为法律碑刻的主导内容。私约内容虽也不断发展演进，但在元代以前，因私约刻石数量有限，其社会影响远不如公文碑。

　　唐、宋、金、元的法律碑刻数目相对较多。此阶段法律碑石的共同特点是公文碑占绝对多数。合并两表进行统计，唐代法律碑石 31 种，其中公文碑 21 种，约占 67%，其余为界至碑 5 种，记事碑 4 种，诫言碑 1 种。从碑刻名称所反映的文体，可以看到御制公文碑的多样性，如诏、手敕、批答等，有些碑名可以体现公文上行下达的程序性。

　　对两宋，可以采用分别与合并两种统计模式。前者便于看出南宋较北宋的公文碑和其他类碑刻的增减情况，后者适宜比较两宋与唐和金元法律碑刻的区别。

　　据表 1、表 2，总计有北宋法律碑刻 111 种，包括公文 68 种、学规 19 种、田土地界 8 种、诫铭 10 种、记事 6 种；南宋法律碑刻总计有 69 种，包括公文 42 种、田亩田籍 19 种、约 3 种、铭 2 种以及记事、堰规、训各 1 种。分别来看，北宋法律碑刻数目多，大类少。两者公文碑所占比重分别为 61％和 58.6％，相差不多，但公文的种类有一定区别。

北宋碑石上的公文名称有 15 种。按见之于碑石上的多寡依次为：牒 41、敕 7、诏 4、札子 3、帖 2、公据 2 以及敕札、敕书、敕诰、敕黄牒、圣旨、御押、使帖、院帖、手诏等；南宋碑石上的公文名称近 20 种，依次为牒 9、敕 8、公据 6、告敕 2、手诏 2、疏 2 以及敕牒、公牒、敕黄、制敕、诰、榜、帖、院帖、使帖、省札使帖、指挥、府据、文据等。其中既有一石刻一牒或数牒的单一文体，也有省札、使帖或牒、记并刻一石者。至于上列十数种公文形式的异同演化，尚有待进一步研究。

将两宋合并统计，计得法律碑刻 180 种，其中公文碑 110 种，占 61％，较唐代比例略为降低。需要考虑的因素是，北宋学规碑单独计类，南宋田籍碑中也包括敕牒等公文，但在公文碑类别中，未将田籍碑中的公文统计在内。宋代御制学规刻石普遍，存留较多，但内容单一雷同。增幅明显的是田籍地界类碑石，有 27 种，比例高达 24％。此类碑石实用性强，目的是为永久存档公示，是当时及后世断案息讼的可靠凭证。

金代法律碑刻共计 75 种，其中公文碑 62 种，占 82.6％，为历朝比例最高者，但公文种类不如宋、元丰富，主要有敕牒、公据、札付、帖等。其中敕牒碑有 52 通，占公文碑的 85％，亦为金代法律碑刻之显著特色。其余有田亩界至碑 10 种、禁令碑 2 种、遗嘱碑 1 种，颇值得关注。

表 1、表 2 共收录元代法律碑刻 200 种，包括公文碑 155 种，约占 77.5％。公文形式多样，但多可进行归并，如"制类"（64 种）包括制诏、制、制诰、制词、加封制、追封制、封赠等，其中以"制诏"为名者有 44 种；"旨类"（37 种）包括圣旨、懿旨、令旨、法旨、谕旨等，其中圣旨数目最多，有 28 种；"诏类"（16 种）包括诏书 9 种、诏 4 种以及手诏、谕诏、诏告各一种；"札类"有札付、札子；其余尚有玺书、榜、疏、公据、执照、给付、户计公文等多种名称。值得注意的现象是，宋、金常见的"敕牒"类在元代数目锐减，仅有敕 7 种、牒 6 种，而制、诏、圣旨类碑显著增多，并形成圣旨碑多见于北方、制诏碑南北并见的地域分布特色。

另元代田亩界至类碑石有 34 种，占元代法律碑石总数的 18.5％，也是颇值得关注的类别。宋、元田籍田租类碑刻的增加，与当时的学田、寺田管理制度有关。这类碑刻在宋、金、元时期渐成为一种广泛的存在，使碑石保存、公示档案的功能得到积极发挥。

总体来看，元代以前的法律碑刻，公文碑数量多，文体形式多样，适用范围广，反映了唐宋金元法律碑刻具有明显的"碑以载政"的特色。[①] 这一特色是否具有普遍适用性，还需要通过地区性碑志加以验证。

（二）地方碑志中的法律碑刻[②]

1. 中州地区的法律碑刻

《中州金石考》《中州金石记》《中州金石目录》是清代中后期出现的三部金石著作，开河南地区金石专志之先河。黄叔璥撰《中州金石考》八卷成书于乾隆六年（1741），所录金石自商周至元明，按河南省十府三州分目，府州以下以县系之，每一州县又以时代前后为序，著录名称、书者、字体、文献记载、位置、立石年月，考证议论附缀其下。由于此书是据金石旧志或郡县志所编，未注金石存亡，考证失之简略。但较其他金石志所录多截止于金元，是书收录明代碑石也颇为难得。该书著录铭刻 1424 份，粗略统计，法律碑刻有 45 通。从各县分布情况看，登封有 10 通、济源 5 通，荥阳、洛阳、汲县、桐柏等各 3、4 通，其余各县 1、2 通不等；从时代分布看，汉魏、唐、宋、元时期法律碑刻数目相对较多，分别有 7、15、6、7 通。[③]

《中州金石记》为毕沅（1730—1797）在乾隆五十年（1785）巡抚河南时所撰，共五卷，按时代编排，著录铭刻 338 份（含四则关于碑阴的考证）。是书以考证见长。粗略统计，书中收录法律碑刻 26 通，约占碑石总数的 7.7％。就地域分布情况看，济源 9 通，其余州县一两通不等。从时间看，数量最多的依次为元代（9 通）、宋代（8 通）、唐代（4 通）。[④]

---

① 参见李雪梅：《法制"镂之金石"传统与明清碑禁体系》，中华书局，2015 年，第 88—108 页。下同，省略作者和出版信息。
② 对河南、山东、南京、湖北地区方志、碑志中载录法律碑刻情况的梳理，中国政法大学石刻法律文献研读班的孙斌、沈成宝、刘海军、王浩、袁航等多有贡献，在此致谢。
③ （清）黄叔璥：《中州金石考》，载《石刻史料新编》第 1 辑第 18 册，第 13665—13748 页。
④ （清）毕沅：《中州金石记》，载《石刻史料新编》第 1 辑第 18 册，第 13749—13818 页。

《中州金石考》和《中州金石记》均成书于乾隆时期，各有优长与不足。前者"收采极博而现存者未免太略"，后者"访葺尤勤而已佚者概未编入"。①

成书稍晚的《中州金石目录》，杨铎（1810—1880）撰，八卷，自夏讫元，总计收录2719份（含碑阴），其中法律碑刻95通，地域分布较集中的为登封（12通）、济源（10通）、偃师（6通）、安阳（5通）、鲁山（5通），时代主要集中于唐、宋、金、元，分别为14、24、12、36通。②

以上三书重复收录的唐宋金元法律碑刻有49种。通过对比可以发现，有的碑两书或三书命名一致，如黄初元年（220）《受禅碑》、大历二年（767）《会善寺戒坛敕牒》、崇宁三年（1104）《敕赐静应庙牒》、祥兴二年（至元十六年，1279）《赐邱神仙手诏碣》；有的名称存在差异（见表3）。而一碑多名现象在传统金石志和当代碑志集中都较为普遍。累积下来，有的碑石如汉代《乙瑛碑》《史晨碑》，计有十数种称谓，给碑石研究者带来不少困扰。

可与上述三志进行参照性研究的还有《嵩阳石刻集记》和《少林寺志》。两书均为叶封（1624—1687）主持编撰。《嵩阳石刻集记》于康熙十二年（1673）辑成，二卷，收录东汉至明代碑石55通，其中唐、宋最多，分别为23、16通，多著录碑文。另有《嵩阳石刻集记纪遗》一卷，收录自汉至唐碑石28通（其中唐21通），仅罗列碑目。此书的编纂特色是以诗文、书法之善以及撰者"名世"为要，③属于金石学诸派中的书艺派，④一定程度上弱化了对法律碑刻的收录。但作者对重要碑石的考证，颇值得参阅。

《少林寺志》为叶封、焦钦宠辑，施奕簪、焦如蘅补，于乾隆十二年（1747）定稿，次年刊行。⑤ 全书分为序、绘图、形胜、营建、古迹、祥异、艺林、题咏八目。其中"艺林"中列有宸翰、藩王文翰、碑记、僧碑、僧传等内容。"宸翰"中有皇帝御制碑文，如唐太宗《告柏谷坞少林寺上座书》、武后《赐少林寺书》，以

---

① （清）杨铎：《中州金石目录》"序"，载林荣华校编：《石刻史料新编》第2辑第20册，台北新文丰出版公司，1979年，第14685页。
② （清）杨铎：《中州金石目录》，载《石刻史料新编》第2辑第20册，第14686—14753页。
③ （清）余汝言：《嵩阳石刻集记序》，载《石刻史料新编》第2辑第14册，第10183—10184页。
④ 梁启超将清代金石学细分为考据派、义例派、鉴藏派、书艺派、综合派，其中书艺派以包世臣为代表，其特点是"专讲书势"。详见梁启超：《清代学术概论》，东方出版社，1996年，第52—52页。
⑤ （清）叶封等辑：《少林寺志》，张学林"序文"，乾隆十三年（1748）刊本，哈佛大学汉和图书馆藏，1948年影印。

及一些未勒石的圣旨公文。23 篇碑记之中，有唐碑 5 种、元碑 2 种、明碑 11
种、清碑 5 种。

　　将《少林寺志》和《嵩阳石刻集记》所记碑目合并，除去重复，共计石刻 90
余种，包括唐以前的 10 种，唐代 45 种，宋、金、元、明、清分别为 16、2、3、18、5
种，其中的法律碑刻数目有限，但仍具有"点面比较"的研究价值。

　　《少林寺志》和《嵩阳石刻集记》与前述中州三志的交集点在登封和少林
寺，适可将 5 部志书所载登封和少林寺的法律碑刻名目进行对比研究（见
表 3）。

表 3　诸志对登封县唐代法律碑刻载录情况表

	中州金石考 （7）	中州金石记 （2）	中州金石目录 （10）	嵩阳石刻集记 （4）	少林寺志 （3）
武德四年 （621）	唐秦王告少林寺主教		秦王告少林寺主教	秦王告少林寺主教	告柏谷坞少林寺上座书
天册万岁 二年(696)	少林敕文		少林敕文		赐少林寺书（宸翰，未属时间）
开元十一年 （723）	少林寺赐田牒		太宗赐少林寺柏谷坞庄碑	少林寺牒	
开元十六年 （728）			少林寺赐田敕	少林寺碑·皇唐嵩岳少林寺碑	少林寺碑
天宝十四载 （755）	少林寺还天王师子记	少林寺还天王师子记	少林寺还神王师子敕		
大历二年 （767）	会善寺戒坛敕牒	会善寺戒坛敕牒	嵩岳会善寺戒坛敕牒	会善寺戒坛碑	

　　从表 3 可看出，对元代以前登封县法律碑刻的载录，《中州金石目》收录
较全。各书收录的同样碑石，其名称有的相近，有的差异较大。而少林寺中
的武德四年、开元十一年和开元十六年各碑之间的关系，颇为错乱。清王昶
《金石萃编》在卷 41 中载录武德四年《秦王告少林寺主教》，卷 74 中载录开元
十一年《少林寺柏谷坞庄碑》和《少林寺赐田敕》，卷 77 中载录开元十六年《少
林寺碑》。从碑名和年代看，似为数通碑刻。但详读碑石内容及相关跋语，却

发现它们载于同一碑石。《嵩阳石刻集记》对开元十一年《少林寺牒》有考释跋语：

> 右《少林寺牒》，无书人姓名，在裴漼《少林寺碑》阴，盖当时寺僧录赐田牒由上石者也。书法修整，故自可观。其上方刻太宗为秦王时教并武德年月官名，因已录原教，不复存之。[①]

而缪荃孙《艺风堂金石文字目》载录的情况是：

> 《少林寺碑》，裴漼撰并行书，开元十六年七月十五日。在河南登封。
> 碑额《秦王告少林寺主教》，行书。武德四年四月卅日。
> 碑阴《柏谷坞庄碑》，玄宗御书。正书。开元十一年十一月四日。
> 碑额阴《少林寺赐田敕》，正书。贞观六年六月廿九日。[②]

此牵涉到两个问题：一是一碑数名，哪个名称更合理规范；二是一碑载数文时，当如何统计和命名。相较而言，缪荃孙采取的著录方式是值得借鉴的。但缪氏对《少林寺碑》的记载并不全面。经笔者2014年实地考察核实，发现此碑碑阳额书"太宗文皇帝御书"，上截载唐武德四年《秦王赐少林寺教》，下截刻裴漼撰文《皇唐嵩岳少林寺》，"少林寺碑"的命名多源于裴漼之文。立碑时间题为"开元十六年七月十五日"。碑阴额题"太宗文皇帝御书"和"开元神武皇"。碑身分两截，载武德四年、武德八年、贞观六年、开元十一年与赐封少林寺田地有关的各种文书。严格来说，此碑所载数文均不当单独立名，立碑时间应按诸文之最后的年代。故缪荃孙对此碑的定名——《少林寺碑》，以及立碑的时间——开元十六年，较之表3所列5部书和《金石萃编》的载录，均更为妥当。

另表3中天宝十四载的碑，《中州金石考》和《中州金石记》命名为"少林寺还天王师子记"，较难看出与法律的关联；《中州金石目录》定名为《少林寺

① （清）叶封：《嵩阳石刻集记》，载《石刻史料新编》第2辑第14册，第10208页。
② 《缪荃孙全集·金石》第1册，第142页。笔者注：标点有所改动。

还神王师子敕》，能反映出一些公文信息，但内容难以明了。细读《中州金石记》对此碑的介绍，文曰"碑载久视元年僧义奖等状，及武后口敕。顾炎武始见之"，[1]方能了解碑文之大概。

2. 山东地区的法律碑刻

《山左金石志》由毕沅、阮元主持撰修，乾隆五十九年（1794）始修，嘉庆二年（1797）刊行。[2] 全书 24 卷，收录自商周迄金元铭刻 1210 种。前六卷为金文，与碑石无关。卷 7 至 24 为刻石，收录碑石 1096 种。志中所载法律碑刻集中于秦、汉、唐、宋、金、元各朝，其内容及数目见表 4。

表 4 《山左金石志》所载法律碑刻统计

卷数	朝代名及收录条目数量	法律碑刻内容及数目
卷 7	秦（2），西汉（3），东汉（13）	秦：诏书 2。东汉：公文 3
卷 8	东汉（43），魏（3），西晋（1）	
卷 9	北魏（15），东魏（8）	
卷 10	北齐（29），北周（4），隋（23）	
卷 11	唐（23）	
卷 12	唐（27）	
卷 13	唐（44）	
卷 14	后梁（2），后唐（6），后晋（6），后汉（1），后周（7）	后周：屏盗碑
卷 15	宋（37）	赐物敕牒 2
卷 16	宋（49）	敕牒 3
卷 17	宋（68）	大观圣作 6，封敕 2，加封敕牒 1，修庙牒 1，赐辟雍诏 1，御书手诏 1
卷 18	宋（57）	诏书 1，御书手诏 1，敕牒 1，奖谕敕书 1，御押石刻 1，咒语 1
卷 19	金（59）	敕牒 9，界址图 1

---

① （清）毕沅：《中州金石记》卷 3，载《石刻史料新编》第 2 辑第 18 册，第 13778 页。
② （清）张鉴等：《阮元年谱》，黄爱平点校，中华书局出版，1995 年，第 13—14 页。（清）毕沅、阮元：《山左金石志》，载《石刻史料新编》第 1 辑第 19 册，第 14325—14802 页。

（续表）

卷数	朝代名及收录条目数量	法律碑刻内容及数目
卷 20	金(61)	敕牒 4，公据 1，禁约碑 1，田园 1
卷 21	元(118)	公据 2，摹刻元圣旨 1、重刻秦诏 1，加封制词 1，令旨 1，界址 1，四至 1、神禁 2
卷 22	元(124＋7)①	制诏 23，地亩四至 3，圣旨 1，多旨并刻(免粮)1，懿旨 1，令旨 1，给俸牒 1，记事 1
卷 23	元(125)	制诏 9，圣旨 1，重刻敕牒 1，执照 1，家训 1，庙田 1
卷 24	元(132)	制诏 2，法旨 1，学田四至 1

表 4 反映出山东地区法律碑刻主要集中于秦、汉及宋、金、元。宋代法律碑刻 23 通，其中公文 16 通，占 69.6％，另有御制学规 6 通、咒语 1 通；金代法律碑刻 17 通，其中公文 14 通，比例高达 82.3％，主要为敕牒碑，公文形制单一，另有田亩界至 2 通，禁约碑 1 通；元代法律碑刻 60 通中，公文有 46 通(有 3 通重刻前朝碑未计)，占 76.6％，其中制诏的比重大于圣旨，另有田亩四至 7 通，纪事 3 通，家训 1 通。

全书总体收录法律碑刻数量较多，约占所载石刻总数的 10％，公文碑与各朝代法律碑刻中的数量比，与表 1 的数据接近。另秦汉公文碑的存在，说明山东尤其是曲阜，是古代公文碑的发源地。不仅如此，山东宋以后的公文碑发展序列完整，碑文中所载的行政程序、施政环节较为清晰，公文与禁约、记事等文体的并存现象较为普遍，是研究古代公文碑发展流变及特色的重点区域。

3. 湖北地区的法律碑刻

民国李权撰《钟祥金石考》8 卷，收录碑石 222 通，历时从周唐至民国二十年，其中较为典型的法律碑文有 14 通，约占总篇数的 6.3％。全书碑文以明清为主，计明碑 44 通，清碑 136 通。法律碑刻也集中于明、清，分别为 5、9 通，内容主要是圣旨公文与契证记事。

---

① 《山左金石志》卷 22 载"东华洞五华碑八种"条，因将 8 通碑合并一条，故特用"1＋7"形式处理，并统计为 8 种。载《石刻史料新编》第 1 辑第 19 册，第 14755 页。

值得注意的是,钟祥的明代公文碑具有明显的"特权"属性,且与明朝兴王朱祐杬与其子朱厚熜有密切关联。兴王朱祐杬的封地在安陆州,即今钟祥市。兴王于正德十四年(1519)六月十七日薨,明武宗赐谥"献",故有正德十四年的《御赐兴献王谥册文》与《御赐兴献王祭文》两碑。兴王次子朱厚熜继皇帝位后,追谥其父为"知天守道洪德渊仁宽穆纯圣恭俭敬文献皇帝",庙号睿宗,并于正德十五年(1520)四月初三日葬于显陵。出于对前朝陵寝的保护,清顺治十八年(1661)立《谕道人陈贞一保护显陵碑》。另外,由于嘉靖皇帝出生于钟祥,对于故土有特殊感情,特于嘉靖十八年(1539)颁赐《嘉靖宣谕百姓碑》。在这通白话碑文中,朱厚熜一方面以纲常名教对百姓进行劝谕,一方面通过施与粮米、酒肉等方式回报家乡父老。①

嘉靖三十七年(1558)《敕谕碑》碑立于元佑宫。据《钟祥县志》载:明正德年间,兴王朱祐杬次子朱厚熜被传是玄妙观道长纯一道人(道号元佑)的化身。朱厚熜继皇帝位后,为报答纯一道长的转世之恩,敕建此宫,题名元佑宫,并直接颁布敕谕,对元佑宫道士养赡、庙户免役、禁约保护等事亲自安排。元佑宫据《敕谕碑》的特别授权,而享有一般寺观所不具备的权益。

湖北《武当山金石录》明清各类碑文的数目增减,也能提示武当山"特权"的消长。该书分摩崖、圣旨、记事、功德碑文、墓志铭、诗歌、印章七卷。②"圣旨"卷总计收碑文 74 份,其中公文 28 份,集中于宋、元、明,分别为 3、3、22份。明代公文碑均为圣旨、敕书、敕谕,明显受到皇室的特别关照。"记事"卷中,法律碑刻集中于清代,有 14 份,分别是禁碑 7 份、契证碑 4 份、公文碑 2份、规章碑 1 份。而清代禁碑、契证碑的增多,也寓示武当山已由明代的皇家禁地转为百姓的朝拜圣地。

类似钟祥、武当山明代公文碑的"特权化"现象,在南京、北京尤为明显。而在明清苏州、杭州、佛山、景德镇等工商业发展较快的地方,以及在清代武当山、泰山、普陀山等百姓热衷的信仰圣地,公文碑、禁碑的"平民化"特色较为鲜明。

① 李权:《钟祥金石考》卷 2,载国家图书馆善本金石组编:《明清石刻文献全编》(三),北京图书馆出版社,2003 年,第 352 页。
② 张华鹏等编著:《武当山金石录》第 1 册,内部印本,1990 年。

4. 南京地区的法律碑刻

南京元代以前的法律碑刻,可借助清严观撰《江宁金石记》了解梗概。该书八卷,乾隆四十二年(1777)纂成,收录碑石 101 种,法律碑刻集中于宋、元两代:宋代有元祐八年(1093)《栖霞寺牒》、绍兴十七年(1147)《敕广惠侯诰》、皇庆改元(1312)《敕赐嘉惠庙额牒》(录绍兴二年十一月牒)3 通;元代有加封制诏 6 通,田籍碑 3 通,总计 9 通。①

南京明代的碑石情况,作为同时代人纂辑的作品,葛寅亮撰《金陵梵刹志》为我们提供了难得的观察视角。② 该书 53 卷,编撰体例是以大寺为纲,下分中(次大寺)、小寺。各大、中寺名下列文、传、诗等目,"文"目多载录历代碑文,如卷三《钟山灵谷寺》"文"目下有梁《开善寺碑铭》、唐《修志公堂石柱记》、元《钟山太平兴国寺碑记》、明《奉敕撰灵谷寺碑记》等。但"文"目下的碑文除个别者外,多与法律无关。与法律内容相关者,集中在卷 1《御制集》、卷 2《钦录集》,均属"王章"之作;以及卷 49 至卷 53 的《条例寺规》,内容兼收文献、档案、碑石。该书最值得关注之处,其实就是公文档案与公文碑并存。初步比较可知,万历年间的《高淳县奉本部定租勒碑文》《本部付管绝僧寺产帖文》等公文碑毕竟是少数,大部分公文仍以档案、文本形式存在。这也引起笔者的好奇,古人有选择性地将公文勒于碑石,其选择的标准和刊石动因到底是什么?

与南京地区碑石辑录有承继关系的著作为《南京历代碑刻集成》。③ 该书收录自汉晋至民国碑石 236 种,其中法律碑刻 49 种,计元代 2 种、明代 6 种、清代 39 种、民国 2 种。在明清法律碑刻中,禁碑和契证碑占有较大比重,与宋、金、元以公文碑为主导的面貌迥然不同。而《金陵梵刹志》中收录的明代公文碑,在《南京历代碑刻集成》中并未见载。古代碑石的佚失,也是不可忽视的现象。

系统对古今石刻进行探究,分析其中法律碑刻的载录情况,需要相当的时日。选择以上碑志进行考察,为我们分析统计历代法律碑刻的类别、数目等提供了一些数据支撑。有些志书我们也做了初步统计,如清王昶《金石萃编》、阮元《两浙金石志》、赵绍祖《安徽金石略》、胡聘之《山右石刻丛编》、缪荃

① (清)严观:《江宁金石记》,载《石刻史料新编》第 1 辑第 13 册,第 10063—10129 页。
② (明)葛寅亮:《金陵梵刹志》(上下),何孝荣点校,天津人民出版社,2007 年。
③ 南京市文化广电新闻出版局(文物局)编著:《南京历代碑刻集成》,上海书画出版社,2011 年。

孙《江苏金石记》等，但由于复核工作尚未完成，暂未列为本文的分析样本，但在进行数据统计分析时会加以参照。根据这些统计数据（见表5），我们能发现、总结出一些规律性的内容。如宋、金、元公文碑的普遍性，明代公文碑的"特权"性，清代示禁碑的普适性，等等。同时在统计数据中，我们发现宋、元法律碑刻的数目有南北差异。北方如山东以及中原地区，元代法律碑石数量多于宋代，而南方正好相反，江苏、两浙均是两宋法律碑刻多于元代。这与宋、元统治版图和时间长短有关。而《艺风堂金石文字目》收录的元代法律碑刻多于两宋，可以推测，书中对北方地区碑石的收录量，明显大于南方地区。

表5　传统金石志中的宋金元公文碑数目与占比

	碑石总数和法律碑刻数之比	两宋法律碑刻和公文碑之比	金代法律碑刻和公文碑之比	元代法律碑刻和公文碑之比
艺风堂金石文字目、续目	10800：515 5.15%	180：110 61%	75：62 82.6%	200：155 77.5%
中州金石考、金石记、金石目录	1494：55 3.7%	13：11.6 89%	5：3 60%	18.3：16 87.4%
山左金石志	金石1210（碑石1096）：106 8.7%(9.7%)	23：16 69.6%	17：14 82.3%	60：49 81.6%
江苏金石记	541：81 15%	46：28 61%		35：23 65.7%
两浙金石志	658：58 8.8%	41：34 82.9%		17：9 53%
平均数	8.47%	72.7%	82.45	73%

虽然这些数据尚不够全面、系统，但每一部碑志著录，对我们梳理、总结古代法律碑刻，都有其独特的贡献。

三、法律碑刻之分类依据

（一）分类基础

古代刻石载文运用广泛。与法律相关的刻石，偏向于对日常政治秩序和法制常态的纪录。载于碑石上的古代公文、禁令、规章、契约、讼案等,自秦汉至明清绵延不断,数量可观。在传统金石志和当代碑志辑录中,上述内容的碑石均占有相当比重。

前述两节分别就当代碑志所见法律碑刻的分类尝试和历代碑志著录中法律碑刻的表现形式作了初步归纳分析。两节内容均聚焦于法律碑刻,但我们却发现,当代的分类探索与传统录文载目难于契合。表现之一是,在传统碑志著录中,公文碑占有相当高的比例,尤其在宋、金、元时期,公文碑更是法律碑刻的主体,约占三分之二以上的比重(见表5),但我们在当代与法律相关的碑石分类中,却不见"公文碑"的身影。在学术探讨层面,公文碑淹没于众多"应用类"碑石中;在地区碑刻辑录中,公文碑或归入"施政类"与当代文物保护标志碑同处,或分散于灾害、科技等充满现代学科意义的类别中,或散处于记事、杂类中而失去独立性。其原因是未看到公文碑在古代社会中广泛存在的实际功用,同时也未注意到包括公文碑在内的古代法律碑刻的特殊制度性功能。

长期以来,金石学家在铭刻文字的训释、名物制度的考订等方面做了大量工作,石刻证史的文献价值得到充分认同。但作为一种独特的文字载体,公文碑以及法律碑刻所蕴含的制度功能尚缺乏系统研究。法律碑刻的特殊性就在于它具有鲜明的制度属性。①

法律碑刻具有文献、文物和制度三重属性。从文献属性看,法律碑刻的内容能传递法律信息并具有客观性、真实性;从文物的外观角度看,法律碑刻具有公开性和社会性等特征,此多指其刻立的场所和地点;从制度层面看,法律碑刻的刻立往往要经过公议或审批等特定的程序,具有明显的约束性和法律效力。

兼具三种属性的法律碑刻不仅具有丰富的文献史料价值,更带有明显的实用功效。对社会而言,它们往往是典章制度运行的范例,是法律制度落实、政令执行的最终环节;对寺观、书院、宗族、会馆等社会个体而言,法律碑刻也

---

① 法律碑刻与一般碑刻的不同之处即在于它有明显的制度属性。碑石文字是一种静态的史料记载,但立碑纪事却是一种动态的制度创设过程,演戏立碑、立碑为例、奉官示禁等仪式和程序,均赋予碑文特别的效力。参见李雪梅《法律碑刻:一种独立的存在》,载《法制"镂之金石"传统与明清碑禁体系》,第319—320页。

是一种宣示权利、保障权益的方式。故对法律碑刻的分类，需要考虑政府社会治理和民众法律需求的双向性。基于其制度属性及在社会中的实际功用，法律碑刻所采用的分类法应基于古代社会人们的实际法律需求和碑文效力，同时兼顾碑文的类型化和存世数量。

法律碑刻现有的分类探讨尝试，或从碑刻的形制、功用，或兼及文献的形式和内容，多属通识性和列举性的归类，并未顾及法律碑刻的制度属性。尽管在前述分类探讨中，诸如施政、工程管理、息讼、告示等类别的设立，已考虑到一些制度的因素，但这些类别的传承性和包容性不够强，也缺乏对法律碑刻自身发展规律的总结及类型化分析。

基于法律碑刻的特殊性，对其分类既不能脱离其赖以生长壮大的根基和传统，也要顾及法律史、法律文献等学科和专业研究的需求。除了充分考虑法律碑刻的三重属性外，以下内容也是确定其分类的重要依据。

第一，铭刻法律纪事的共性与类别的稳定性。以碑石铭刻法律事项，是中国古代法制"镂之金石"传统的重要组成部分，也是以青铜铭刻法律事项的延续。无论"铭金"还是"刻石"法律纪事，总有一些共性内容，如契证、讼案、盟誓、诅咒之文等，均累见于金石。以金石铭刻契证、讼案、盟约，不单纯是为了记事，而更具有永久保存、备档核实等功能。在法律碑刻的发展过程中，契证碑和公文碑相伴始终。而且从宋代开始，公文和契证类碑石在法律碑刻中的数量占比均有显著提高。讼案碑的数量虽不如公文、契证等类别，但其内容翔实丰富，诉求多样。而且将讼案勒于金石的目地、理念和实效，无论是基于文献还是侧重于制度研究，均颇具经典意义。

第二，法律碑刻的自身发展规律及特色。"碑以明礼"、"碑以载政"和"碑以示禁"，是中国古代法律碑刻在唐以前、唐宋金元和明清三大时段的基本特色。[①] "碑以载政"的形式多样，内容以君言刻石和公文碑刻为主，用现代视角看，多属行政规范，展示出碑石在国家机器运转和社会治理中的重要作用。以敕牒、公据、榜示等政务实践为主的公文碑的大量存世，也表明法律碑刻具有政务公开和有案可稽的档案属性。明清"碑以示禁"的基础，是由中央、地方、民间等不同层次的禁碑所构筑的"碑禁体系"，各类禁碑遍布城乡，较之公

———————————

① 　详见李雪梅：《法制"镂之金石"传统与明清碑禁体系》，第66—140页。

文碑更加普及。是故,公文碑和示禁碑也当是法律碑刻中不可或缺的类别。

虽然禁碑在明代以前数目不多,而且严格说,官府颁发的禁令告示也属于公文的一种。但由于示禁碑在明清的迅速增加,尤其是在清代,官府禁令与民间禁约的融合日趋紧密。许多经过官府审核认可的乡规乡禁,很难截然分清是官府禁令还是乡规民约。在当代碑石分类中,大量官府禁令与乡规民约在归类上的两难,故有"禁令乡约类"的合并妥协。而设立"禁碑"大类,其下分设敕禁、官禁、民禁等不同层级,也是化解现实分类冲突的一种方法。

第三,法律碑刻的实用和规范功能。法律碑刻的刻立有较强的目的性,所期望达到的效果,无外乎规范、秩序和权益保障。契证碑、讼案碑都具有明显的权益属性和利益格局。学规、水规、乡约等规范性章程以及箴铭训诫,在规范社会秩序方面都发挥着积极效用。禁碑的针对性强,多涉及社会治安混乱、官员腐败、衙役贪弊以及恶风劣俗等社会顽疾,是化解社会矛盾、平衡社会冲突的重要措施。即使是有关神禁、冥判等内容的纪事碑,在社会治理方面,也能发挥法律所不及的功效。[1]

(二) 类别冲突与归属原则

传统金石著录和当代文献学家对碑文的分类,为我们明确法律碑刻的分类提供了诸多借鉴。法律碑刻的分类需兼顾许多方面:从社会应用或满足社会需求的角度,可分为现世石刻和冥用石刻(哀册、买地券、告地状、敕告文等)等。其中现世石刻又可分为公文碑(诏书、圣旨、敕牒、告身等)、私约碑(契约、遗嘱、捐施财产声明、乡规等)、纪事碑、图示碑等。从碑石存世数量与内容的角度,可分为官箴、赋役、学规、水规、讼案、契约等类;从效力级别及类型化的角度,可分为神禁碑(包括盟诅类刻石)、圣旨碑(敕禁碑)、官禁碑、乡禁碑、规章碑、公约碑、契证碑和法律纪事碑等。

不同的分类标准,反映了法律碑刻分类的复杂性,这取决于现实生活中法律问题的多样性。基于法律碑刻的特性和前述分类依据,我们初步确定将法律碑刻分为公文碑、示禁碑、规章碑、讼案碑、契证碑、法律纪事碑六大类。

---

[1] 参见李雪梅《明清信仰碑刻中的"禁"与"罚"》,台湾《法制史研究》第27期,2015年6月,第75—114页。

至于分类中常见的重合、交叉，可从文体格式、主体内容、主要诉求及功能等角度进行判定，以尽量避免一碑两属、三属等分类上的冲突。

1. 公文碑及文种格式优先原则

从传统金石著录对公文碑的命名，可以看出公文碑重视文体的特色。宋、元公文碑的种类繁多，见之于碑名者，有二三十种之多（参见表1），诸如诏书、圣旨、敕牒、公据、札付等，均成为碑石命名的依据。其命名方式，或以寺观名、学校名等加文种。如《山左金石志》所载大定二年(1162)《广岩院敕牒碑》，"广岩院"为寺名，"敕牒"为公文之一种。另如《地藏院公据碑》《灵岩寺下院圣旨碑》等也均是如此。这些寺观名称经过官府的"赐额"授权，是一种合法性的存在。而专用性的公文，多强调给发公文者的身份和与其身份相应的公文体，如元贞四年(1298)《炳灵王庙八不沙令旨碑》、至大元年(1308)曲阜孔庙的《皇妹大长公主懿旨碑》等；或强调公文中的特殊内容，如大德四年(1300)曲阜孔庙《衍圣公给俸牒碑》等。但无一例外，均标明敕牒、公据、圣旨、令旨等文种。

从碑石外观上看，公文碑均保留公文格式，公文上常见的敬空、提行、印章、画押，在碑石上多原样保留。这也是区别公文碑与其他类别碑刻的重要依据。

易产生分类冲突的是带有公文的记事碑。如记事碑中的公文记述保留了原公文的格式，像天会五年(1127)《鹿苑寺记》中刻有公文格式的敕牒和使帖，应当归入公文碑。如仅记述公文内容而丧失了公文格式，当归于法律纪事碑。

2. 示禁碑及罚则优先原则

广义的禁碑指刻载于石碑上的官府禁令。狭义的"示禁碑"应具备两个要件：一是有明确的禁止性规定，二是有较明确的违禁罚则即处罚措施。明清禁碑依效力级别大致可分为敕谕禁碑(皇禁碑)、官禁碑和民禁碑(民间自治禁碑)。敕禁碑是指圣旨、敕谕碑中带有禁止性规定的碑刻；官禁碑指各级官员颁布的带有禁令内容及罚则的碑刻；民禁碑指民众公同议定的族规、乡约和行规等民间规范中带有禁止性规定及罚则的碑刻。它们的共性是均有明确的违禁罚则，这是区别示禁碑与公文碑和规章碑的关键。①

---

① 参见李雪梅《明清碑禁体系及其特征》，《南京大学法律评论》2012年秋季号，法律出版社，2012年，第61—79页。

3. 讼案碑及注重结果的原则

讼案碑是对官府审判案件过程与结果的纪述,一般由讼案胜诉方或权益被侵害者刻立,旨在昭示判决结果或息讼过程,保护正当权益,防范类似纠纷再起。讼案碑在宋金时期已经出现,内容多围绕寺庙道观产业、学田和水利纠纷。明清时期讼案碑的数量剧增,涉及寺产、族产、学产和会馆产业等的"公产"纠纷的比例明显高于家庭或个人等"私产"纠纷,同时水利、林木纠纷也颇为常见,且地域特色鲜明。《安康碑版钩沉》在"讼案与契约篇"中收录有7通讼案碑,以田土水利争讼为主;《高平金石志》"纪荒息诉类"收有11通讼案碑,内容涉及水利、寺产、林木等纷争。

综观明清各地的讼案碑,文体有纪事、示禁、公文、判词、规章、合同等多种形式,但示禁和纪事更为常见。清代台湾法律碑刻的一个重要特点,是示禁与讼案的合一。① 对这类极易产生一碑两属的刻石,我们倾向将争讼内容完整、处理结果明确的归为讼案碑。如示禁的内容是判语的附加成分,应归入讼案碑;相反的情况,则归入示禁碑。

此外,契证碑、规章碑、法律纪事碑也各有归纳原则。或强调功能,如契证类的买契、施契、舍契、界碑、四至、田籍租额等碑石,其内容千差万别,但都具有凭证作用和法律证据效力。或形式和功能并重,如规章碑多以条目形式出现,无论是宋代的《大观圣作之碑》、清代的《卧碑》,还是义学规条以及族规、寺规、行规,都具有类似的形式,以及同样的规范社会的功能。

任何分类均难免重合、交叉。解决分类冲突的方法,首要是突出法律碑刻的主体功用。法律碑刻的主要功能是满足社会需要、稳定社会秩序、化解社会矛盾。即法律碑刻有别于墓碑、题名碑和一般纪事碑等的重要标志是,它具有社会管理性(公文碑)、行为规范性(规章碑)、违禁处罚性(禁令禁约碑)、财产和权益保护性(契证类碑刻)、争讼化解性(讼案碑)、自觉遵守性(神禁、冥判等法律纪事碑),这是解决分类冲突的根本,也是法律碑刻的分类基础。

当然,确保上述分类原则能落到实处还有一个重要基础,那就是碑刻的

---

① 参见李雪梅《清代台湾碑刻法律史料初析》,《出土文献研究》第8辑,上海古籍出版社,2007年,第318—348页。

命名要准确、规范，从碑名上能够大致判断出碑石的类属和内容。这一点，传统金石志对宋、金、元公文碑的命名树立了较好的范例。而对传统志书失载的明清法律碑刻的命名，对一碑多名现象的合理规范，是较法律碑刻分类更为繁琐和艰巨的任务。

第二章 墓志例、公文碑例和私约碑例

梁启超将清代金石学细分为以顾炎武、钱大昕为代表的"专务以金石为考证经史之资料"的考据派,以黄宗羲等为代表的"从此中研究文史义例"的义例派,以翁方纲、黄易为代表的"专讲鉴别,则其考证非以助经史"的鉴藏派,以包世巨为代表的"专讲书势"的书艺派,以及以叶昌炽为代表的"集诸派之长"的综合派。[①] 义例派在金石学中的重要性,仅次于考据派。较之传统金石学的其他派别,碑志义例学派与法律制度的关系较为密切。元潘昂霄撰《金石例》强调碑志文体的礼法属性和社会教化功能,是碑志义例学的奠基之作。随着清代金石学的普及和碑志义例学的发展,碑志文体与国家礼法制度的关系愈加紧密。

一、传统金石学之义例研究

中国传统金石学研究具有碑史互证、跋尾范式、义例总括、注重访碑等特色。其中前两个特色在宋代金石学创立时已经显现,后两个特色在元明时初兴,清代达到繁盛。

以碑志证经补史是宋代以来金石学家的一种自觉。宋代欧阳修认为,金石铭刻"可与史传正其缺谬者,以传后学"。[②] 对于宋代金石学家的研究方法,王国维形象概括为"既据史传以考遗刻,复以遗刻还正史传"。[③]

---

① 梁启超:《清代学术概论》,东方出版社,1996年,第52—52页。
② (宋)欧阳修:《集古录目序》,载邓宝剑、王怡琳笺注:《集古录跋尾》,人民美术出版社,2010年,第1页。
③ 王国维:《宋代之金石学》,载《王国维文集》第4卷,中国文史出版社,1997年,第124页。

宋代盛行以跋尾形式探究碑志。① 欧阳修(1007—1072)《集古录跋尾》收录周秦至五代金石文字跋尾 400 多篇，其中碑刻跋尾占绝大多数，铜器铭文仅 20 多篇。赵明诚(1081—1129)《金石录》共 30 卷，前 10 卷录金石拓本名目共 2000 种，后 20 卷为跋尾，凡 502 篇。洪适(1117—1184)《隶释·隶续》载录汉魏碑碣跋尾 300 余通。此三部著作对后世金石学的研究范式和著录体例均有重要影响。

至清代尤其是乾嘉时期，碑史互证的方法日臻成熟，跋尾研究出现集大成之作。曾任刑部侍郎之职的王昶(1724—1806)所纂《金石萃编》融存目、录文、跋尾为一体，收历代石刻资料 1300 余种(另有近 200 种青铜和瓦当铭刻)。书中荟萃历代诸家跋尾并加以考证，为具体碑志的研究考释提供了诸多便利。另清代也不乏专门的金石考据跋尾力作，钱大昕(1728—1804)《潜研堂金石文字目录》及《跋尾》，武亿(1745—1799)《金石三跋》及《金石续跋》，严可均(1762—1843)《铁桥金石跋》等，均以考订精审著称。今人虞万里对传统金石跋尾研究的学术意义评价甚高，认为"自王国维倡'二重证据法'，今人多推为首倡，奉为科条。其实，《跋尾》之作，虽无其名却已有其实"，②当是确论。

在宋代的金石跋尾研究中，不乏对碑志义例的总结，但尚缺乏系统性。自元代潘昂霄《金石例》、明初王行(1331—1395)《墓铭举例》和清初黄宗羲(1610—1695)《金石要例》等著述陆续刊行后，金石义例研究渐成规模。其研究范围，上自三代秦汉，下迄宋元，系统性和全面性有明显提升，遂渐成专门之学。

(一)《金石例》：碑志义例学的奠基之作

潘昂霄，字景梁，号苍崖先生，济南人，官至翰林侍读学士，谥文僖，著有《苍崖类稿》《金石例》《河源记》③。《河源记》因载于《元史》，其知名度较《金石例》更高。

潘昂霄生卒年月不详。《金石例》于至正五年(1345)由其子潘诩刊行时，

---

① (元)潘昂霄《金石例》卷 9"诸跋"条载："古人跋语不多见，至宋始盛。观欧、苏、曾、王诸作，则可知也。碑阴及后序，即古人跋语，亦即宋以后人作跋所由来耳。"载(清)朱记荣辑：《金石三例》(上)，北京图书馆出版社，2008 年，第 238 页。下同，省略辑者和出版信息。

② 虞万里：《从十驾斋说到钱大昕及其〈全集〉》，《中国典籍与文化》1999 年第 3 期。

③ 潘昂霄撰《河源记》亦有名为《河源志》《黄河志》者，在《元史》中载为《河源附录》。参见《元史》卷 63《地理志六》，中华书局，1976 年，第 1563 页。

潘昂霄已辞世。① 据《至大金陵新志》载："潘昂霄，承务，至元二十六年(1289)
上。""潘昂霄，奉议，大德六年(1302)上。"②又据《元故御史中丞曹文贞公祠堂
碑铭》所记，延祐元年(1314)前，潘昂霄曾任御史。③ 再据至正五年(1345)杨
本为《金石例》作序时称潘昂霄"历事六朝，出入翰苑余二十年"，④杨植翁序称
潘昂霄"雄文博学，为当时推重"，⑤均指过往之事，故潘昂霄在翰林任职，可能
历仁宗(1311—1320)、英宗(1320—1323)至惠宗之元统(1333—1334)、至元
(1335—1340)时期。《金石例》当撰于这段时间。⑥

　　《金石例》共十卷。前五卷述铭志之始；六至八卷为"韩文公铭志括例"；
九卷述各类公文源流、写作要领和格式；十卷"史院纂修凡例"，载起居注等官
书撰写格式。

　　此书在碑志义例学发展史上的重要性，常被清人提及。清鲍振芳言："非
苍崖无以识例之备，非梨洲无以识例之严。"⑦但严格来说，潘昂霄的《金石例》
并非碑志义例研究的首创，碑志义例之体也不尽完善。《四库全书总目》对此
书评述称：

　　　　昂霄是书既以金石例为名，所述宜止于碑志，而泛及杂文之格与起
　　居注之式，似乎不伦。又杂文之中，其目载有郝伯常先生《编类金石八
　　例》，苍崖先生《十五例》，二条皆有录无书。九卷之末有跋云："右先生

---

①　《金石例》的元代刊版至少有 3 种，分别为至正五年(1345)潘昂霄之子潘讷的初刊本，至正
　　九年(1349)王思明鄱阳重刊本，及以鄱阳刊本为底本的元刻本。明代刻本现知有上海图书
　　馆藏隆庆初年龙宗武刻本等 2 种。清代丛书本有乾隆二十年(1755)卢见曾《雅雨堂丛书》
　　本、嘉庆十六年(1811)郝懿行重印本、道光十二年(1832)吴郡李瑶木活字排印《校补金石例
　　四种》(光绪年间由章寿唐辑入《式训堂丛书》)和光绪四年(1878)南海冯氏读有用书斋刻朱
　　墨套印本，以及光绪十八年(1892)朱记荣辑《金石全例》汇印本等。民国徐乃昌影印元至正
　　九年鄱阳刻本，附《札记》1 卷，详细版本源流。可参见慈波《潘昂霄〈金石例〉小考》，载《浙
　　江科技师范学院》2009 年第 3 期。
②　(元)张铉：《至大金陵新志》卷 6 下，文渊阁《四库全书》电子版。
③　(元)苏天爵：《滋溪文稿》卷 10《碑志》，文渊阁《四库全书》电子版。
④　至正五年春三月鄱阳杨本"金石例原序"，载《金石全例》(上)，第 9—10 页。
⑤　至正五年春三月饶州路儒学教授杨植翁"金石例原序"，载《金石全例》(上)，第 13 页。另
　　(明)李贤等《明一统志》卷 22、《钦定大清一统志》卷 128、《山东通志》卷 28，也载有相同
　　评论。
⑥　至正五年杨本"金石例原序"称："初士之为文者，犹袭纤巧，其气萎苶不振。先生患其久而
　　难变也，乃述是书，以授学者。"载《金石全例》(上)，第 9 页。
⑦　(清)鲍振芳：《金石订例·自序》，载《金石全例》(下)，第 685 页。

《金石例》，皆取韩文类辑以为例，大略与徐秋山《括例》相去不远。若再备录，似为重复，故止记其目于此。"然则最后二卷，其始必别自为编，附之《金石例》后，后人刊版乃并为一书。又知六卷至八卷所谓韩文括例者，皆全采徐氏之书，非昂霄所自撰矣。其书述叙古制颇为典核。虽所载括例，但举韩愈之文，未免举一而废百。然明以来金石之文，往往不考古法，漫无矩度，得是书以为依据，亦可谓尚有典型，愈于率意妄撰者多矣。①

这段评述内容，提示了研究《金石例》的一些重要线索和思路。

其一，在潘昂霄《金石例》面世之前，尚有郝伯常《编类金石八例》、徐秋山《韩文括例》以及潘昂霄本人的《十五例》，但内容均较为简短，为《金石例》撰成前的概略之书。

郝经（1223—1275），字伯常，泽州（晋城市）陵川人，元世祖忽必烈时官至翰林侍读学士、国信大使，有《续后汉书》及文集等传世。②《陵川集》约刊行于延祐五年（1318），集中除诗文外，还有哀辞、箴、铭、碑文等各种文体，其《答友人论文法书》一文盛赞韩愈之文。③郝氏《续后汉书》则"先作义例条目，以明予夺之旨"，④其中也多有对文体及义理之阐发。潘昂霄长期任职翰林，虽两人生平交集不多，但潘氏《金石例》明碑志义例并尊崇韩愈之文，多少会受到郝经的影响。⑤

郝经《编类金石八例》包括世系、名字、始起、建功立事、年寿、薨卒、殡葬、铭辞八端，条目简略。《苍崖先生十五例》加以扩充，有人作造端、名字族姓、乡贯、世次先德、文学艺能、仕进历官、政迹功德、享年卒葬、生娶嫁女、总述行迹、作碑志、铭辞、孤弱、祠庙原始、立庙祠祭十五端。⑥之后，潘昂霄将上述内

---

① （清）永瑢等：《钦定四库全书总目》卷196《集部》49《诗文评类二》，文渊阁《四库全书》电子版。
② 《元史》载："郝经字伯常，其先潞州人，徙泽州之陵川，家世业儒。祖天挺，元裕尝从之学……撰《续后汉书》《易春秋外传》《太极演》《原古录》《通鉴书法》《玉衡贞观》等书及文集，凡数百卷。"参见《元史》卷157《郝经传》，第3698—3709页。
③ 延祐五年据《陵川集札付》，载（元）郝经：《陵川集》卷首，《答友人论文法书》载《陵川集》卷23《书》，文渊阁《四库全书》电子版。
④ （元）苟宗道：《续后汉书新注序》，载（元）郝经：《郝氏续后汉书》卷首，文渊阁《四库全书》电子版。
⑤ 有关郝经的文体论研究成果，可参见何诗海：《经史一体与文体谱系——郝经文体学思想初探》，《学术研究》2007年第8期；魏崇武：《论郝经文体分类的特色及价值》，《社会科学研究》2012年第1期。
⑥ （元）潘昂霄：《金石例》卷9，载《金石全例》（上），第238—239页。

容或采录或增补而撰成《金石例》十卷。

其二，《金石例》的精华是前五卷内容，计 51 条。《总目》所言"述叙古制颇为典核"者，当是指此。细研之，乃辨析考证各类碑石之制度、缘起、程序和类例，间及历代相关律令制度，对碑碣制度、碑版文字的体式归纳等多有创见。《总目》的评论可谓贴切。

其三，《金石例》受后世义例学家关注最多的是卷六至八的韩碑括例，其内容非潘氏原创，而是采自徐秋山《韩文括例》。潘昂霄自言："括例乃徐秋山所撰缉，苍崖采而录之，以入《金石例》耳，非苍崖自为之。"①其主要内容为墓志中家世、职名、姻亲、子女及死葬、年月等书写例。但由于郝伯常、徐秋山所撰相关著述未能流传，故潘氏书往往被视为首创。清人闵萃祥即言："金石之文，盖史之余体。自三代以降，文之以金石传者不知凡几，亦未有明言其例者。有之，自潘氏昂霄《金石例》始。"②

对于此三卷内容，后世义例学家褒贬不一。清初黄宗羲认为："元潘苍崖有《金石例》，大段以昌黎为例，顾未尝著为例之义与坏例之始，亦有不必例而例之者，如上代兄弟、宗族、姻党，有书有不书，不过以著名不著名，初无定例，乃一一例言之。"③《总目》也指其"但举韩愈之文，未免举一而废百"，潘氏可谓是代人受过。

其四，在《金石例》前五卷中，公文内容并不显著。较完整的公文体式评述集中于该书卷九和卷十。此两卷原为该书附录，内容与碑志无关，不属于碑志义例的研究范畴。但此两卷占全书十卷的五分之一，篇幅占全书的三分之一（前 8 卷 137 页，此 2 卷 74 页），刊行者将附录并入正文，当是有意之举，也使全书的文例体式更为均衡全面。

卷十《史院纂修凡例》凡 27 条，潘氏言为"当日官书，苍厓录之，非其所自撰"，实为纂修起居录等官书的格式。④ 特别值得关注的是卷九，共计 62 页，在全书中所占篇幅最多。其内容包括《论古人文字有纯疵》《论作文法度》《论

① （元）潘昂霄：《金石例》卷 7《韩文公铭志括例》，载《金石全例》（上），第 123 页。
② （清）闵萃祥"金石三例再续编序"，载《金石全例》（中），第 309 页。
③ （清）黄宗羲：《金石要例》"卷首识语"，载《金石全例》（上），第 417 页。
④ （元）潘昂霄：《金石例》卷 10。其中"诛杀罪人"条内容为：前代杀当其罪者，书某人伏诛，其不当者，书杀某人。其大辟，则岁终书是岁断死刑几人。或有奏谳出人者，则附书其下。参见《金石全例》（上），第 241—246 页。

作文当取法经史造语》及《学文凡例》。此卷内容取材广泛，不局限于韩愈之文，综论诸唐宋名家之文章技法；《论作文当取法经史造语》引王景文曰"文章根本，皆在六经，非惟义理也"，并论及叙事、句法以及铭辞赞颂诗等文体的取舍之规，其中特别提及"唐律当学他格式严整"；①《学文凡例》则集纳制、诰、诏、表、露布、檄、箴、铭、记、赞、颂、序、跋十三种文体之发展源流、写作要领和格式。

综观全书内容，卷九、十的实用性更强。潘氏长期任职翰林，有负责起草诏令之责。至正五年（1345）杨本序《金石例》言："先生世居中州，以文学鸣国。初士之为文者，犹袭纤巧，其气萎薾不振。先生患其久而难变也，乃述是书，以授学者。"②故此两卷当为指导入职翰林者掌握撰拟公文技巧而作。

其五，该书在元明清流行的原因是其具有以文体范世之功能，正如《总目》评价，"明以来金石之文，往往不考古法，漫无矩度，得是书以为依据，亦可谓尚有典型"。然潘氏编撰及其子潘诩刊刻此书实带有更强的目的。至正五年傅贵全"序文"在略述《金石例》十卷内容后，指出墓志例"可以使世之孝子慈孙，观其制度之等，则思得为而为，不得为而不为，而于事亲之道，不至违礼矣"，实即指出贯穿于碑志中的礼法制度具有教化治世功能，所谓"于世教将重有补焉"。③

诚然，金石学在宋代诞生时即带有"礼家明其制度"的社会实用功能。金石铭刻与一般文字最大的不同是它能传承久远，标示社会效仿的典范，故碑志在东汉初兴时，其社会教化功能即受到特别关注，并体现出鲜明的"碑以明礼"的特征。④ 元代饶州路儒学教授杨植翁为《金石例》所作序言称："文章先体制，而后论其工拙。体制不明，虽操觚弄翰于当时犹不可，况其勒于金石者乎！"⑤王思明在序言中也强调："后世之文，莫重于金石。盖所以发潜德、诛奸谀、著当今、示方来者也。"⑥

---

① 《金石全例》（上），第196页。
② 《金石全例》（上），第9页。
③ （清）朱记荣：《金石例序》，载《金石全例》（上），第11—12页。
④ 关于"碑以明礼"特征的阐述，可参见拙作《中国法制"镂之金石"传统及特质》，载《南京大学法律评论》2014年秋季卷（总第42卷），法律出版社，2014年，第93—106页。
⑤ （元）汤植翁：《金石例序》，载《金石全例》（上），第12页。
⑥ （元）王思明：《金石例序》，载《金石全例》（上），第14页。

从上述内容分析,可知潘昂霄《金石例》之所以被后来的金石义例学家和经史学家所关注并续补发扬,①关键之处,不是《金石例》的内容和体例,而是阐发了在碑志文体日趋世俗化的情势下,如何重塑其"明礼合法"功能,以达到济世的效用。这是潘氏之书流传于社会并成为义例学派奠基之作的关键,也是义例之学在清代成为金石学一个重要流派的原因。

(二) 金石义例学之特色

综观上述,潘昂霄的《金石例》实由三部分内容构成,以自撰为主,兼附有他人成果。前五卷系对碑志制度的全面梳理总结,以"精核"著称;六至八卷载韩碑括例,因局限一家之言,为后续者留下较大的增补空间;卷九、十与碑志无关,却事关朝廷文字枢机,为当时翰林执笔之模范。此三部分当是有机整体,并共同发挥着编撰者和刊印者所寄予的碑志礼法范世的目的。

但后世义例学家对《金石例》关注,褒誉指摘主要聚焦于书中所载的徐秋山《韩文括例》,潘氏自撰的精华,如碑志源流及公文体式,反而被忽视。就笔者所见清代金石义例著述中,仅鲍振芳《金石订例》附载潘氏《金石例》"学文凡例"十三式,取名为"学文订例",且在文中注明"皆删订原文,不参鄙见"。②此外尚有礼学家秦蕙田在考释"露布"时对潘书的引证。③

尽管如此,清代碑志义例学终究较潘氏《金石例》有了明显进步,一个显著标志是,清代在不断完善墓志例的基础上,对公文碑例的总括更加详备。此亦是对潘昂霄《金石例》卷九、十附录内容并入正文的修正。

自元代潘昂霄《金石例》、明初王行《墓铭举例》和清初黄宗羲《金石要例》等著述陆续刊行后,金石义例研究渐成规模。之后有梁玉绳《志铭广例》、王芑孙《碑版文广例》、郭麐《金石例补》、冯登府《金石综例》、梁廷枏《金石称例》、鲍振芳《金石订例》、刘宝楠《汉石例》、李富孙《汉魏六朝墓铭纂例》等碑志义例研究专著。这些著述或单刻行世,或以《金石三例》《金石全例》等汇刻

---

① 清刑部尚书徐乾学撰《读礼通考》多处引用元潘昂霄《金石例》中的内容,详见(清)徐乾学:《读礼通考》卷98《丧具四·碑》、卷99《丧具五·墓铭》,文渊阁《四库全书》电子版。

② 参见《金石全例》(下),第786—797页。

③ (清)秦蕙田:《五礼通考》卷236《军礼七》,文渊阁《四库全书》电子版。

本方式流传。① 其研究范围,上自三代秦汉,下迄宋元,系统性和全面性有明显提升,也因而成为专门之学。

　　清光绪初年张之洞编《书目答问》,将金石文献按内容和体例细分为金石目录、金石图像、金石文字、金石义例四类。其中金石义例类收自元潘昂霄《金石例》至清冯登府《金石综例》共计 10 种。② 容媛在对历代金石书目的整理研究中也注意到自成一体的义例学派,将《金石书录目》分为目录之属、图像之属、文字之属、通考之属、题跋之属、义例之属、字书之属和杂著之属八类,其中义例之属收书 14 种,较《书目答问》多出 4 种。③ 无一例外,无论是编目者,还是义例研究者,均将元潘昂霄《金石例》列在首位。

　　《金石例》的另一影响是,元人强调的碑志"于世教将重有补焉"的功能被清人不断阐发,碑志明礼济世的作用渐被社会所认可。

　　元代《金石例》的出现,带有挽救文体流俗、为文章正道的目的。明代和清代的金石义例著述,在着重弥补潘书"但举韩愈之文"局限性的同时,也多遵行潘氏倡导的碑志济世传统。清吴镐云:"志墓之文,欲传信后世,随事因

---

① （清）卢见曾辑《金石三例》有乾隆二十年(1755)在扬州刊行的《雅雨堂丛书》本、嘉庆十六年(1811)郝懿行重印本、光绪四年(1878)南海冯氏读有用书斋刻朱墨套印本。道光十二年(1832),李瑶将《金石三例》与清郭麐《金石例补》合刊,称《金石四例》(《校补金石例四种》)。《续刻金石三例》为朱记荣辑,有光绪十一年(1885)吴县朱记荣汇印本。《金石续例再续编》亦为朱记荣辑,光绪十三年(1887)吴县朱记荣素草堂刻,光绪十四年(1888)汇印本。光绪十八年(1892),朱记荣编成《金石全例》,含《金石三例》3 种(潘昂霄《金石例》、王行《墓铭举例》和黄宗羲《金石要例》)、《续刻金石三例》3 种(梁玉绳《志铭广例》、郭麐《金石例补》、刘宝楠《汉石例》)、《金石续例再续编》4 种(李富孙《汉魏六朝墓铭纂例》、冯登府《金石综例》附《金石跋文》、梁廷枏《金石称例》、王芑孙《碑版文广例》),以及鲍振方《金石订例》,共计 11 种。其中《金石三例》有清王芑孙评语,后被收入《万有文库》。另鲍廷博《后知不足斋丛书》收有吴镐《汉魏六朝唐代志墓金石例》3 卷、《唐人志墓诸例》3 卷。
② 清张之洞《书目答问》所收 10 种书为:潘昂霄《金石例》10 卷、王行《墓铭举例》4 卷、黄宗羲《金石要例》1 卷、梁玉绳《志铭广例》2 卷、王芑孙《碑版广例》10 卷、郭麐《金石例补》2 卷、刘宝楠《汉石例》6 卷、李富孙《汉魏六朝墓铭纂例》4 卷、冯登府《金石综例》4 卷、吴镐《汉魏六朝志墓金石例》3 卷附《唐人志墓诸例》1 卷。详见范希曾编《书目答问补正》,上海古籍出版社,1983 年,第 182—183 页。
③ 容媛辑《金石书录目》所收 14 种"石类义例之属"较《书目答问》多出清代吴镐《唐人墓志例》1 卷(在《书目答问》中是作为吴镐《汉魏六朝志墓金石例》附录)、梁廷枏《金石称例》4 卷《续例》1 卷、鲍振方《金石订例》10 卷以及民国黄任恒《石例简钞》4 卷。参见容媛辑、容庚校:《金石书录目》卷 5,台湾大通书局,1974 年,第 90—91 页。

人,本无定法。顾宋讫元明,习俗相沿,文体大坏,故三君不得不作例以匡救之。"①清张穆在《汉石例序》亦云:"为文必当明例,碑志又文章之最谨严者,其例尤不可不讲。"②均道出了碑志义例学家所面临的共同社会问题。

强调济世范世、经世治用,是碑志例学与金石考据学最大的不同。清李慈铭即指出义例之学是有别于考据之学的实用之学:

> 窃谓文章本无一定之例,自南宋以后,滥为酬应,文人益多,而文日卑。故潘氏举韩文为例以救之,取法为近,以晓流俗也。降及晚明,江湖小人恶札充塞,至为猥贱。故梨洲黄氏复为《要例》,自唐宋诸家以及元明,著其文之流变,以见例之不可尽无,非为考据计也。③

清人在汇刊金石义例之书时,亦同样带有以文章济世的动因。乾隆二十年(1755)卢见曾述其刊刻《金石三例》的宗旨是:"曩病时贤碑碣叙次失宜,烦简靡当,盖未尝于前人体制,一为省录尔。兹故汇刻以行世,俾后之君子,晓然于金石之文,不异史家发凡言例,亦《春秋》之支与流裔,触类而长之,庶乎知所从事矣。"④嘉庆十六年(1811)郝懿行重刊《金石三例》时也强调:"今世为文,多无师法,与其面壁虚造,不如取法乎中,犹得其下,故力成此举。"⑤

这种通过金石文字以救时弊的主张,正是注意到了金石载体和铭刻文体本身具有特殊功能,它融礼法、文体、典范、治世、传承等于一身,而这正是其他文字载体和文体所难以企及的。

总括金石义例学的发展,大致可分为两个阶段,即清乾隆之前以元潘昂霄《金石例》、明王行《墓铭举例》和清初黄宗羲《金石要例》为代表的专注于唐宋碑志研究的创制期,和从清乾嘉时开始的以总结历代碑志例为目标的义例学全盛期。创制期和全盛期的区别不仅体现在研究对象是专注于唐宋碑志抑或历代碑志,也表现在研究方法是以"折衷于文集"还是以志石、拓本为主。

---

① (清)吴镐:《志墓例附论》,载林荣华校编:《石刻史料新编》第三辑第40册,台湾新文丰出版公司,1986年,第428页。
② (清)张穆:《汉石例》"原序",载《金石全例》(上),第649页。
③ (清)李慈铭:《越缦堂读书记》,辽宁教育出版社,2001年,第553—554页。
④ (清)卢见曾:《金石三例序》,载《金石全例》(上),第7—8页。
⑤ (清)郝懿行:《答张蒙泉重刻金石三例书》,《晒书堂集·文集》卷2,《续修四库全书》本。

创制期主要采取"折衷于文集"的方法，但唐宋文集之文不尽施之于碑志，也存在文集内容与碑志略有出入的情况；全盛期重视搜罗碑版据实物研究，如清冯登府《金石综例》"尽搜商周秦汉魏晋六代五季唐宋及海东诸国金石之文"，①传统金石志所载和新发现的碑石均为重要资证。

（三）碑志之"例"与律例之"例"

金石"义例"之名源自经学，原指阐释著述内容的凡例。传统经史学家所采用的将春秋义理研究概括为释例、凡例的做法，为金石学家所借用。元人王思明即点明潘昂霄《金石例》与经学释例如出一辙：

> 三代无文人，六经无文法，儒者有是言也。然春秋大义数十，以褒贬寓于一字之间，传者谓其发凡以言例，皆经国之常制，周公之垂法。诸称书、不书、先书、故书、不言、不称书曰之类，皆所以起新旧、发大义，谓之变例。至谓发传之体有三，而为例之情有五，然则谓无法可乎！后世之文莫重于金石，盖所以发潜德、诛奸谀、著当今、示方来者也。如是而不知义例，其不贻鸣吠之诮也，几希。翰林苍崖潘先生动必稽古，取先代硕儒所为文类而集之，题曰《金石例》，视传春秋者所言，如合符节。②

在王思明看来，金石文字具有特殊的社会教化功能，可以"发潜德、诛奸谀、著当今、示方来"，其规范社会的作用，不亚于儒家经典，这正是义例学家总括碑志之"例"的学理基础。

在碑志义例学家眼中，"例"具有多重含义。清朱记荣云：

> 尝考许氏《说文解字》云："例，比也。"《玉篇》云："例，类也。"知以比类为义，则凡事之可为比类者，均得以例称之。又考《礼记·王制篇》："必察小大之比以成之。"郑康成注云："已行故事曰比。比，例也。"《后汉书·陈忠传》："父宠上除汉法溢于甫刑者，未施行。忠奏二十三条，为决

---

① （清）冯登府：《金石综例自序》，载《金石全例》（中），第457页。
② （元）王思明：《金石例序》，载《金石全例》（上），第14页。

事比。"李贤注云:"比,例也。"此又知国家律例之制所由肇始焉。春秋之有例,人且目为圣人之刑书,然以义例论之,而非若史家之有体例也。至于金石文字之有例,其亦以体例言之,而不必以义例限之乎。①

综括朱记荣的观点,例有事例、案例、律例和文例之用。金石之例以文例为主,但也兼具法例之功效。元至正五年(1345)傅贵全为《金石例》作序称:

> 圣人春秋褒贬著于笔削者,谓之例;国家政刑赏罚见于制度者,谓之例,是皆以其可为法于天下后世也。济南文僖潘公苍崖先生,取古昔碑碣钟鼎之文,提纲举要,条分类聚,定为十卷,名曰《金石例》。一卷至五卷则述铭志之始,而于贵贱、品级、茔墓、羊虎、德政、神道、家庙、赐碑之制度,必辨焉。六卷至八卷则述唐韩文括例,而于家世、宗族、职名、妻子、死葬、月日之笔削,特详焉。九卷则先正格言,十卷则史院凡例。制度笔削于此,又可以概见焉。②

在傅贵全看来,汉代春秋大义是定罪决狱之准则,故阐释儒家经典之"例",与作为刑赏制度的法典之"例",有异曲同工之效。《金石例》所总括的文例,因蕴涵贵贱、品级等制度内容,故也具有礼法天下后世的功能。相同观点也见于清冯登府《金石综例》自序:"金石之有例,所以寓褒贬于笔削,辨体制于文章,为法天下后世而传之永远者也。"③清人王芑孙在对《金石三例》的"题评"中,将金石义例之"例"与律例之"例"进行对比后总结道:

> 表碣之作,莫多于遗山,其次虞道园、宋濂溪,然皆不可法,非韩、欧之比,然宜兼及之者,所以备引例之穷,犹之断狱者,无例可援,则不得不比附成案而已。④

---

① (清)朱记荣:《金石三例续编序》,载《金石全例》(上),第455页。
② (元)傅贵全:《金石例序》,载《金石全例》(上),第10—11页。
③ (清)冯登府:《金石综例自序》,载《金石全例》(中),第457页。
④ (清)王芑孙"题评",载《金石全例》(上),第94页。

　　王芑孙认为撰碑志当以韩愈、欧阳修之文为首选范例。至于周敦颐（字茂叔，自号濂溪）、元好问（字裕之，号遗山）、虞集（字伯生，号道园）等碑志高产作家，王芑孙认为其作品与注重礼法的韩、欧之文还是有一定差距，但也可成为"无例可援"情况下的备选。

　　从上述文字可知，碑志义例学中之"例"，除类同法律制度的用意外，主要指对文体的运用和总结，即通过具体的阐明义理的事例，来总括碑志文的主旨和体例，并以此达到规范社会的作用。正如元代杨本所言：

　　　　凡碑碣之制，始作之本，铭志之式，辞义之要，莫不放古以为准。以其可法于天下后世，故曰例。而其所以为例者，由先秦二汉暨唐宋诸大儒皆因文之类以为例。①

　　正因为碑志有独特的社会教化功能，故碑志文例也愈发显现出其独立存在的价值。元潘昂霄直言："德政碑今虽有禁，不得作，然自秦汉有之，文章家自不当去此。"②实即指明，当文例和律例有所冲突时，文例并非一定要屈从法律。

　　在经学家、金石学家反复阐释"例"之作用时，对于金石义例中"义"的含义，并未费太多笔墨。这是因为古代金石学家往往也是经学、礼学和史学家。金石学在宋代初创时即带有"礼家明其制度"的考证礼制内涵，③对于金石学家而言，儒家经典义理早已融会贯通，无需刻意阐释。另义和例的关系又是相辅相成的。清王芑孙言："例，《春秋》之法言也，贯道而出，得乎心之所安，究乎义之所止者也。"④鲍振芳在《金石订例》"例言"中强调其撰写宗旨是："裁酌处皆参诸经籍，稽诸古大家著作，必求义例安适，无诡于理，无悖于法，然后载笔。"⑤道光二十九年（1849）张穆为刘宝楠撰《汉石例》作序言："文生于义，

---

① （元）杨本：《金石例序》，载《金石全例》（上），第9页。
② （元）潘昂霄：《金石例》卷2，载《金石全例》（上），第54页。
③ 宋仁宗时，古器物学家刘敞提出研究古器物可使"礼家明其制度，小学正其文字，谱牒次其世谥"。参见（宋）刘敞：《公是集》卷36、46。
④ （清）王芑孙：《碑版文广例》卷1，载《金石全例》（下），第32页。
⑤ （清）鲍振芳：《金石订例例言》，载《金石全例》（下），第671页。

不生于例也。义洽而例自立焉,故不独《春秋》有例。"①《续修四库全书提要》
评《汉石例》道:

> 宝楠深明汉学,本朱彝尊跋《墓铭举例》之意,一以东京为主,傅以经
> 术,加之博证,故其书颇能得大义,义举而例亦因之。至于断制深严,条
> 理明畅,尤非诸家所能及,盖不仅文章家之事也。②

由于义、例的相融共生,金石义例著述往往舍"义"称"例",故自元潘昂霄
《金石例》之后的十余种义例著述,书名均以"例"为名,称之为举例、广例、要
例、综例、纂例、订例等,书中内容也偏重总结碑志义理之括例、正例、变例、特
例等。另需要指明的是,金石义例之学虽"金石"并称,但内容以墓志、碑志等
石刻为主,金文之例较少。《四库全书总目》即指明元潘昂霄《金石例》"以金
石例为名,所述宜止于碑志"。③ 综览其内容,仅卷二"金石文之始"一条涉及鼎
铭。之后以续补《金石例》为己任的明代王行撰《墓铭举例》,更将"金"的内容舍
去而专注于墓志。是故,将金石义例之学称之为碑志例学,似更为贴切。④

二、墓志例、公文碑例和私约碑例

(一) 墓志例之礼法范世功能

与古代法制研究有关的碑志例主要为墓志例、公文碑例和私约碑例。墓
志例是碑志例中的大宗。金石义例学的产生和发展,也主要是围绕墓志例而
展开的。如清卢见曾言:

> 文章无义例,惟碑碣之制则备载姓氏、爵里、世系以及功烈、德望、子

---

① (清)张穆:《汉石例原序》,载《金石全例》(上),第649页。
② 转引自叶国良:《石学蠹探》,台湾大安出版社,1989年,第143—144页。
③ 《钦定四库全书总目》卷196《集部》四十九《诗文评类二》。
④ 清冯登府撰《金石综例》4卷计423例,收录周汉铭文铜器4件;另冯登府撰《石经阁金石跋
　文》1卷48则,收铭文铜器12跋,为金石例著述中收金文最多者。参见《金石全例》(中),第
　638—654页。另清王芑孙言:"潘氏目其书曰'金石',概辞也;王氏目其书曰'墓铭',专辞
　也。"是也为一种解释。参见《金石全例》(下),第5页。

女、卒葬之类，近于史家，如《春秋》之有五十凡故例尚焉。碑碣兴于汉魏，迄唐宋以下，而例断自韩子，元潘苍崖创为《金石例》十卷，制器之楷式，为文之椠橥，靡不毕具。明初王止仲又撰《墓铭举例》四卷，兼韩子以下十五家，条分缕晰，例之正变，推而愈广。本朝黄梨洲以潘书未著为例之义与坏例之始，作《金石要例》一卷，用补苍崖之阙，合三书而金石之例始赅。①

在传世的十余种金石例著述中，专以墓志为研究对象的除元潘昂霄《金石例》、明王行《墓铭举例》、清初黄宗羲《金石要例》外，清代还有梁玉绳《志铭广例》、李富孙《汉魏六朝墓铭纂例》、吴镐《汉魏六朝唐代志墓金石例》和《唐人志墓诸例》等。在综合性著述中，对墓志的总括也占有较大比重，故墓志例的特色能大体代表碑志例的特色。

义例学家对墓志例的总结研究可以隋唐为界划分为两大时段。隋唐以前是墓志碑铭的自由发展期。在东汉盛行厚葬、重视葬礼等世风的影响下，碑志勃然兴盛。由于缺乏法律约束，碑志撰写有较大随意性，这也为清人总结汉魏六朝碑志例带来困难，以至出现举例繁琐、见例必录终致"无例"的现象。②

自隋唐始，墓志形制和内容被纳入礼法调整的范围，官员之生碑、墓志所用尺寸，立碑程序，碑额、志题等，均受到法律的制约。③ 在唐人所撰墓志文中，也时见引用《丧葬令》条文的情况。柳宗元撰《唐故兵部郎中杨君墓碣》云：

---

① （清）卢见曾：《金石三例序》，载《金石全例》（上），第7页。
② 清李慈铭云："自黄梨洲氏《金石要例》出后，文之义法，已括其凡，为碑版者，谨守不渝，即为定则。朱竹垞氏欲缉《隶释》《隶续》所载为例，以补潘、王、黄三家之缺，意在存古，实为好奇，可以取广见闻，不必定为义法。于是冯氏及梁曜北、郭频伽等皆掇拾琐碎，分级奇零，例愈广而愈繁，采愈多而愈惑。盖汉代碑碣，不重文章；魏齐石刻，多出村野，名字月日，信手而书，年号官称，亦间致错。"详见（清）李慈铭：《越缦堂读书记》，辽宁教育出版社，2001年，第549—550页。
③ 隋开皇《丧葬令》规定："诸三品以上立碑，螭首龟趺，趺上高不得过九尺。七品以上立碣，高四尺，圭首方趺。若隐沦道素，孝义著闻者，虽无爵，奏听立碣。"唐代将立碑者的身份由三品降至五品。开元《丧葬令》规定："诸碑碣，其文须实录，不得滥有褒饰。五品以上立碑，螭首龟趺，趺上高不得过九尺。七品以上立碣，圭首方趺，趺上高四尺。若隐沦道素，孝义著闻，虽不仕亦立碣。"有关官品与碑形制内容的《丧葬令》，在《白氏六帖事类集》中被称为"立碑令"，反映了社会对此令内容更直白的理解。参见〔日〕仁井田陞：《唐令拾遗》，栗劲等译，长春出版社，1989年，第766—769页。

　　贞元十九年正月某日,守尚书兵部郎中杨君卒。某日,葬于奉先县某原。既葬。其子侄泊家老,谋立石以表于墓。葬令曰:"凡五品以上为碑,龟趺螭首。降五品为碣,方趺圆首,其高四尺。"按郎中品第五,以其秩不克偕,降而从碣之制。①

　　唐代丧葬律令之严格,从墓志志题上可略见一二。唐代墓志题衔不为尊者讳,如韩愈撰《朝散大夫商州刺史除名徙封州董府君墓志铭》直书墓主"除名徙封州"。② 这种情况在汉代难以想象。对于碑志题上表现的汉代"题尊"、唐宋"题终"的区别及原因,台湾学者叶国良分析道:

　　　　宦海浮沉,所终之官未必即最尊之官,题尊以美碑主,如汉人者,乃人情所愿。而唐宋人必题以所终官爵者,以重君命、遵律令,故不敢轻题也。于此亦可觇知汉代以降君权之日重矣。③

　　当然,唐宋墓志中礼法内容的完备与否,既有制度的约束,又受志文撰写者个人因素的左右。唐韩愈所撰墓志多蕴尊卑、嫡庶等礼法制度于文中,所撰碑志有书再娶者,有书庶子者,而无书妾姓者,故子之微出者不书其母。但柳宗元所撰墓志则不如韩愈严谨。这也是韩愈文字备受义例学家推崇的重要原因。由于韩愈所撰碑志具有史家的风范,有"文起八代"的划时代意义,④潘昂霄《金石例》以三卷内容载徐秋山《韩文括例》,已直接表达出对韩文的推崇。韩愈文章之经典范世的观点,也为后来义例学家所认同。在清人所作

① (唐)柳宗元:《柳河东集》卷9。另《封氏见闻记》卷6载:"隋氏制,五品以上立碑,螭首龟趺,趺上不得过四尺,载在《丧葬令》。"
② (清)董浩等纂:《全唐文》,中华书局,1983年,第5715页。
③ 叶国良:《石学蠡探》,台北大安出版社,1989年,第4、110页。另叶国良对唐代墓志题终从法律角度分析认为:唐律以崇官之制。崇官者,在法律上优待官员也。官品愈高,优先愈崇。若官阶遭抑,而仍题以原官原阶,则有违冒僭越之嫌。详见叶国良:《石学蠡探》,第6—7页。
④ 韩愈(768—824),字退之,祖籍昌黎郡(今河北省昌黎县)。苏轼称赞韩愈"文起八代之衰,而道济天下之溺,忠犯人主之怒,而勇夺三军之帅"。参见(宋)苏轼《东坡全集》卷86《潮州韩文公庙碑》。其中"八代"指东汉、魏、晋、宋、齐、梁、陈、隋。清鲍振芳言:"文章贵先合体,体者例也。昌黎文起八代之衰,义正词严,《金石例》一宗其法。"参见《金石全例》(下),第709页。

《金石例》点评中，韩愈所撰志文备受赞誉，诸如："书例断自昌黎者，前此文人未尝言法，而铭章之托又不必定是文人，故详略之间，各随其意。昌黎始断断于应法、不应法，然后有例可言。而昌黎遂为古今铭章之冠"；"碑版，盖史法之所在，例所总汇。韩、欧未出以前，随人作之，莫讲义法。自韩、欧出，而铭章之作驾出史传之上，故言例自韩、欧而始，诚不易之轨也。"①王芑孙也强调要以韩、欧为正统，"能以韩、欧之例例秦汉、例元明，无往不得；不以韩、欧之例例秦汉、例元明，无往不失矣"。②

宋元时期，丧葬令、仪制令内容更加细化。③元潘昂霄《金石例》便多次引证宋金元时期的相关法令规定，作为立碑用石之制度依据。《金石例》载：

> 金制，诸葬仪，一品官，石人四事，石虎、石羊、石柱各二事；二品、三品，减石人二事；四品、五品，又减石柱二事。④

元代中原地区的葬仪与金制相仿。《至元杂令》规定"品官葬仪"是："一品（以上），石人四事，石柱二事，石虎二事，石羊二事。三品（以上），石人二事，石柱二事，石虎二事，石羊二事。五品（以上），石人二事，石虎二事，石羊二事。"⑤与《金石例》所载金代的规定大同小异。

至于各品级官员墓地大小尺寸，墓志上的名号、称谓等，《金石例》也俱引法律条款，以为撰志的依据。有关官员坟地的法律规定，《金石例》所载内容甚至较《至元杂令》《大元通制》更为详细。试将两者作比较如下。

《金石例》载：

---

① 参见（元）潘昂霄：《金石例》卷8、卷9"跋"，载《金石全例》（上），第176、240页。
② （清）王芑孙：《碑版文广例》"自叙"，载《金石全例》（下），第6页。
③ 北宋天圣《丧葬令》内容与唐《丧葬令》内容相仿，规定：（宋）"诸碑碣，其文皆须实录，不得滥有褒饰。五品以上立碑，螭首龟趺，趺上高不得过九尺；七品以上立碣，圭首方趺，趺上高四尺。若隐沦道素、孝义著闻者，虽无官品，亦得立碣。其石兽，三品以上六（品），五品以上四"。详见天一阁博物馆、中国社会科学院历史研究所校证：《天一阁藏明钞本天圣令校证》下册《丧葬令》卷29，中华书局，2006年，第425页。至南宋时，立碑者的官品级别有所降低。《庆元条法事类》规定："诸葬，六品以上立碑，八品以上立碣。其隐沦道素，孝义著闻，虽无官品，亦听立碣。"但碑的尺寸，无太大变化，仍是"螭首龟趺，上高九尺；圭首方趺，上高四尺"。详见（宋）谢深甫等纂修：《庆元条法事类》卷77《服制门·丧葬》，上海古籍出版社，2002年，第623、629页。
④ （元）潘昂霄：《金石例》卷1"石人羊虎柱制度"，载《金石全例》（上），第45页。
⑤ 黄时鉴辑：《元代法律资料辑存》，浙江古籍出版社，1988年，第42—43页。

诸坟茔地，一品，四面各三百步。(长周不等者以积步折之，余准此。)二品，二百五十步。三品，二百步。四品、五品，一百五十步。六品以下，一百步。庶人(不叙使官，余条葬无文者，并准此。)及寺观，各三十步。若经恩锡及山谷内已业荒田者，不在步数之限。①

《至元杂令》载：

官民坟地，一品，四面各三百步。二品，二百五十步。三品，二百步。四品、五品，一百五十步。六品以下，一百步。庶人及寺观各三十步。若地内安坑坟茔，并免赋税。②

《大元通制》将此条命为"官民坟地禁限"，具体内容与《至元杂令》所载相同。③

墓志例中与礼法相关的内容还有服制等。清刘宝楠《汉石例》中有"分书奔丧持服例"。④ 冯登府以唐代《国长公主碑》为例，认为："凡书碑之例，葬某处，礼也。此碑则云陪葬桥陵，孝也。"又以《唐尼法愿墓志》为例而言："碑例，于葬于某处下云'礼也'，此碑乃云：'其年十月十七日营空于少陵原之侧，俭以从事，律也。'亦文法之创。"⑤

上述有关丧葬规格和墓志的内容，既是古代丧葬礼制，也是法律条款，可谓礼法合一。在礼法制度制约下所产生的墓志尤其是官员墓志，因涉及身份、官品、等级以及相应的权益，其礼法属性自然较为鲜明。

(二) 公文碑例及诏书体式

公文碑在元代似未受到太多重视。潘昂霄在《金石例》前五卷对碑制发展源流考述中，公文内容并不彰显。较完整的公文制式集中于该书卷九、卷十。卷九"学文凡例"汇集制、诰、诏、表、露布、檄、笺、铭、记、赞、颂、序、跋十

---

① (元) 潘昂霄：《金石例》卷 1"墓图"，载《金石全例》(上)，第 47 页。
② 黄时鉴辑：《元代法律资料辑存》，第 42—43 页。
③ 黄时鉴辑：《元代法律资料辑存》，第 74 页。
④ (清) 刘宝楠：《汉石例》，载《金石全例》(中)，第 108 页。
⑤ (清) 冯登府：《金石综例》，载《金石全例》(中)，第 634 页。

三种文体之发展源流、写作要领和格式；卷十《史院纂修凡例》凡 27 条，潘氏言为"当日官书，苍厓录之，非其所自撰"，实为纂修起居录等官书的格式。①这两卷内容与碑志无关，原本为《金石例》的附录。但后来刊行时将附录并入正文，当是有意之举，也使全书的文例体式更为均衡全面。只是后世的义例学家更关注潘氏《金石例》中的韩文括例，其他精华如碑志源流及公文体式，反而显得默默无闻。②

清代陆续出现的碑志例书有一个鲜明特色，即公文碑例内容逐渐丰富，王芑孙（1755—1817）《碑版文广例》、冯登府（？—1840）《金石综例》和刘宝楠（1791—1855）《汉石例》堪为代表。

王芑孙《碑版文广例》10 卷，计 198 则，有道光二十一年（1841）长洲王氏刻本。书中所收公文碑例始自秦汉，时间跨度较大，公文表现形式多样。既有单独成例者，如秦"碑中具载诏令奏议例"，汉"碑载奏议不载制诏例"、"碑叙奏请而不载所奏例"、"碑中具载官文书例"、"碑载长官符檄例"等；也有隐于括例者，如"碑额括列"中的"额纪政令例"，"碑阴括列"中的"碑阴刻诏策例"等。③

冯登府《金石综例》4 卷，计 423 例。除墓志例、公文碑例，书中还列有私约碑例、佛道家碑文例，以及对铜器、钞版的考释。其中重要公文碑例有"碑书诏策""制诏另书于碑末""碑全书册语""以牒为记""诏碑""敕牒之式""魏诏""奉教书""奏后附赞附铭"等。④

刘宝楠《汉石例》专注于汉代石刻，研究较深入，但也有繁琐之嫌。该书卷 1—3 为墓碑例，卷 4 为庙碑例、德政碑例、墓阙例，卷 5 为杂例，卷 6 为总例，公文碑例在各类碑例中均有体现。墓碑例中有"碑文中叙诏册例""碑文但录诏册不复撰文例""碑末或阴附录诏册例"；庙碑例中有"碑文全录状牒末用赞铭载立碑人爵里姓名字及立吏舍人例""碑文全录状牒末用赞铭载立碑人爵里姓名字及立碑年月日与工师姓名例""碑文但录诏册不复撰文例"；德政碑例中有"碑文全录令牒例"。另杂例中的"表界域例""工程例"，总例中总

① （元）潘昂霄：《金石例》，载《金石三例》（上），第 241—246 页。
② 就笔者所见金石义例著述中，仅清鲍振芳《金石订例》4 卷后附载潘氏《金石例》"学文凡例"十三式，取名为"学文订例"，且在文中注明"皆删订原文，不参鄙见"。参见《金石全例》（下），第 786—797 页。
③ （清）王芑孙：《碑版文广例》，载《金石全例》（下），第 317—346 页。
④ （清）冯登府：《金石综例》，载《金石全例》（中），第 457—640 页。

结的碑文之空字、出格、提行、空行、低行例等,均与公文体式有关。①

总体而言,清人对公文碑例的关注点主要体现在以下方面:

一是皇帝诏书引用格式和体例。在金石义例研究中,汉代政务公文的书写格式、体例等受到较多关注,不少秦汉碑刻均单独成例,有时一碑身兼多例。如汉安帝元初六年(119)《赐豫州刺史冯焕诏》,在刘宝楠《汉石例》中列为"碑文但录诏册不复撰文例",冯登府《金石综例》标为"诏碑";永建六年(131)《袁良碑》,在《汉石例》中体现为"碑文中叙诏册例",在《金石综例》中为"碑全书册语";永兴元年(153)《乙瑛碑》,在郭麐《金石例补》中为"碑前列上书制诏例",在《金石综例》中为"奏后附赞附铭",在《碑版文广例》为"碑中具载官文书例";等等。而后世热衷于对秦汉诏书体式的研究总结,一个重要原因是"两汉之制最为近古"。② 王芑孙比较秦诏之金石刻及始皇诏和二世诏之异同道:

> 始皇六刻石各异其文,惟二世七十九字之诏刻于其旁者皆同。秦斤、秦权亦皆勒此诏于左,非独刻石也。今《泰山》《琅琊》遗刻亦在,惟《琅琊》刻于"皇帝""始皇帝"及"成功盛德"字皆空格书之,其后丞相斯等奏议则跳行别起。其《泰山》《峄山》刻皆无跳行、空格,可见秦法虽严,当时跳行、空格亦无定例。③

清人研究秦汉公文碑例,也带有为清代公文碑溯源以及古今比较的目的。刘宝楠以《汉安帝赐豫州刺史冯焕诏》为例言:

> 碑文载诏书,常例也。此无上下文,但录诏书,与《袁良》诸人碑异。此当亦是立于墓前。今人墓石全刊诰赠之文,此其权舆。④

公文的特征也表现在书写格式和古刻体制等方面。冯登府对公文题名

---

① (清)刘宝楠:《汉石例》,载《金石全例》(中),第229—238页。
② (宋)林虙:《两汉诏令》"原序",文渊阁《四库全书》电子版。
③ (清)王芑孙:《碑版文广例》卷1,载《金石全例》(下),第35页。
④ (清)刘宝楠:《汉石例》卷3,载《金石全例》(中),第114页。

押字之始,撰书姓名格式,碑题、碑额格式等,进行了总结。刘宝楠对公文碑格式的总结道：高出本文即出格,另行起而上平即提行,多示尊、示敬,并引《陔余丛考》曰："凡奏事遇至尊,必高其字于众行之上,盖自古已然。"低行有二义,一以见碑文已了,一以见卑者、贱者当谦下。[1] 袁枚更是依据碑文格式进行推理,根据《开化瑶严阁记》"书北平王跳行超一格,与书后唐诸帝同式",《闵忠寺重藏舍利碑》"碑文中于大唐文宗、宣宗及上书皆空二格,于清河公亦空二格,于陇西令公则跳行书",推断五代"河朔之俗,知有节使,不知有天子"的史实。[2]

二是公文用词。汉熹平四年(175)《闻喜长韩仁铭》额篆"汉循吏故闻喜长韩仁铭",文尾有"如律令",此碑被列入"额称循吏例""碑文全录令牒例""以牒为记"等碑志例中。元潘昂霄认为"如律令"为檄文中的常用语。[3]《汉石例》载：

> 《金石存》曰："如律令"三字,盖汉人公移中语。《史记·儒林传序》述所载诏书,《前汉书·朱博传》"博口占檄文",陈琳《为袁绍檄豫州文》,《东观余论》所载"汉破羌檄",有此三字。[4]

此外,汉代公文碑中常见的"稽首下言"、"稽首以闻"、"诚惶诚恐,顿首死罪"等表述及用法,也是义例学家重点关注的内容。

三是公文的上传下达程序和效率。汉代永兴元年(153)的《乙瑛碑》是一通重要的公文碑。[5] 此碑是鲁相乙瑛上书朝廷请求设置掌管孔庙礼器和祭祀的专职官员——百石卒史的公文。当时孔子第 19 世孙孔麟廉因孔庙有礼器,但一直无专人掌管,请求朝廷置百石卒史一人,以掌管礼器及春秋的祭祀。乙瑛当时是鲁相,将此事奏于朝廷,由司徒吴雄和司空赵戒奏于皇帝,汉

---

① 《金石全例》(中),第 235—238 页。
② (清)袁枚：《随园随笔》卷上《金石类》"后五代藩镇之尊见于碑碣"条。
③ 《金石全例》(上),第 217 页。
④ (清)刘宝楠：《汉石例》卷 4,《金石全例》(中),第 181 页。
⑤ 《乙瑛碑》又称《汉鲁相乙瑛请置孔庙百石卒史碑》《孔庙百石卒史碑》《孔庙置守庙百石卒史碑》,现藏山东曲阜汉魏碑刻博物馆。据杨殿珣所撰《石刻题跋索引》,对此碑进行研究的传统金石著述计有 34 种。详见杨殿珣：《石刻题跋索引》,载《石刻史料新编》第 1 辑 30 册,第 489 页。

桓帝批示"可",诏书要求由鲁相择四十岁以上通一艺者任之。当时乙瑛已经满秩而去,继任鲁相平挑选孔和为百石卒史,并以此事回奏了朝廷。

《乙瑛碑》在古代公文发展史上的重要性,通过宋代洪适的评论可见一斑:"此一碑之中凡有三式,三公奏于天子一也,朝廷下郡国二也,郡国上朝廷三也。"①清代刘宝楠将公文三式细化为三公奏状、朝廷牒郡国、郡国上状于朝。②

宋人曾对两汉诏令的行文特色总结道:一曰策书,其文曰"维某年月日";二曰制书,其文曰"制诏三公";三曰诏书,其文曰"告某官如故事";四曰诫敕,其文曰"有诏敕某官"。③ 然而清人认为这一总结尚不全面,武亿特补充道:

> 碑首行"司徒臣雄、司空臣戒稽首言",末言"臣雄、臣戒愚戆,诚惶诚恐,顿首顿首,死罪死罪。臣稽首以闻",此即汉制三公奏事之式,与《独断》所云奏者亦需头,其京师官但言"稽首下言"、"稽首以闻"相合,然"诚惶诚恐,顿首死罪"字,蔡氏略之不书。今以碑所载,可证其有遗典也。④

与后来的公文相比,汉代公文格式相对简便,上行皇帝的章奏书"昧死言",上行或平行文书写"敢言之",下行文书径言"告某某"等,标志明显,内容直截了当。而这种便捷的行文方式,颇有助于政务处理。宋代洪迈根据汉代公文碑中记载的文书上行下达的时间总结道:"无极山祠事,以丁丑日奏雒阳宫,是日下太常;孔庙事,以壬寅日奏雒阳宫,亦以是日下鲁相,又以见汉世文书之不滞留也。"⑤

清代王澍根据汉代中央公文运转之简便,直指清代公文之繁琐道:"每见近日文移奏牍,一事必再三繁复,至于连篇累纸而不休,窃惟何不省简,乃浪

① (宋)洪适:《隶释》卷1,中华书局,1986年,第19页。
② (清)刘宝楠:《汉石例》卷4,载《金石全例》(中),第160—161页。
③ (宋)林虙:《两汉诏令》"原序",文渊阁《四库全书》电子版。
④ (清)武亿:《授堂金石文字续跋》卷1,载《石刻史料新编》第1辑第25册,第19168—19169页。
⑤ (宋)洪迈:《容斋续笔》卷4,线装书局,2010年,第278页。

费笔墨如此。今观此碑,乃知汉时其体便尔。"①

通过金石学家的考证研究,可知汉代中央政府发布的诏书或法令等公文刻石,其完整结构一般包括三个部分:高级官员向皇帝递呈的奏章;皇帝"制曰可"的内容即法令本身;地方执行法令的情况汇报,实即宋代洪适所总结的"三公奏于天子""朝廷下郡国""郡国上朝廷"。洪适所揭示的一碑含有公文"三式",正是公文碑不同于一般公文的关键所在,即公文碑强调法令制定、颁布程序的合法性和完整性,以及反馈法令的执行和落实的情况。而刻立公文碑,乃是为使该项法令成为人们长久遵循的法定惯例。

(三) 私约碑例与分家析产

古代私约碑数量多,表现形式多样,但为义例学家所关注者却较为有限。这些少数被重点关注的碑刻,也因而成为私约碑研究之经典。

备受关注的汉代碑刻,一是熹平四年(175)《郑子真宅舍残碑》,清刘宝楠《汉石例》将其列入"书宅舍例",冯登府《金石综例》称之为"宅舍碑"。另一是光和元年(178)《金广延母徐氏纪产碑》,《汉石例》列为"书家产例",《金石综例》标为"物产碑"。而王芑孙《碑版文广例》将两碑同列入"碑纪产业例"。

这两通汉碑自宋代以来被金石学家反复著录考释,尽管原石已佚,但碑石内容尚大体可知。南宋洪适对《郑子真宅舍残碑》考释道:

> 首云所居宅舍一区直百万,继云故郑子真地中起舍一区七万,凡宅舍十有二区……官吏有郎中及贼曹与掾史,又有左都字彦和,及胡恩、胡阳、陈景等姓名,似是官为检校之文。其中有宅舍、奴婢、财物之句,其云"妻无适嗣",又云"未知财事",其前的"为后"二字,则旋立婴孺为嗣也。其云"精魂未臧而有怨",其上有一字从"女",当是其母,则知其亲物故未久也。末云"春秋之义,五逊为首",所以戒其宗姓或女兄弟之类,息争室讼也。碑今在蜀中。②

---

① (清) 王澍:《虚舟题跋》,载容媛辑录,胡海帆整理:《秦汉石刻题跋辑录》,上海古籍出版社,2009年,第492页。
② (宋) 洪适:《隶释》卷15,第161—162页。洪适考释称"末云'春秋之义,五逊为首'",碑文为"春秋之义,五让为首"。

清朝黄生对此碑评述道："此碑残缺殊甚,推求字句,似某甲死无嗣,而立一继嗣。其祖之传婢有子(盖嗣子之庶叔),求分其祖所遗财物。讼之于官,官为估直其财产,为分析以平其讼,因立此碑,以杜后日之争尔。"①清人冯登府认为"此是分析宅产、奴婢立嗣后,刊此以防争讼,后世分产单所祖"。②

总括此碑内容,可见其所反映的法律信息较为丰富。一是郑子真的房产较多,凡"宅舍十有二区",碑中所记有地中起舍、舍中起舍、潘盖楼舍、吕子近楼、故像楼舍、扶母舍、凤楼、车舍、奉楼、子信舍等,楼舍兼具,价值从一万二千到七万不等,总值达百万。另还有奴婢和财物。二是财产争执发生在郑子真亡故后"无适嗣"即子嗣年幼的情况下,家族中的成员对财物分割引起争执。三是家产争讼因官府介入而解决。据碑文中所提及的官吏,南宋洪适提出"似是官为检校之文",即碑文中标明的宅舍及其价值,是出自官方的判定评估。四是刻石立碑目的明确,为"戒其宗姓"对房产的争夺,以"息争窒讼"。

同样为后世分家析产所祖的还有光和元年(178)所刻《金广延母徐氏纪产碑》。洪适对此碑也有考释:

> 其石半灭,所存者其下段尔。徐氏归于季本,有男曰恭,字子肃,早终,故立从孙即广延为后。广延弱冠而仕,复不禄。……徐氏自言"少入金氏门,夫妇勤苦,积入成家"。又云"季本平生素以奴婢、田地分与季子雍直,各有丘域",继云"蓄积消灭,债负奔亡,依附宗家得以苏",则雍直似是季本庶孽不肖子,分以訾产居之于外者。徐氏老而广延死,故又析其财,有"雍直径管"及"悉以归广延"之文,虑雍直为嫂姪之害也。故刊刻此石。其云"大妇、小妇",则子肃、广延之妻也。碑称"小妇慈仁,供养奉顺,不离左右",则广延夫妇俱孝。其言"五内摧碎",则可见子孝而母慈也。广延虽非嫡长而事亲久,即世新故,徐氏舍子肃而称广延母也。③

从碑文及洪氏考释内容看,立碑人徐氏是金季本之妻,有两子:一名金恭字子肃,早逝,有子广延;一名雍直。季本在世时雍直已别立门户,分得奴

---

① (清)黄生撰、黄承吉合按:《字诂义府合按》,包殿淑点校,中华书局,1984年,第243页。
② (清)冯登府:《金石综例》,载《金石全例》(中),第574—575页。
③ (宋)洪适:《隶释》卷15,第162—163页。

婢、田地。但不久雍直负债，靠族人接济。徐氏与金恭之子即其孙广延一起生活。广延也早死，徐氏将大部分田宅、奴婢归雍直，同时也分一部分给金恭和金广延的妻子，即碑文中的"大妇"和"小妇"。"大妇"名下有"四十八万"的数目，"小妇"名下文字残缺。

《金广延母徐氏纪产碑》碑文表明了家长对家庭财产的完全处分权。在男性家长金季本去世后，女性家长徐氏享有同样的权力，这是与《郑子真宅舍残碑》因家财争讼经官府定值分割不同的地方。需要留意的是，碑名称"金广延母徐氏纪产碑"，但实际金广延为徐氏之孙，徐氏认孙为子，"子孝而母慈"，与儒家礼制教化有所冲突。后人对此碑的评价，颇值得回味。"广延为季本嗣孙、子肃嗣子，徐氏乃广延祖母"，"祖母曰母，非礼也"。① 然民间社会生活更重实际孝养。次子雍直败家，非寡母徐氏所能依靠；长孙"广延夫妇俱孝"，徐氏认其为子"称广延母"，有实际的考虑和目的。此举遭后世儒士贬斥，是基于理而不在人情。清人黄生的评语也颇具代表性："此亦家庭分析琐屑之语，与前碑(指《郑子真宅舍残碑》，笔者注)所纪同极鄙细，而勒之碑版与诸碑并寿，真可笑之甚也。"②

东汉延熹五年(162)《真道冢地碑》也是自宋代以来被多次著录探讨的经典刻石。至于汉代以后的私约碑，数量更多。冯登府《金石综例》除前举宅舍碑、物产碑、买冢地碑外，尚有井券、瓦券、买地契、宝券合同、庄地书四至、卖宅券等例。其中"买地契"以金《真清观牒》为例，并考证言：

> 牒后载本观置买地土文契，契中年月后，一曰"立契出卖地人"，即今之卖主；一曰"立契人"，即今之买主亲友；一曰"引领人"，即今之居间。一曰"写契人"，即今之代笔。③

另"庄地书四至"以唐《重修大像寺记》为例；"宝券合同"举金《京兆府合同》《平凉府合同券》为例，认为"此碑即今人买卖合同之例"。④

---

① (宋) 洪适：《隶释》卷 15，第 162—163 页
② (清) 黄生撰、黄承吉合按：《字诂义府合按》，第 243 页。
③ (清) 冯登府：《金石综例》，载《金石全例》(中)，第 578 页。
④ (清) 冯登府：《金石综例》，载《金石全例》(中)，第 578 页。

　　总体来看，古代义例学家已关注到碑志中占有较大比重的民间契证、券书类别，并尝试总结归纳，但由于记载民间细故的碑刻多不合礼制规范，故被义例学家视为"琐屑之语"而加以排斥。由于被纳入金石学家研究视野的私约碑数量有限，以至对私约碑例的总括水平与墓志例和公文碑例相比，尚有明显差距。

＊　　＊　　＊　　＊

　　碑志义例研究自元代创兴，至清代形成金石学的一个流派。在金石义例学派的发展中，通过强调碑志文体的社会教化和典范救世的功能，无意间开创了金石整理研究的新路径，同时也使金石学从早期的关注"礼家明其制度"的政治之礼，向后来的关注世俗之礼的方向发展，展示了金石学的普及化过程。

第三章 "碑本"的制度内涵
——以唐《少林寺碑》为例

　　河南嵩山少林寺开元十六年所立《少林寺碑》是一通传世名碑,碑石上所载数份公文有助于唐代宗教、法律、官制、文书、田赋等相关制度和史实研究,故自宋代著录以来,探究者不乏其人,但因所据或为二手著录,或为碑身局部拓片,以及单一性视角,难免以偏概全。本文在对全碑各部分公文按格式整理的基础上,就各公文的关键点,以及局部和整体碑文、单一和复合公文的关系等进行辨析,借此阐释"碑本"研究的意义和法律碑刻的制度内涵。

一、碑石所载公文整理

　　唐开元十六年(728)《少林寺碑》立于河南登封少林寺钟楼前,高360、宽132、厚19厘米,螭首方趺,两面刻。碑阳、阴额均题唐玄宗李隆基所书"太宗文皇帝御书"七字。碑身阳面两截刻:上刻武德四年(621)《秦王告少林寺主教》,约占碑面的八分之一;下截刻裴漼撰书《皇唐嵩岳少林寺碑》,约占碑面的八分之七,中间以花纹边框分隔。碑身阴面亦两截刻,载武德四年、武德八年(625)、贞观六年(632)、开元十一年(723)公文数份,上截约占碑面的五分之二,下截约占碑面五分之三,中间也以花纹边框分隔,可见刻碑时经过精心布局。兹将碑阳、碑阴所载公文,按原碑文格式,改竖排为横排整理如下。

(一) 碑阳刻文

图 1　碑阳上部拓本①

1. 碑额

太宗文皇

帝　御书

　　已上七字　　开元神武皇帝①书

2. 上段碑文
【公文1·武德四年秦王李世民教】

　　　　01 太尉、尚书令、陕东道②

　　　　02 益州道行台、雍州牧、

　　　　03 左右武侯大将军、使

　　　　04 持节凉州总管、上柱

　　　　05 国、秦[王]世民，告柏谷

　　　　06 坞、少林寺上座、寺主

　　　　07 以下徒众，及军民首

　　　　08 领士庶等：比者天下

　　　　09 丧乱，万方乏主，世界

　　　　10 倾沦，三乘道绝。遂使

　　　　11 阎浮荡覆，戎马载驰，

　　　　12 神州糜沸，群魔竞起。

　　　　13 我国家膺图受箓，护

　　　　14 持正谛，驭象飞轮，光

　　　　15 临大宝。故能德通黎

　　　　16 首，化阐缁林，既沐来

---

① "开元神武皇帝"为唐玄宗李隆基的尊号。《春明退朝录》载："尊号起于唐，中宗称应天神龙皇帝，后明皇称开元神武皇帝，自后率如之。"详见（宋）宋敏求等：《春明退朝录》卷中，中华书局，1980年，第23页。《古今事物考》云："玄宗开元以后，宰相率百官上尊号，以为常制。"详见（明）王三聘辑：《古今事物考》，商务印书馆，1937年，第42页。

② 据《旧唐书·职官志一》载：唐代有陕东道大行台，益州道、襄州道、东南道、河北道等行台尚书省。陕东道为唐朝初年设置的战时行政区划，负责经略洛阳，进攻王世充。武德元年（618），以刘文静为户部尚书，领陕东道行台左仆射，十二月，唐高祖下诏以秦王李世民为太尉、使持节、陕东道大行台，总部在蒲州，总领河北、河东军马。武德四年（621）平定王世充后，将陕东道大行台置于洛阳，以秦王李世民为尚书令，地位在其他行台之上。武德九年（626），诸道行台并废。详见（后晋）刘昫等：《旧唐书》卷42，中华书局，1975年，第1809—1811页。关于陕东道大行台的设置时间及相关考证，可参见杜文玉《论隋唐时期的行台省》，《渭南师专学报》（社会科学版）1993年第2期。

17 苏之恩,俱承彼岸之

18 惠。[王]世充叨窃非据,

19 敢逆天常,窥觎法境,

20 肆行悖业。今仁风远

21 扇,慧炬照临,开八正

22 之涂,复九寓之迹。法

23 师等并能深悟机变,

24 早识妙因,克建嘉猷,

25 同归福地,擒彼凶孽,

26 廓兹净土。奉顺输忠

27 之效方着阙庭,证果

28 修真之道更弘像观。

29 闻以欣尚,不可思议,

30 供养优赏,理殊恒数。

31 今东都危急,旦夕殄

32 除,并宜勉终茂功,以

33 垂令范,各安旧业,永

34 保休祐。故遣上柱国、

35 德广郡开国公安远①,

36 往彼指宣所怀,可令

37 一二首领立功者,来

38 此相见。不复多悉。

39　　　四月卅日

3. 下段碑文

裴漼撰书《皇唐嵩岳少林寺碑》计39行,满行60字。首行书"皇唐嵩岳少林寺碑,银青光禄大夫、守吏部尚书、上柱国、正平县开国子裴漼文并书"。

---

① 李誉,字安远,近有《李誉墓志》(全称《唐故左光禄大夫上柱国德广郡公李公墓志》)出土于陕西,具体地点不详,唐贞观八年(634)刻。

碑文末题"开元十六年七月十五日建"。碑文略。

(二) 碑阴刻文

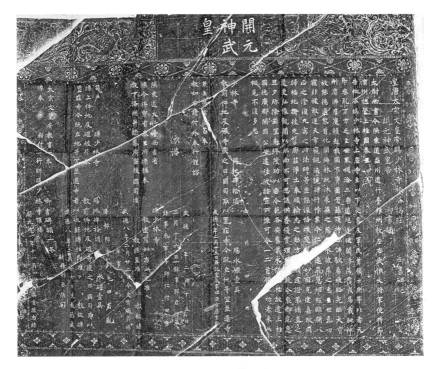

图 2　碑阴上截拓本

1. 碑额

太宗文皇

帝　御书

　　　开元

　　　神武

　　　皇

2. 上段碑文

　　01皇唐太宗文皇帝赐少林寺柏谷坞庄　　御书碑纪

02 　　　　开元神武皇帝　　御书额

【公文1·武德四年秦王李世民教】

03 太尉、尚书令、陕东道益州道行台、雍州牧、左右武侯大将军、使持节

04 凉州总管、上柱国、秦王世民，

05 告柏谷坞、少林寺上座、寺主以下徒众，及军民首领士庶等：比者天

06 下丧乱，万方乏主，世界倾沦，三乘道绝。遂使阎浮荡覆，戎马载驰，神

07 州糜沸，群魔竞起。我国家膺图受箓，护持正谛，驭象飞轮，光临大宝。

08 故能德通黎首，化阐缁林，既沐来苏之恩，俱承彼岸之惠。〔王〕世充叨

09 窃非据，敢逆天常，窥觎法境，肆行悖业。今仁风远扇，慧炬照临，开八

10 正之涂，复九寓之迹。法师等并能深悟机变，早识妙因，克建嘉猷，同

11 归福地，擒彼凶孽，廓兹净土。奉顺输忠之效方着阙庭，证果修真之

12 道更弘像观。闻以欣尚，不可思议，供养优赏，理殊恒数。今东都危急，

13 旦夕殄除，并宜勉终茂功，以垂令范，各安旧业，永保休祐。故遣上柱

14 国、德广郡开国公安远，往彼指宣所怀，可令一二首领立功者，来此

15 相见。不复多悉。

16 　　　　　　　　四　月　卅　日

【公文2·武德八年赐少林寺田教并牒】
【2.1武德八年赐少林寺田教】

17 少林寺　　　　赐地肆拾顷　　　赐水碾壹具

18 教：前件地及碨，寺废之日，国司①取以置庄。寺今既立，地等宜

并还寺。

19　　　　　　　　　　　　　　武德八年二月十五日，兼记室参

军、临淄侯房玄龄宣。

20 兼主簿玄道白。奉

21 教如右，请付外奉行。谨诺。

22　　　　　　　　　　　　　　武 德 八 年 二 月 十

五 日

23　　　　依诺　　　　　　二 月 十 六 日，录事郭君信受

24　　　　　　　　　　　　　录 事 参 军 事 师 仁 付 田 曹

【2.2 行台尚书省牒】

25 陕东道大行台尚书省　　　　　牒少林寺

26 牒：今得京省秦王府②牒称，奉　　　　教连写如右，此已准

27 教下洛州③，并牒秦府留后国司④准　教，牒至准　　　　　　教，

---

① 唐代亲王并置亲王府及国司诸官。王府置傅、长史、掾、属及诸曹参军事以下官。国司置令、大农、尉以下诸官。"国令、大农掌通判国司事。国尉掌分判国司事。国丞掌付事勾稽、省署钞目，监印。"参见(唐)李林甫等：《唐六典》卷29《诸王府公主邑司》，陈仲夫点校，中华书局，1992年，第733页。另《天圣令·赋役令》附唐令7条载："诸食实封者，皆以课户充，准户数，州县与国官、邑官执帐共收。其租调均为三分，一分入官，二分入国(公主所食邑，即全给)。入官者，与租调同送；入国、邑者，各准配租调远近，州县官收其脚直，然后付国、邑官司。其丁亦准此，入国、邑者收其庸。"其中"国官"系指亲王国司之官。参见天一阁博物馆、中国社会科学院历史研究所校证：《天一阁藏明钞本天圣令校证》，中华书局，2006年，第269—270页。

② "京省秦王府"指在长安的秦王府，与下文"秦府留后国司"相对应。

③ 《旧唐书》载："河南府，隋河南郡。武德四年，讨平王世充，置洛州总管府，领洛、郑、熊、谷、嵩、管、伊、汝、鲁九州。洛州领河南、洛阳、偃师、巩、阳城、緱氏、嵩阳、陆浑、伊阙等九县。其年十一月罢总管府，置陕东道大行台。九年，罢行台，置洛州都督府，领洛、怀、郑、汝等四州，权于府置尚书省……(贞观)十八年，废都督府，省緱氏、嵩阳二县。显庆二年，置东都……开元元年改洛州为河南府。"详见(后晋)刘昫等：《旧唐书》卷38《地理志一》，第1421页。

④ "留后国司"是设置于外地的国司留后机构，相当于盐铁转运使下设置的扬子留后院等。唐盐铁转运使于扬子(今扬州市南)和江陵置留后院，由副使主管，称为"扬子留后"及"江陵留后"。若本使驻扬子，则副使留京师，称"上都留后"，即代本使主管漕运、盐利等财政。参见(宋)王溥：《唐会要》卷84《租税下·两税史》、卷87《转运盐铁总叙》，中华书局，1955年，第1550、1591—1593页；(宋)宋敏求：《唐大诏令集》卷111《制置诸道两税使敕》，中华书局，2008年，第579页。

故牒。

28　　　　　　　　　　　　　　武德八年二月廿二日,令史胥威

幹牒

29　　　　　　　　　　　　　　　　　　主 事

30　　　　　　　　　　　　　膳 部 郎 中、判　屯 田 君 胤

【2.3 司户牒】

31 司户① 　　　牒少林寺　　　赐地肆拾顷　　　水磑壹具

32 牒:上件地及磑,被符奉　　　　教:"前件地及磑,寺废之日,国司取以

33 置庄,寺今既立,地等宜并还寺"者,以状录牒,任即准　　 教,故牒。

34　　　　　　　　　　　　武德八年二月廿七日,史张德威

35　　　　　　　　　　　　　　尉权判丞张开

【公文 3·开元十一年陈忠牒】

36 太宗文皇帝教书一本　　　 御书碑额一本

37 牒:奉　 敕,付一行师,赐少林寺。谨牒。

38　　　　　　　　　　　　开元十一年十一月四日,内品官陈

忠牒

3. 下段碑文

【公文 4·贞观六年缑氏县牒】

39 少林寺:今得牒称:上件地,往因寺庄翻城归国,有大殊勋,据

格,合得良田一百顷。去武德八年二月,蒙　　　 敕赐寺前件地为常住

---

① 少林寺在唐初属洛州登封县,柏谷坞在缑氏县,王世充时在此置镮州,后废入缑氏县(今属偃师)。此处司户属洛州缑氏县。

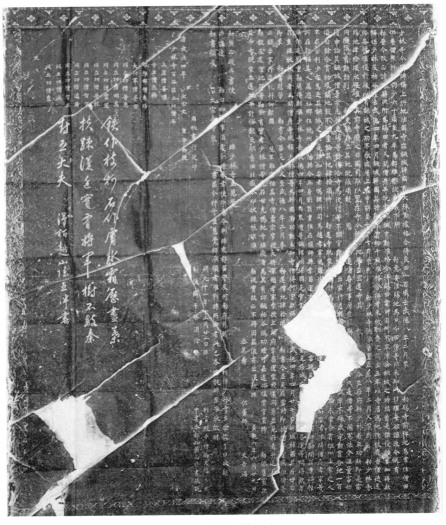

图3　碑阴下截拓本

僧田，

　　40 供养僧众。计勋，仍少六十顷。至九年，为都维那故惠义不闲
　　敕意，妄注赐地为口分田。僧等比来知此非理，每欲谘改。今既有
　　41 敕，普令改正，请依籍次，附为赐田者。又问僧彦等："既云翻城
　　有勋，准格合得赐田，当时因何不早陈论？翻城之时，头首是谁？复谁委
　　知？"得款
　　42 称："但少林及柏谷庄，去武德四年四月翻城归国，其时即蒙赏物

千段,准格,合得者未被酬赉之间,至五年,以寺居伪地,总被废省,僧徒还

43 俗,各从徭役。于后以有翻城之功,不伏减省,上表申诉。至七年七月蒙别 敕:'少林寺听依旧置立。'至八年二月,又蒙别 敕:'少林寺

44 赐地四十顷、水碾硙一具。前寺废之日国司取以置庄,寺今既立,地等并宜还寺。'其 教 [敕案]今并在府县①。少林若无功勋,即是雷

45 同废限。以有勋绩,别 敕更听存立。其地既张顷数 恩[敕]还僧,寻省事原,岂非赐[田? 不早改正],只是僧等不闲宪法。今谨量审,始

46 复申论。其翻城僧昙宗、志操、惠玚等,余僧合寺为从僧等,不愿官爵,唯[求]出家,行道报国。[若论少林功绩,与武牢]不殊。武牢勋赏合地一百

47 顷,自余合赏物及阙地数,不敢重论。其地肆拾顷特 敕还寺。既蒙此[赉],请为赐[田乞附籍从正。又准格以]论,未蒙金赏,但以出家之人

48 不求荣利,少亦为足。其翻城之时,是谁知委者? 伪辗州司马赵孝宰、伪罗川[县令刘翁重,及李昌]运、[王少逸等,并]具委"者。依问僧彦、孝宰等

49 所在,款称:"其人属游仙乡,任饶州弋阳县令,无身。刘翁重住在偃师县。李昌运、王[少逸等二人属]当县,见[在"者。依状,牒]偃师勘问翁重。得报

50 称:"依追刘重勘问,得报称:'少林寺去武德四年四月内,众僧等翻辗州归国是实。当[翻城之时],重见在城所[悉'"者。又追李]昌运等问,得款与

51 翁重牒状扶同者。又问僧彦等:"既称少林僧等为归国有功勋,未知寺僧得何官?"款称:"[僧等]去武德四年四月廿七日翻城归国,其月

_____

① 此处"府"为洛州都督府,"县"指洛州缑氏县。

卅日

52 即蒙　敕书慰劳，　　敕书今并见在。又至武德八年二月，奉敕还僧地肆拾顷，敕书今并见在。当时即授僧等官职。但僧等

53 止愿出家，行道礼拜，仰报国　恩，不取官位。其寺僧昙宗蒙授大将军，赵孝宰蒙授上开府，李昌运蒙授仪同，身并见在"者。并追在手

54 敕教，及还僧地符等，勘验有实者。少林僧等先在世充伪地，寺经废省，为其有功翻柏谷坞，功绩可嘉，道俗俱蒙官赏，特　　　敕依旧置立

55 其寺。寺既蒙立，还地不计俗数，足明赍田非惑。今以状牒，帐次准　敕从实改正，不得因兹浪有出没。故牒。　　贞观六年六月二十九日

56　　　　　　　　　　　　　　　　丞万寿　　佐董师　　史吉海

【公文5·开元十一年丽正殿修书使牒】

57 敕丽正殿修书使　　　　　　牒少林寺主慧觉

58 牒：谨连　　敕白如前，事须处分牒举者。使、中书令判："牒东都留守及河南府，并录敕牒少林寺主，检校了日状报。

59 敕书额及　　太宗与寺众　　　书，并分付寺主慧觉师领取"者，准判，牒所由者。此已各牒讫。牒至准状，故牒。

60　　　　　　　　　　　　　　开元十一年十二月二十一日牒

　　判官、殿中侍御史赵 冬 曦

61　　　用秘书行从印　　　副使、国子祭酒徐 坚

中书令、都知丽正修书张说

【公文6·武德四年太宗文皇帝敕授少林寺柏谷庄立功僧名】

62 唐武德四年　　太宗文　皇帝敕授

63　少林寺柏谷庄立功僧名

64	上座僧善护
65	寺主僧志操
66	都维那僧惠玚
67	大将军僧昙宗
68	同立功僧普惠
69	同立功僧明嵩
70	同立功僧灵宪
71	同立功僧普胜
72	同立功僧智守
73	同立功僧道广
74	同立功僧智兴
75	同立功僧满
76	同立功僧丰

【注：立功僧名下空白处有明代王泮题刻3行】

77	铁作枝柯石作肤,冰霜历尽叶
78	扶疏。汉廷实有将军树,不数秦
79	封五大夫。汉柏越山阴王泮书。①

二、碑石外观与公文结构

根据前述碑文整理,碑石阴阳两面刻有数份(组)公文,其中"公文1"《武德四年秦王李世民教》刻于碑阳和碑阴上方,内容相同,行数有异。其余几份公文均刻于碑阴,自右往左、自上而下依次为"公文2"《武德八年赐少林寺田教并牒》(由二月十六日《赐少林寺田教》、二月廿二日《行台尚书省牒》、二月廿七《司户牒》三份文书衔接组成)、"公文3"《开元十一年陈忠牒》、"公文4"

---

① 王泮,山阴(今浙江绍兴)人。清嘉庆《山阴县志》载:王泮,"万历甲戌进士,知肇庆,又分巡岭西"。登封嵩阳书院有将军柏,据传为汉武帝于元封年(前110年)游嵩山时所封。"五大夫松"为秦始皇在泰山所封。

《贞观六年缑氏县牒》、"公文 5"《开元十一年丽正殿修书使牒》、"公文 6"《武德四年太宗文皇帝敕授少林寺柏谷庄立功僧名》等。需要说明的是，上述标示的公文号是为整理碑文方便，并不代表实际的公文件（组）数。

此碑自宋代著录以来，历代关注者不乏其人。综观古今碑文载录和考释研究，大体形成"分散"和"整体"两种观察情势。

（一）分散载录与局部观察

将刻于同一碑石上的数份公文分散载录，是传统金石著述较惯常的做法，且载录时多据碑石上的文本形成时间，顺序编排。以清代王昶《金石萃编》为例。按主要公文的形成时间，武德四年（621）《秦王告少林寺主教》、开元十一年（723）《少林寺柏谷坞庄碑》和《少林寺赐田敕》、开元十六年（728）《少林寺碑》分别载录于该书卷四一、卷七四、卷七七之中。[①] 民国杨殿珣《石刻题跋索引》对《少林寺碑》的著录提示，同样依主要公文的生成时间，分别汇聚了有关唐武德四年四月、开元十一年十一月、开元十一年十二月和开元十六年碑文的跋文信息。[②] 在题跋中，传统金石学家或就其中一件公文进行考释，或分别对碑文所涉两三件公文及裴漼撰记进行评述。整体看，评述碑阳裴漼撰书《皇唐嵩岳少林寺碑》者为数最多，次为武德四年教书、开元十一年牒文，而碑阴另两件重要公文——《武德八年赐少林寺田教并牒》和《贞观六年缑氏县牒》，多被视为其他公文的附件而略加涉及。

由于分散载录，各公文之间的相互关系显得错综复杂。仍以王昶《金石萃编》为例。该书卷七四所记第一通碑是《少林寺柏谷坞庄碑》，内容包括碑阴上截刻写的武德四年、武德八年、开元十一年十一月诸公文。碑名下是对此碑形制特征的描述："石高三尺二寸八分，横广五尺一寸，三十八行，行二十六字。正书，在少林寺。"文中称"三十八行"，对照前述录文，包括"公文 1"至"公文 3"的内容。紧接在《少林寺柏谷坞庄碑》之后的，是刻于碑阴下截的开元十一年十二月的《少林寺赐田敕》。《金石萃编》称："碑高五尺九寸五分，广

---

① 参见（清）王昶：《金石萃编》卷 41、74、77，《石刻史料新编》第 1 辑，台湾新文丰出版公司 1982 年第 2 版，第 1 册第 698 页；第 2 册第 1260、1261、1316 页。

② 杨殿珣：《石刻题跋索引》，《石刻史料新编》第 2 辑第 30 册，台湾新文丰出版公司，1979 年，第 513、526—529 页。

二尺六寸六分,二十行,行五十三字。正书。"①《金石萃编》对分刻于上、下截的《少林寺柏谷坞庄碑》和《少林寺赐田敕》尺寸记载不一,易使人产生它们分刻于两石的错觉。据此可以推测,《金石萃编》对两碑尺寸的描述,应是据拓本而非碑石。但从王昶写于《少林寺赐田敕》文尾的按语看,他知晓两文均刻于《少林寺碑》之阴。

> 按:少林寺裴漼碑阴分上下二截。上截刻武德四年太宗赐少林寺教,下截刻武德八年及贞观六年赐田敕牒,末题开元十一年十二月廿一日牒。②

按语中对碑石上、下截所刻内容的叙述,又与《金石萃编》对《少林寺柏谷坞庄碑》《少林寺赐田敕》碑文载录和行数说明自相矛盾。问题出在"下截刻武德八年及贞观六年赐田敕牒,末题开元十一年十二月廿一日牒"这句话。实际上,武德八年公文和贞观六年牒文分列于碑石上截和下截。此仅是传统金石录中诸多矛盾记载的一例。而根据各种矛盾记述,碑石的全貌和真实图景,难以复现。

检视《金石萃编》对碑石的著录方式,卷七三最后一通碑是开元十一年十月二日建《楚州淮阴县娑罗树碑》,卷七四《少林寺柏谷坞庄碑》和《少林寺赐田敕》时间分别为开元十一年十一月和十二月,位列两碑之后的是开元十一年《御史台精舍碑》、开元二十二年《沁州刺史冯公碑》,③可证《金石萃编》是按碑石所载文本的年代和立碑时间,顺序排列。

由此而生发的问题是,那些刻于同一块碑石上但被分别载录的公文,是否具有独立性? 成组收录的碑文,组合是否恰当? 此碑碑阴上截王昶定名为《少林寺柏谷坞庄碑》,包括武德四年(621)、武德八年(625)、开元十一年(723)十一月诸公文;碑阴下截王昶定名的《少林寺赐田敕》,包括贞观六年(632)牒和开元十一年十二月牒。这种定名和组合是否存在问题? 相距数十年的公文是否要分别定名? 分列于碑阴上截和下截的开元十一年"陈忠牒"

---

① (清)王昶:《金石萃编》卷74,《石刻史料新编》第1辑第2册,第1260页。
② (清)王昶:《金石萃编》卷74,《石刻史料新编》第1辑第2册,第1263页。
③ (清)王昶:《金石萃编》卷73、74,《石刻史料新编》第1辑第2册,第1256、1274页。

和"丽正殿修书使牒"是否有关联？而这些问题，在分别载录的情况下难以发现，也很少有人去追究碑文被如此编排的原因。

（二）整体视角的解读

传统金石学家和当代学者都注意到此碑载有数份公文。但公文的具体位置及定名，却众说纷纭。

由于传统著述"分散"载录的局限，一碑载数份公文的架构似难以准确复原。相较而言，对碑石文字进行整体载录，易于判别碑石上多件公文的相互关系。缪荃孙《艺风堂金石文字目》对此碑的载录已呈现初步的"整体观"：

> 《少林寺碑》，裴漼撰并行书，开元十六年七月十五日。在河南登封。
>   碑额《秦王告少林寺主教》，行书。武德四年四月卅日。
>   碑阴《柏谷坞庄碑》，玄宗御书。正书。开元十一年十一月四日。
>   碑额阴《少林寺赐田敕》，正书。贞观六年六月廿九日。①

缪氏对此碑的定名，以及对立碑时间及碑额、碑阴刻文的集中说明，较之前的分散载录有显著进步。但缪氏将武德四年《秦王告少林寺主教》注为"碑额"，将开元十一年十一月四日公文定名为"柏谷坞庄碑"，将贞观六年公文定名为"少林寺赐田敕"，以及漏载武德八年、开元十一年十二月公文和武德四年敕授立功僧名，尚需更正。

可见，即使在"整体"观的视角下，复原碑石的文本结构仍有一定困难。导致著录内容不够完整的原因，一是载录者多未见原碑，仅凭以往著录或所见拓本而记述。而以往著录矛盾、失误处比比皆是，难以为据。仅凭拓本，也有可能失实，尤其对一纸难以覆盖的巨碑，整理者欲据局部拓本或剪裱本复原完整碑石，同样存在困难。另失拓碑额、碑侧、碑阴的情况也较为普遍。故整体复原碑石较为稳妥的方式，是碑石图版与拓本并用。在这方面，日本学

---

① 缪荃逊著，张廷银、朱玉麒主编：《缪荃孙全集·金石》第 1 册，凤凰出版社，2014 年，第 142 页。

者作了良好示范。

日本学者对此碑的深入研究得益于常盘大定(1870—1945)等在 20 世纪初对少林寺诸碑的实地考察,所著《支那文化史迹》刊载了开元十六年《少林寺碑》各个方位的照片和碑身拓片(参见图 4、5、6),使碑石原貌及碑石所载诸多公文的关系,得到清晰展示。①

图 4　20 世纪 20 年代碑石阳面

---

① 参见[日]常盘大定、关野贞:《支那文化史迹图版》第 2 辑,法藏馆,1939 年,第 79—81 页;[日]常盘大定、关野贞:《支那文化史迹解说》第 2 卷,法藏馆,1941 年,第 55—59 页。

图 5　碑趺正面

图 6　碑阳(左)碑阴(右)拓本

在整体考释碑文的基础上,刻碑的目的和碑石的"功能",渐成为学界关注的话题。砺波护认为此碑是论述唐代佛教与国家关系的重要史料,在所著《隋唐佛教文化》一书中专设"嵩岳少林寺碑考"一章(即第五章,以下简称"砺文")探讨此碑。该章分少林寺碑研究小史、秦王告少林寺主教、少林寺柏谷坞庄碑、少林寺赐田敕、裴漼撰书之少林寺碑、寺领庄园所有权的确认——立碑缘起等六节,在对古今学术史梳理的基础上,细释碑文,继而对立石的背景和碑的功能做了较全面的阐释。值得注意的是,该章中间四节内容,均依王昶《金石萃编》卷四一、卷七四、卷七七对碑石之命名,砺氏对碑文的考释,以此为序推进。[①]

对于纷扰不清的碑文结构及相关内容,"砺文"有精简的描述:

此碑分碑阳和碑阴两面,都分上下两部分镌刻,两面碑额内均刻有唐玄宗亲笔书写的"太宗文皇帝御书"七个隶体字(亦称八分书),碑文都用楷书(也称正书)。碑阳上半部分刻写武德四年(621)四月秦王李世民(后来的唐太宗)嘉奖帮助平定王世充的少林寺僧众而颁发给少林寺的教书,其中,用行书大字书写的"世民"二字,为唐太宗的亲笔签署。碑阳的下半部分,是碑的主体,文章和书法,均出自裴漼之手,叙述了自北魏孝文帝创建以来的寺史,以及唐朝历代皇帝所给予的保护尊崇。碑阴的上半部分,刻着武德八年(625)二月赐予少林寺田地四十顷和碾硙一具时的教书及其相关公文,末尾记载了开元十一年(723)十一月经重新确认事实后,将武德四年的教书和玄宗亲笔题写"太宗文皇帝御书"七字的碑额,交给进入宫内的僧一行赐予少林寺的牒文。碑阴的下半部分,刻着贞观六年(632)六月寺田发生纠纷时朝廷因少林寺请愿而颁布承认其田地所有的长篇文书,以及开元十一年十二月再度确认上述事实的牒文,后面铭记武德四年参加平定王世充的十三位立功寺僧名单。题名下面的余白部分,有用行书大字书写的七言绝句。显而易见,这是后人所为。[②]

---

① [日]砺波护:《隋唐佛教文化》,上海古籍出版社,2004 年,第 117—146 页。
② [日]砺波护:《隋唐佛教文化》,第 118—220 页。

除了对碑阴所载武德四年教书缺少说明外，这是目前所见对碑石所载文本最全面、专业的描述，对各公文的作用和相互关系也给予明确提示。砺氏著文的意图——"对立碑缘起做出让人信服的说明"，也基本达到。① 然而笔者最关心的开元十六年《少林寺碑》所载公文件数、公文命名原则及碑石承载的制度功用等，未能从中寻得满意答案。

（三）"违制"与"错置"

对于此碑的结构研究也牵涉到一个基础性问题，即当一通碑石刻载不同时期的数份文本时，当如何统计和命名。以此碑为例，到底有几件（组）公文？"砺文"没有明确说明，但根据其文意，应包括碑阳武德四年（621）四月教书，碑阴武德八年（625）教书及相关公文、开元十一年（723）十一月牒文、贞观六年（632）长篇文书、开元十一年十二月牒文、武德四年立功寺僧名单，即本文前述碑文整理中标识的 6 件公文。

也有论著认为此碑所载公文不止 6 件。吕宏军在《嵩山少林寺》一书（以下简称"吕文"）中，对开元十六年《少林寺碑》按碑阳、碑阴分别进行题名、载录。碑阳题为"皇唐嵩岳少林寺碑"，碑阴定名为"赐少林寺田牒"。对于碑阴所载内容，"吕文"写道：

> 碑文录唐王朝从武德到开元时赐封少林寺田地的各种文书，由寺僧录之刻于石上。刻文时间当在开元十六年（笔者注：原书注公元纪年均略）。碑文分上下两截，上截刻唐武德四年《皇唐太宗文皇帝赐少林寺柏谷坞御书碑记》（即《告柏谷坞少林寺上座书》）、武德八年《赐少林寺田书》（笔者注：原书"文见碑文录"均略）、武德八年《赐田咨文》、八年《依咨》、八年《尚书省牒》、八年《司户少林寺田牒》及开元十一年《陈忠牒》。碑下截刻贞观六年《少林寺牒》、开元十一年《丽正殿牒》、唐武德四年李世民敕授立功僧名。②

---

① ［日］砺波护：《隋唐佛教文化》，第 125 页。
② 吕宏军：《嵩山少林寺》，河南人民出版社，2002 年，第 203 页。

　　王雪宝编《嵩山、少林寺石刻艺术大全》也将碑阴定命为"赐少林寺田牒",对公文件数的划分与"吕文"一致,[①]包括二书、五牒、二咨文、一敕封令。[②] 这种对文书的细化处理和命名值得商榷。细观本文前述碑文整理中的公文 2《武德八年赐少林寺田教并牒》有五个时间点及环节,即武德八年二月十五日记室参军房玄龄起草的"赐田教书"、二月十五日主簿李玄道的"赐田谘文"、二月十六日秦王李世民的"依谘"批示、二月廿二日陕东道大行台尚书省发出的"尚书省牒"、二月廿七日洛州缑氏县发出的司户牒,"吕文"均视为独立文种,而实际上,五个环节构成了公文起草、审核、批准、颁行、实施的一个完整程序,每一个环节都不能脱离前后程序而独立存在,故应视为一份公文组件。

　　如果以"程序"的角度审视,会发现公文 3《开元十一年陈忠牒》不合规制。一般公文所必备的受付、勾检等程序环节缺失,简短的 3 行(第36—38 行)内容,无法证明其合法、有效。故这件公文能否独立存在,需重新检视。

　　另公文 4《贞观六年缑氏县牒》出现的位置也令人心生疑惑。如果按公文时间排序,它应放在武德八年公文(公文 2)后、开元十一年十一月"陈忠牒"(公文 3)前,而在碑石上,它位于在公文 3 和公文 5 之间。诸多著述将公文 4、5 视为一体,如《金石萃编》卷七四"少林寺赐田敕",即将两文并录,并按公文 5 所署"开元十一年十二月"确定时序。另王昶对碑阳上层所载武德四年教书有长篇按语,在述及碑阳教书与碑阴牒文关系时写道:

　　　　考开元十一年寺牒石刻云:"四月廿七日翻城归国,其月三十日即蒙敕书慰劳。"此敕所云"供养优赏,理殊恒数"者是也。[③]

王昶所称"开元十一年寺牒石刻"系指《开元十一年丽正殿修书使牒》,但所述"蒙敕书慰劳"之事,见于《贞观六年缑氏县牒》中。据其引述,也可证王昶将

① 米祯祥主编、王雪宝编著:《嵩山、少林寺石刻艺术大全》,光明日报出版社,2004 年,第265—266 页。
② 吕宏军:《嵩山少林寺》,第 2204 页。
③ (清)王昶:《金石萃编》卷 41,《石刻史料新编》第 1 辑第 1 册,第 700 页。

贞观六年牒和开元十一年十二月牒视为一个组合。

因贞观六年牒文的出现,原本有序的公文排列被扰乱。在公文 5 之后,又出现了武德四年的敕授立功僧名,形成碑阴诸文以武德四年教书起首,以同年敕令收尾的呼应。对于两处时间"错置"的碑文,尚未见合理解释。而解开这个疑惑,需要在碑石上及碑石外,仔细探究。

三、公 文 分 析

开元十六年(728)《少林寺碑》碑阳的结构较为清晰,由碑额、武德四年教书和开元年间裴漼撰书碑记构成。目前尚不能确定裴漼撰写碑记的时间。碑阳左下方所刻"开元十六年七月十五日建"为立碑时间。"砺文"提示到,裴漼撰写《皇唐嵩岳少林寺碑》时的官衔是"银青光禄大夫、守吏部尚书、上柱国、正平县开国子",陕西西安出土的《大唐故成王妃慕容氏墓志铭并序》的撰写者也是裴漼,其官衔同于此碑,日期为"开元十四年十一月廿八日"。① 据严耕望考证,裴漼任吏部尚书的时间为开元十一年(723)夏至开元十四年(726)。开元十四年冬,宋璟接任吏部尚书,故严氏认为裴漼撰书当在刻石日期前,刻石时(开元十六年七月十五日)裴漼已不在吏部尚书任上。② "砺文"推测,在御书碑额下赐三年之内,裴漼应撰书完毕。③ 御书碑额的下赐时间是开元十一年,故裴漼撰文时间应在开元十四年冬之前。

较之碑阳,碑阴结构相对复杂,古今学者的判识,可谓趋同与互异并存。下面就碑石所载不同年份公文的关键点进行辨析。

(一) 武德四年教书

传统金石录收载武德四年(621)四月卅日《秦王告少林寺主教》者,有顾炎武《金石文字记》、王昶《金石萃编》等十余部。④ 因"教书"也刻于碑阳上部,

---

① 中国社会科学院考古研究所编:《西安郊区隋唐墓》,科学出版社,1966 年,第 98—99 页。
② 严耕望称:"盖撰书在前,到此日始上石耳,非此时尚在任也。"详见严耕望:《唐仆尚丞郎表》,中华书局,1986 年影印版,据 1956 年台北中研院历史语言研究专刊之三十六影印,第 504—505 页。
③ 〔日〕砺波护:《隋唐佛教文化》,第 146 页。
④ 杨殿珣:《石刻题跋索引》"杂刻",《石刻史料新编》第 2 辑第 20 册,第 526 页。

故在讨论碑阳下部裴漼撰记时,也多会涉及教书,关注点主要集中在教书时间、签押等处。

教书标识的时间仅有"四月卅日"四字,并无"武德四年"年号。顾炎武推测年号的方法是依据《旧唐书·太宗纪》所载秦王李世民的官衔授予时间。① 清洪颐煊言:"末题四月卅日,顾亭林以碑首结衔证之,知是武德四年。"洪颐煊还注意到《秦王告少林寺主教》有两刻。"右《秦王告少林寺主教》,在登封县少林寺。一刻在裴漼《嵩岳少林寺碑》之上,一刻在《少林寺柏谷坞庄碑》之前。"②

武德四年"教书"早在宋代已被关注。宋赵明诚言:

> 《唐太宗赐少林寺教书》,八分书,无姓名。高祖武德二年,疑后人重书。③

赵明诚误武德四年为武德二年,已为清代金石学家所指正。但赵明诚《金石录》所载教书碑文为"八分书",与开元十六年《少林寺碑》上的行书体《唐太宗赐少林寺教书》不一致。对此,顾炎武猜测"或别是一教"。④ 这一推测为1980年在少林寺新发现的一通碑石所证实。此碑是约刻于天册万岁二年(698)的《太宗文武圣皇帝龙潜教书碑》,碑尺寸不大,高107、宽44、厚15厘米,但碑文内容与开元十六年《少林寺碑》所载教书,完全一致。⑤

对于碑石上"世民"手书二字,诸家观点相近。明孙鑛《书画跋跋》言:

> 此书即刻于裴漼所书《少林寺碑》上方,当是勒寺碑时摹前文皇书,置碑首耳。谓止庙讳二字是亲押,良是。今京署移文,惟名系官自金,然则尔时已如此。⑥

① (清)顾炎武:《金石文字记》卷2,《石刻史料新编》第1辑第12册,第9223页。
② (清)洪颐煊:《平津读碑记》卷4,《石刻史料新编》第1辑第26册,第19385页。
③ (宋)赵明诚:《金石录》卷3,齐鲁书社,2009年,第22页。
④ (清)顾炎武:《金石文字记》卷2,《石刻史料新编》第1辑第12册,第9223—9224页。
⑤ 崔耕:《唐〈秦王告少林寺教碑〉考》,《中原文物》1983年第3期。
⑥ (清)王昶:《金石萃编》卷41,《石刻史料新编》第1辑第1册,第699页。

明郭宗昌也言：

> 此碑上方刻太宗为秦王时征王世充移寺主及军民檄也……且"世民"二字独大而又行草，一见便奇伟不群，真如李密见秦王时状，始知檄必出记室，而秦王自书名耳。不然何独别作行草，与檄字不类耶。①

明王世贞认为："唐文皇告少林书，书法不甚工而亦不俗，当是幕僚笔。内'世民'二字行草，是亲押耳。"②顾炎武也持同样观点："'世民'二字草书特大，乃太宗亲书。"③也即教书起草者为秦王记室参军房玄龄，只有"世民"两字为太宗亲手所书，通过手书签押，以示"教书"的合法性和权威性。对此，诸题跋并无相左意见。

虽然大部分论著将武德四年四月卅日公文定名为"教"，但称为"檄""告"者也不在少数。如明安世凤《墨林快事》将其定名为"秦王谕少林檄"，④明赵崡《石墨镌华》定名为"太宗征王世充时移寺主并军民檄"，⑤明郭宗昌也认为是秦王"移寺主及军民檄也"，⑥清刘青藜称为"太宗移少林寺主檄"，并强调该文"辞气壮朗，得告谕体"。⑦ 清叶奕苞直称为"告文"：

> 此碑前录告文，附赐地、水碾还寺教书——或云告文非太宗书，中间行草"世民"二字则御书耳。⑧

而在唐代碑石上，武德四年教书被称为"太宗文皇帝教书"（碑文第36行）、"太宗与寺众书"（碑文第58—59行）。此是唐开元年间对武德时期公文的称谓。

称谓的不同，当是基于不同的着眼点。从规范文种看，它可定名为教书；从受文对象看，可定为"移寺主及军民檄"；从功能，则可定为告、谕。正是基

① （明）郭宗昌：《金石史》卷下，《石刻史料新编》第3辑第39册，第483页。
② （明）王世贞：《弇州山人稿》，《石刻史料新编》第1辑第1册，《金石萃编》卷41，699页。
③ （清）顾炎武：《金石文字记》卷2，《石刻史料新编》第1辑第12册，第9223页。
④ （清）王昶：《金石萃编》卷41，《石刻史料新编》第1辑第1册，第698页。
⑤ （明）赵崡：《石墨镌华》卷2，《石刻史料新编》第1辑第25册，第18605页。
⑥ （明）郭宗昌：《金石史》卷下，《石刻史料新编》第3辑第39册，第483页。
⑦ （清）刘青藜：《金石续录》卷2，《石刻史料新编》第1辑第5册，第3765页。
⑧ （清）叶奕苞：《金石录补》卷10，《石刻史料新编》第1辑第12册，第9035页。

于发文者和接收者等不同的角度,一文会有多种名称,并非此文独然。

(二) 武德八年教并牒

武德八年教书和相关牒文组成一份公文组件,当不会有太多争议。从构成上看,武德四年的是单一教书,武德八年的并不是。清叶奕苞言:"此碑前录告文,附赐地、水碾还寺教书。"①清洪颐煊则认为是"教并牒":

> 右《少林寺柏谷坞庄碑》,在登封县少林寺。前刻秦王赐少林寺主教,次刻武德八年少林寺赐地肆拾(亩)[顷]、水碾壹具教并牒。②

在贞观六年牒文中,两份教书也有不同称谓和功能。武德四年系"蒙敕书慰劳"(碑文第 52 行),武德八年的被称为"蒙别敕"(碑文第 43—44 行)。显然,单件教书与教并牒,具有不同的功能。仁井田陞对武德八年的李世民教书特别关注,并将其定性为是"皇室向寺院施舍的文书"。他认为:

> 此件教书的要点及其内容包括:由于嵩山少林寺僧众在国初所建功勋,故为供养一山僧众,并作为寺院常住产业(一) 向嵩山少林寺,(二) 赐予田四十顷,以及碾硙一具,(三) 于武德八年(625),(四) 由秦王实施。亦即刊布赐予者、受赐者、赐予的目的物和赏赐的年月。③

根据上述内容可知,武德八年教书的确权意义及法律属性较武德四年教书更为明显。

"赐少林寺肆拾顷地和水碾壹具"的教书内容,在碑阴出现过三次,见于碑文第 17—18 行、31—32 行、44 行,但三处对"水碾"的表述不尽一致。"砺文"在梳理相关学术成果时,提到西嵨定生《碾硙寻踪》一文对此碑的关注,认为唐太宗施舍给少林寺的同一物品,在碑中或作"水硙一具",或作"水碾一

---

① (清) 叶奕苞:《金石录补》卷 10,第 9035 页。
② (清) 洪颐煊:《平津读碑记》卷 5,《石刻史料新编》第 1 辑第 26 册,第 19406 页。
③ [日] 仁井田陞:《唐宋法律文书研究》,东京大学出版会,1983 年再版(1937 年初版),第 210—211 页。

具"，或作"水碾硙一具"，并未严格区别使用。① 在唐代律令制度较为完备的情况下，这是否会引发追究伪造公文、改写制敕等罪责呢？

碑文第17—18行写为"赐地肆拾顷、赐水碾壹具""前件地及碾"，为武德八年二月十五日房玄龄宣，十六日得到李世民"依谘"认可"付外奉行"的教书原件。

碑文第31—32行写为"赐地肆拾顷、水硙壹具""前件地及硙"，为教书"付外奉行"的末端环节——《司户牒》的载述，成文时间为武德八年二月廿七日，与教书原件间隔11天。《司户牒》的上位公文是《行台尚书省牒》，所谓"被符奉教"中的"符"，是"省牒"下行时的称谓。行台尚书省下"洛州，并牒秦府留后国司"的教书是据原件转抄的副本。在转抄时，将"水碾"写为"水硙"，省略一个"赐"字。"水碾"和"水硙"文意相同，省"赐"而将地、水碾作为"并赐"的对象，教书的文意没有发生变化。

碑文第44行"赐地四十顷、水碾硙一具"，出现于贞观六年（632）的牒文中，是僧彦回复官方问讯时对教书的引述。唐代"碾硙"二字经常连用。《通典·食货二》载："往日郑白渠溉田四（万）余顷，今为富商大贾竞造碾硙，堰遏费水，渠流梗涩，止溉一万许顷。"②《资治通鉴》载："（大历）十三年，春，正月，辛酉，敕毁白渠支流碾硙以溉田"。③ 从文意看，碾、硙、碾硙含义几乎相同。公文转写中的字词之异，据唐《公式令》"下制、敕宣行，文字脱误，于事理无改动者，勘检本案，分明可知，即改从正，不须覆奏"的规定，④可不适用唐律中的"诸制书有误"等条款。

碑文第20行"兼主簿玄道白"中的"玄道"为人名，姓李，秦王府主簿（正六品下）、文学馆学士。但一些著述将"玄道白"（或作"元道白"）视为人名。

① ［日］西嶋定生《碾硙寻踪》发表于1947年，载《历史学研究》第125号，后收录于氏著《中国经济史研究》，东京大学出版会，1966。转引自［日］砺波护：《隋唐佛教文化》，第124页。
② （唐）杜佑：《通典·食货典》卷2，中华书局，1984年，第17页。
③ （宋）司马光：《资治通鉴》卷225，中华书局，1956年，第7250页。
④ 《唐律疏议》卷10《职制》第114条"诸制书有误"载："诸制书有误，不即奏闻，辄改定者，杖八十；官文书误，不请官司而改定者，答四十。知误，不奏请而行者，亦如之。辄饰文者，各加二等。【疏】议曰：'制书有误'，谓旨意参差，或脱剩文字，于理有失者，皆合覆奏，然后改正、施行。不即奏闻，辄自改定者，杖八十。……依《公式令》：'下制、敕宣行，文字脱误，于事理无改动者，勘检本案，分明可知，即改从正，不须覆奏。其官文书脱误者，诸长官改正。'"（唐）长孙无忌等：《唐律疏议》，刘俊文点校，中华书局，1983年，第200页。

如赵超《一件重要的唐代"牒"文实证》一文对此碑解释道：

> 碑阴前半部为唐太宗任陕东道行台尚书令时就赐少林寺柏谷坞庄
> 而起草的"教"，"教"以下则为房玄龄及主薄玄道白等承办此"教"的咨
> 文。咨文以下则是陕东道大行台尚书省给少林寺的牒文。[①]

杜文玉《唐代地方州县勾检制度研究》一文举此碑为例述"勾检"程序时，同样将"玄道白"视为人名。[②] 一些录文未将"白奉"中间加标点隔开，实际也视同为人名，如"砺文"写为"兼主簿玄道白奉教如右"。[③] 在碑文中，"白"是文书程序环节，相当于制敕文书中门下省的覆奏，故"白"后的句逗不可省略。

此句标点之误，多是摘引者未太在意公文用语的无心之失。而专门研究文书者，会根据《公式令》中的制书体式作出准确判断，如仁井田陞即将此句断为"兼主簿玄道白，奉教如右"。[④]

(三) 贞观六年牒文

学界对贞观六年(632)碑文的关注，主要是牒文中记载了武德年间僧尼受田之事，以及武德九年(626)发生的"都维那故惠义，不闲敕意，妄注赐地为口分田"的事件。[⑤]

唐代有关永业田、口分田等的法律规定较为完备。《唐律》中有"占田过限"的律条，规定："诸占田过限者，一亩笞十，十亩加一等；过杖六十，二十亩加一等，罪止徒一年。若于宽闲之处者，不坐。【疏】议曰：王者制法，农田百亩，其官人永业准品，及老、小、寡妻受田各有等级，非宽闲之乡不得限外更占……仍须申牒立案，不申请而占者，从'应言上不言上'之罪。"[⑥]唐代《田令》规定："诸请永业者，并于本贯陈牒，勘验告身，并检籍知欠。然后录牒管地

---

① 赵超《一件重要的唐代"牒"文实证》，《文物》1986 年第 9 期。
② 杜文玉《唐代地方州县勾检制度研究》，《唐史论丛》2013 年第 1 期。
③ ［日］砺波护：《隋唐佛教文化》，第 130 页。
④ ［日］仁井田陞：《唐宋法律文书研究》，第 831 页。
⑤ 相关研究可参见：白文固《唐代僧尼道士受田问题的辨析》，《社会科学》1982 年第 3 期；刘小平《唐代佛教寺院的土地资源配置》，《中国农史》2009 年第 1 期；赵云旗《唐代土地买卖研究》，中国财政经济出版社，2002 年；等等。
⑥ (唐) 长孙无忌等：《唐律疏议》卷 13《户婚》，第 244 页。

州，检勘给讫，具录顷亩四至，报本贯上籍，仍各申省计会附簿。""诸田有交错，两[主]求换者，诣本部申牒，判听手实，以次除附。""诸道士、女冠受老子《道德经》以上，道士给田三十亩，女冠二十亩。僧尼受具戒者，各准此。身死及还俗，依法收授。若当观、寺有无地之人，先听自受。"①上述条款中，既有给田、判罚标准等实体性内容，也有程序性要求，如律条中的"依法收授"，令条中的"申牒立案""诣本部申牒""于本贯陈牒"等，都是程序方面的规定。"本部"系指所属州县，"谓州县及里正所管田"。②

贞观六年的公文是少林寺按照法律规定，到其所属州县——洛州缑氏县"申牒立案"后，经县丞万寿、佐董师、史吉海等询问、调查、核实后，做出的一份判牒。

少林寺因"注赐地为口分田"之事面临极大生存危机。法律规定"不得占田过限"。武德八年秦王赐少林寺田四十顷，一顷合百亩，③40顷为4000亩。按僧尼授田每人30亩算，少林寺僧人要超过134人才不至于"占田过限"。二是口分田要承担国家课役，并且不能继承，这些对少林寺的发展都明显不利。

少林寺申请改口分田为常住僧田的理由有二：一是田地来源的特殊性，并有国家法令的支撑，如碑文第38行"往因寺庄翻城归国，有大殊勋，据格，合得良田一百顷"、第40行"计勋，仍少六十顷"、第42行"准格合得者"、第46行"若论少林功绩，与武牢不殊。武牢勋赏合地一百顷"等；二是超越国家法令的秦王教书（别敕）。碑文中提到三敕，分别为武德四年、武德七年和武德八年敕，名称有"敕""别敕""特敕"之别。一般"敕"前空3格，"别敕"之"敕"前空2格，"教"前也空2格。据此可以大致判断，"敕"指朝廷下发公文，"别敕"指秦王府下发公文。这也揭示，武德四年"教书"和武德八年"教并牒"颁行方式不尽一致，其效力稍有差异。另在不同语境、不同身份者口中，教、敕书、别敕的含义稍有不同。

从牒文内容可以得知，少林寺在贞观六年"申牒立案"前，曾"上表申诉"。

① 《天一阁藏明钞本天圣令校证》"田令卷第二十一"，唐12、27、28条，第256—258页。
② 《唐律疏议》卷13《户婚》"诸部内田畴荒芜"条，第248页。
③ "诸田广一步，长二百四十步为亩，亩百为顷。"《天一阁藏明钞本天圣令校证》"田令卷第二十一"，第253页。

其申诉目的首先是解决少林寺存在的合法性。在武德五年,少林寺因曾居伪地被取缔,所属田产被官府没收,如碑文所言:"前件地及硙,寺废之日,国司取以置庄"(碑文第 32—33 行),"以寺居伪地,总被废省,僧徒还俗,各从徭役"(碑文第 42—43 行)。历经两年"上表申诉",至武德七年七月,终于"蒙别敕"恢复合法身份:"少林寺听依旧置立。"(碑文第 42—43 行)之后才有了武德八年二月的赐田敕(教并牒)。

贞观六年少林寺"申牒立案"的诉求是"请依籍次,附为赐田者"(碑文第 41 行)、"请为赐田,乞附籍从正"(碑文第 47 行),即更正武德九年的"妄注赐地为口分田"的失误。官府裁定的依据,主要是武德八年二月的敕书而非赏格,经过追问、勘验、核实等过程,最终"准敕从实改正"(碑文第 55 行),少林寺的诉求得到满足。

此份牒文在碑阴诸公文中篇幅最长,内容也颇为重要,自然会被金石学家所关注。清王昶、武亿所称"唐少林寺赐田牒"等,编排时间以开元十二年十二月《丽正殿牒》为据,但叙述内容时,均落脚于贞观牒上。

(四) 开元十一年牒文

开元十一年的"陈忠牒"和"丽正殿牒"间隔一个月,因被贞观六年牒分开,多被视为两件公文;加之两牒分别刻于碑石上、下截,传统金石志多将上截包括"陈忠牒"的碑文称为"少林寺柏谷坞庄碑",[①]将下截包括"丽正殿牒"的碑文称为"少林寺赐田敕"或"少林寺牒"。[②]

开元十一年"陈忠牒"和"丽正殿牒"与贞观六年牒文相互之间的关系,关注者不多。"砺文"注意到开元十一年两份牒文的内在关联:

> 开元十一年十二月二十一日丽正殿修书使撰写的牒文,明确记载了将刻于上段末尾的开元十一年十一月四日内品官陈忠所写的牒文付诸实行,亦即把太宗的御书碑额和太宗给寺众的教书及时交给寺主慧觉。[③]

---

① 参见(清)王昶《金石萃编》卷74、洪熙煊《平津读碑记》卷5、叶奕苞《金石录补》卷10、陆增祥《八琼室金石补正》卷52等。

② 参见(清)刘青藜《金石续录》卷2、王昶《金石萃编》卷74、洪熙煊《平津读碑记》卷5、陆增祥《八琼室金石补正》卷52、武亿《金石二跋》卷2等。

③ [日]砺波护:《隋唐佛教文化》,第135页。

　　文中不准确之处是"太宗的御书碑额"应为"玄宗的御书碑额"（笔者注：似为笔误），但贞观六年牒为何置于两者之间，"砺文"没有解说。

　　虽然从行文上看开元十一年的两个牒文好像无关，但"丽正殿牒"中有关键的提示，即碑文第 58 行"谨连敕白如前，事须处分"，其中的"敕白"，应指开元十一年十一月的"陈忠牒"，而非贞观六年牒或其他文书。故开元十一年十一月四日的《陈忠牒》和十二月二十一日的《丽正殿牒》应为一组公文。其间插入的贞观六年牒，或许是少林寺僧的有意编排。

　　另开元十一年两个牒文的受付对象不同，却表现了敕旨运行的连贯性。十一月四日的牒文是"奉敕，付一行师，赐少林寺"（碑文第 37 行）。因一行在宫中修订历书，这一过程容易完成。一行（683—727），本名张遂，其曾祖是唐太宗李世民的功臣、襄州都督、郯国公张公谨，其父张擅为武功县令。① 一行在开元年间颇为活跃，其主要功绩是修历，并与玄宗、张说等有密切交往。"开元九年，《麟德历》署日蚀不效，诏僧一行作新历，推大衍数立术以应之……十五年，草成而一行卒，诏特进张说与历官陈玄景等次为《历术》七篇、《略例》一篇、《历议》十篇。"② 从上述记载看，一行与张说和玄宗的关系，均非同一般。但"赐少林寺"如何完成？并不清晰。如是通过一行法师，将太宗文皇帝教书一本、玄宗御书碑额一本赐给少林寺，也需相关部门的配合，但文书中没有交待。

　　十二月二十一日的牒文是"录敕牒少林寺主，检校了日状报。敕书额及太宗与寺众书，并分付寺主慧觉师领取"（碑文第 58—59 行），恰好弥补了十一月牒文的欠缺环节。碑文中的"录敕"、"谨连敕白"，意为将给付一行法师的敕牒抄录后，连同太宗教书和玄宗书碑额交给少林寺主慧觉。尤为重要的是，后牒明确要求"检校了日状报"，即要反馈敕牒的落实情况。

　　张说为丽正殿修书使之事，频繁见诸史籍。唐丽正殿为集贤殿的前身。《唐六典》载：

　　　　集贤殿书院：开元十三年所置。汉魏已来，其职具秘书省。……今

---

① 僧一行事迹详见《旧唐书》卷 191《方伎·一行传》，第 5111—5113 页。
② （宋）欧阳修等：《新唐书》卷 27《历志三上》，中华书局，1975 年，第 587 页。

上即位，大收群书，以广儒术。洎开元五年，于乾元殿东廊下写四部书，以充内库，仍令右散骑常侍褚无量、秘书监马怀素总其事，置刊定官四人，以一人判事，其后因之。六年，驾幸东京；七年，于丽正殿安置，为修书使。褚、马既卒，元行充为使，寻以张说代之。八年，置校理二十人。十二年，驾幸东都，于命妇院安置。十三年，召学士张说等宴于集仙殿，于是改名集贤殿修书所为集贤殿书院，五品已上为学士，六品已下为直学士，以说为大学士，知院事。①

对于"丽正殿牒"署衔诸人，清代武亿曾有考释：

牒录当时赐田缘由，勒之于石，后题衔有判官、殿中侍御史赵冬曦，副使、国子祭酒徐坚，中书令、都知丽正修书张说。三子为唐显人，并见《新书》本传。然证之于史，冬曦开元初迁监察御史，坐事迁岳州，还复官，不言为判官、殿中侍御史。坚自始未历官，亦不言其当开元时为国子祭酒（《旧唐书》），而独见之此牒。《张说传》：下制改丽正书院为集贤殿书院，授说院学士，知院事。②（《旧唐书·徐坚传》：开元十三年，改丽正书院为集贤院。③）《百官志》：开元十一年，置丽正院修书院，置使。④ 今牒在十一年，与《志》既相符，而说即首膺是任，亦已荣矣。然不见诸史者，史有阙也。非是牒，后世其孰知之？⑤

"砺文"曾提出一个问题，即"开元十一年十二月的牒，为什么由丽正殿修书使发出呢？"砺氏认为"情况不得其详"，推测可能和当年的中央机构变化有关。⑥

碑文第61行"用秘书行从印"，也值得探讨。"砺文"在解释丽正殿修书

① （唐）李林甫等：《唐六典》卷9《中书省》，第279页。
② 《旧唐书》卷97《列传第四七》载："下制改丽正书院为集贤殿书院，授说集贤院学士，知院事。"第3054页。
③ 参见《旧唐书》卷102《徐坚传》，第3175—3176页。
④ 《新唐书》卷47《百官志二》载："（开元）六年，乾元院更号丽正修书院，置使及检校官……十一年，置丽正院修书学士。光顺门外，亦置书院。"第1213页。
⑤ （清）武亿：《授堂金石跋》卷2，《石刻史料新编》第1辑第25册，第19125页。
⑥ ［日］砺波护：《隋唐佛教文化》，第135—136页。

使时，也顺带解释了印文：

> 丽正殿修书使一职，属于开元年间频繁出现的令外官——使职之一，值得引起注意。丽正修书院在不久之后的开元十三年四月改名为集贤院，丽正修书使称作集贤院学士。发布此牒时，都知丽正修书由中书令张说兼任，副使为国子祭酒徐坚，判官是殿中侍御史赵东曦，使用秘书行从印章。①

但为何使用"秘书行从"印章，"砺文"也未作解释。在此碑上，"用秘书行从印"的用法比较特殊，一是刻写位置有别常规，二是"用"字少见。印文中的"秘书"指秘书省。唐初秘书省隶属于中书省。丽正殿设置于开元十一年，主要任务是修书，与秘书省功能相近。使用秘书省印，可能是丽正殿当年设置尚不完备，借用秘书省印。而"行从印"有别于"正印"。《文献通考》载："天子巡幸，则京师、东都留守给留守印，诸司从行者，给行从印。"②"用"当为描述用语。对于公文上的钤印，一般转录或刻碑时直接书写印文，如汉《张景碑》第6行碑文"府君教。大守丞印。延熹二年，八月十七日甲申起□"中的"大守丞印"。③ 此碑特加描述性语"用"，可能是基于"行从印"的非正规性。毕竟，"印者，信也。谓印文书施行，通达上下，所在信受"。④

使用"秘书行从印"的另一种可能解释是，丽正殿制作这份牒文时恰值中央机构改革。对于唐代中央机构建置演变而言，开元十一年（723）是一个重要年份。此年，宰相"张说奏改政事堂曰中书门下，列五房于其后，分掌庶政"，"其政事印改为中书门下之印"。⑤ 这次中央机构大调整的具体时间（月份）史籍没有记载。丽正殿牒的时间是开元十一年十二月二十一日，或许此时机构调整尚未完成，故用"秘书行从印"以作应对。

---

① ［日］砺波护：《隋唐佛教文化》，第 135 页。
② （宋）欧阳修等：《新唐书》卷 24《车服志》，第 526 页。
③ 此据汉《张景碑》拓本。
④ 《唐律疏议》卷 19《贼盗》"诸盗官文书印"条，第 350 页。
⑤ （宋）司马光：《资治通鉴》卷 212，第 6758 页。

四、"碑本"的制度内涵

"碑本"研究需依托于碑石本身及能反映碑石整体性或全貌的碑石照片和拓本,以立体、综合的视角分析碑文内容、立碑背景、刻石意图。碑文的布局,亦隐藏着立碑的目的。笔者之所以着力辨析碑石上的公文结构与组合,是希望借此复原立碑的缘由和意图。

(一) 结构与定名

基于前述分析,碑石上的公文结构大致可以揭示。即《少林寺碑》阴、阳两面刻文书四件(组):一是刻于碑石两面的武德四年《秦王李世民教》,二是武德八年《赐少林寺田教并牒》,三是贞观六年《缑氏县判牒》,四是由开元十一年《陈忠牒》和《丽正殿牒》合并而成的《丽正殿修书使牒》。其中二、三、四均刻于碑阴。刻于《丽正殿修书使牒》后的武德四年《太宗文皇帝敕授少林寺柏谷庄立功僧名》没有公文形式和程序,所谓"体殊不合,字亦不类,当是寺僧妄赘耳",①故不视为公文。

碑阴上、下两截的公文有内在的关联。碑题——"唐太宗文皇帝赐少林寺柏谷坞庄御书碑纪"涵盖明确,故碑阴可简称为"少林寺御书碑纪"。碑阳所书"开元十六年七月十五日建"是立碑时间,特指碑阳的《皇唐嵩岳少林寺碑》,然而碑阴的内容在名称上无从体现。综合碑石两面的内容,整体定名可以采用"开元十六年少林寺碑并御书碑纪",也可简称为"少林寺碑并御书碑纪"。

此碑无论从法律碑刻还是从公文碑角度,都是值得仔细探究的经典碑刻之一。此碑的特殊性在于:一是文本的时间跨度大,从武德四年(621)教书到开元十六年(728)立碑,间隔一百余年,其间有撰文时间和立碑时间的交叉,加之公文排序"错乱",导致误解增多,长期"以讹传讹";二是行政关系复杂,尤其是秦王府的行政体系穿插在中央和地方行政之间,造成了公文文种多样,其中还牵涉到中央机构改革和州县行政设置的变动;三是碑石上一些

---

① (清)刘青藜:《金石续录》卷2,《石刻史料新编》第1辑第5册,第3769页。

公文本身具有特殊性，如公文的发出机构、印章等，都有别于常行公文。这些特殊性也成就了《少林寺碑》的经典性和复杂性。而碑文构造越复杂，其所隐藏的意义和功能越多。

（二）开元十一年是否立碑

传统金石学家对此碑的关注，表面是"碑本"，实际仍多从"文本"的角度，进行文献著录、考释。以碑证史、补史是古代金石学的传统，考订重点多围绕官制、官衔和人物经历等。就同一碑而言，诸书考证颇多雷同，其间也相互引证，略有增补。如明王世贞述碑阳撰书者裴漼"少时负文笔，霹雳手"①之事并不确实，明郭宗昌已作出更正："檄文下方即少林寺碑，裴漼撰并书。王元美谓懿公少负文笔，号'霹雳手'，此漼父琰之事。"②但延续王世贞之误将"霹雳手"称号"张冠李戴"之事，在清代著述中仍有所见。③

由于大多作者未能亲睹碑石，著述载录之误遂听之任之，难以发现并更正。明王世贞认为"首有开元神武皇帝书，后人所妄加也。碑额未知亡于何时"。④ 而实际上碑额一直存在，也无断裂后补痕迹。清王昶认为碑阴上截刻武德四年《太宗赐少林寺教》，下截刻武德八年及贞观六年《赐田敕牒》，也有悖事实，正确的布局是武德八年牒与武德四年教并列，而非一上一下。

另传统金石志载录碑石时对撰文时间和立碑时间不作严格区分。清叶奕苞言：

> 此碑前录告文，附赐地水碾还寺教书……后附开元十一年十一月四日内品官陈忠牒少林寺一行，则立碑之年月也。⑤

值得关注的是，认为开元十一年立碑者不止叶奕苞一人。裴漼撰文也提

---

① （明）王世贞：《弇州四部稿》卷135，文渊阁《四库全书》第1281册，第237a页。有关裴漼父琰号"霹雳手"之事，可参见《旧唐书》卷100《裴漼传》。
② （明）郭宗昌：《金石史》卷下，《石刻史料新编》第3辑第39册，第483页。
③ 可参见（清）林侗：《来斋金石刻考略》卷中、叶封：《嵩阳石刻集记》卷下。
④ （明）王世贞：《弇州山人稿》，引自（清）王昶：《金石萃编》卷41，《石刻史料新编》第1辑第1册，第699页。
⑤ （清）叶奕苞：《金石录补》卷10，《石刻史料新编》第1辑第12册，第9035页。

到开元十一年立碑事：

> ……以此寺有先圣缔构之迹，御书碑额七字，十一年冬，爰降恩旨，付一行师，赐少林寺镌勒。

据碑文第37—38行"牒：奉敕，付一行师，赐少林寺。谨牒。开元十一年十一月四日，内品官陈忠牒"，可以肯定公文生效日期不可能是立碑年月。从牒文生效，到御书碑额送到少林寺，会有一段时间，加上觅石刻写，非数日内能够完成。而根据开元十一年十二月二十一日丽正殿牒文，"敕书额及太宗与寺众书，并分付寺主慧觉师领取"（碑文第59行），可以证明在陈忠牒发出一个半月之后，御书碑额尚未被少林寺领取。

将御书碑额赐少林寺，自然是为刻碑之用。少林寺托一行法师乞请御书碑额之事，一行圆满完成，但少林寺将御书碑额摹刻上石却颇有延迟。裴漼所言"十一年冬，爰降恩旨，付一行师，赐少林寺镌勒"，当是对牒文"奉敕，付一行师，赐少林寺"的延伸想象，未见得有真凭实据。目前尚未有证据表明少林寺收到公文后马上刻石，同时也没有明确证据表明少林寺何时收到的《丽正殿修书使牒》。至今，我们未曾见到单独存在的开元十一年御书公文碑及相关记载。联系到裴漼撰记时间应在开元十四年冬之前，一直拖到开元十六年刻石，应该是有些意想不到的事情阻碍了立碑的进程。或许与张说的官职升降有关。[①] 张说曾三拜宰相，史家有评："说于玄宗最有德，及太平用事，纳忠惓惓，又图封禅，发明典章，开元文物彬彬，说力居多。中为奸人排摈，几不免，自古功名始终亦几希，何独说哉！"[②]

综合各种因素，最大的可能，仍是碑阴碑阳同时刻于开元十六年，开元十一年立碑之事可以排除。

（三）"御书"与"特权"

关于碑阴的定名，清人有"柏谷坞庄碑"、"少林寺柏谷坞庄碑"、"赐少林

---

① 张说事迹生平可参见《新唐书》卷125，第4404—4412页。
② 《新唐书》卷125，第4412页。

寺田牒"等诸种。而少林寺在开元十六年刻碑时已有碑题，称为"唐太宗文皇帝赐少林寺柏谷坞庄御书碑纪"。细观碑面布局，碑题一行虽然被中间的花纹框隔断，但下截仍留空，即贞观六年牒文不是从居左第一行刻起，留出了与上截标题同宽的行距。而碑阴数份跨不同年代的公文均接排，中间不曾空行，唯有贞观六年牒文前空出一行，可以理解为是上截碑题的延伸。

碑题有两个重点：一是太宗赐少林寺田庄，一是御书碑纪。碑阴与太宗赐少林寺田庄之事有直接关联者，为武德八年《赐少林寺田教并牒》；与"御书碑纪"有关联者，为武德四年《秦王李世民教》和开元十一年《丽正殿修书使牒》。

"御书"在此碑上的表现形式有两类：一是严格意义上的"御书"——皇帝亲笔手书，如武德四年教书中"世民"手书签押，碑额上玄宗手书的"太宗文后帝御书"七字。二是御制圣裁或敕文，如武德八年教书中"依谘"授权及下行，开元十一年将教书和碑额"付一行，赐少林寺"的敕文。

虽然上述两类都属于王言，但内涵和效力稍有差异。皇帝"御书"（皇帝亲笔手书）的效力级别最高，它们被刻于碑石上最显著的位置——碑额及碑石上端，而且均刻于碑石两面，字体较其他碑文更大、更突出。"御制""敕文"内容虽出自圣裁，但在对外宣奉行时，仅将帝王的意志以公文形式转达，御笔形式没有下付。有关"御书"和"御制"的异同，可参见笔者对宋代《大观圣作之碑》和《御制八行八刑条制碑》的比较分析。①

证明此碑"御书"来源的关键点是开元十一年的"内品官陈忠牒"："太宗文皇帝教书一本，御书碑额一本。牒：奉敕，付一行师，赐少林寺。谨牒。"（碑文第36—37行）这是少林寺获得有"世民"签押的武德四年教书和玄宗御书碑额来源的有效证明。"御书"是皇恩的体现，具有鲜明的政治景观意义。少林寺拥有太宗和玄宗的"双重"御书，可谓是一笔宝贵的政治财富，也是可以有效利用的政治资本。

武德年间少林寺僧被迫解散还俗的直接原因是其曾居伪地。之后寺僧经过数年努力，恳乞留置少林寺，最终因秦王李世民的武德七年七月敕、武德

---

① 参见拙作《宋〈大观圣作之碑〉的法制特色》，载《纪念西安碑林930周年华诞论文集》，三秦出版社，2018年，第471—485页。

八年二月敕,而化险为夷。开元十年(722),少林寺再度面临新的考验。碑阳裴漼撰记交待了立碑背景:

> 日者明敕,令天下寺观、田庄,一切括责。皇上以此寺地及碾,先圣光锡,多历年所,襟带名山,延衣灵迹。群仙是宅,迈罗阅之金峰;上德居之,掩育王之石室,特还寺众,不入官收。曾是国土崇绝,天人归仰,固以名冠诸境,礼殊恒刹矣。①

碑文中提到的"令天下寺观、田庄,一切括责",指开元十年(722)正月二十三日的一项敕令:

> 敕祠部。天下寺观田,宜准法据僧尼道士合给数外,一切管收,给贫下欠田丁。其寺观常住田,听以僧尼、道士、女冠退田充。一百人以上,不得过十顷。五十人已上,不得过七顷。五十人以下,不得过五顷。②

与此敕同时颁布的还有废除职官田的举措。开元十年正月二十三日,"命有司收内外官职田,以给逃还贫下户。其职田以正仓粟亩二升给之"。③可见这次田制改革涉及面较广,并非仅针对寺观。

而少林寺却获得了免于"括责"的特别优待,其缘由是少林寺"寺地及碾,先圣光锡","礼殊恒刹",故对本应收括之地,"特还寺众,不入官收"。是故,李世民恩赐田碾之举,成为少林寺得以再次规避法令的依据。秦王李世民教书的效力,由此可见一斑。不仅如此,玄宗又以御书碑额的方式,再次强化了秦王李世民"特敕"的神力。

借助政治资本需要机缘巧合,也需要政治关系网。一行、张说与玄宗关系密切。撰书人裴漼,也是张说的密友。故《少林寺碑》的刻立,是少林寺有意运作的结果。经历过武德五年少林寺因居伪地遭取缔、寺庄被没收的惨痛经历,在面临新的"括户"政策风险时,少林寺从长计议,通过曾在嵩山修行的

---

① 碑阳下截第23—24行。
② (宋)王溥:《唐会要》卷59"祠部员外郎"条,第1028页。
③ 参见(宋)王钦若等:《册府元龟》卷150《惠民第二》、卷506《俸禄二》。

一行代为乞求御书，强化政策层面的权益保护，不失为明智之举。

严格说来，贞观六年判牒与"御书碑纪"的碑题并不相符，它是一份由县级行政机构作出的法律文书。但贞观六年判牒又与秦王李世民特敕赐田事有一定关联。与少林寺利益关系密切的武德八年教并牒，在贞观六年判牒中被反复提及。经过调查、核实，最终确认了"特敕"的法律效力。在贞观六年判牒中，武德四年慰劳敕书和授官敕令也被提及，但仅是作为佐证。在碑阴内容编排上，武德四年敕令放在最后，也印证对少林寺而言，授官敕令是一种政治"虚幻"，并无太多的实际功效。

故碑阴的"御书碑纪"，实为少林寺重要文书汇编，其中既有御笔手书的政治荣誉性文书，也有由上而下的行政公文，还有基层行政部门出具的确权法律文书。贞观六年判牒尽管层级较低，但确权明晰，法律效力鲜明。这些内容，在碑石上形成象征荣誉和特权的"黄金组合"。这也正是组合性公文的价值所在。

（四）开元牒文的"反常"

《少林寺碑》上刻有单件公文和复合公文，两者意义明显不同。单件公文的文献价值较为突出，复合公文则以复现程序和制度见长。此碑中武德四年教书、贞观六年判牒是单件公文，武德八年教并牒、开元十一年牒文为复合公文。复合公文因有稽程、勾检等程序，而具有明显的法律意义。碑阴第23—24行的"二月十六日，录事郭君信受，录事参军事师仁付田曹"，便涉及"勾检"制度。《唐律疏议》载："检者，谓发辰检稽失，诸司录事之类。勾者，署名勾讫，录事参军之类。"①《唐六典》追溯令史、书令史的职责是"分抄行署文书"，②《新唐书·百官志》亦明确"以主事、令史、书令史署覆文案，出符目"。③《武德八年赐少林寺田教并牒》中令史胥威幹、史张德威等的签署，同样具有法律意义。《唐律疏议》对署押官员的失职行为和惩罚也做了明确规定。④ 故公文中的日期及署名，不单纯是行政流程的记录，也是追究法律责任时的

---

① 《唐律疏议》卷5《名例》，第113页。
② 《唐六典》卷1，第12页。
③ 《新唐书》卷46《职官志一》，第1185页。
④ 参见《唐律疏议》卷10《职制律·事直代判署》，第203页。

依据。

开元十一年《丽正殿修书使牒》中明确要求"检校了日状报"（碑文第 58 行），但在碑石上却缺乏相应的反馈，也是颇为"反常"的事情。

四川青城山《赐张敬忠敕并表》也是唐开元年间的公文碑，碑石所载敕书行政及"检校"内容，较《少林寺碑》清晰。据碑文，《赐张敬忠敕》的生效时间为开元十二年（724）十二月十一日，玄宗指派内品官毛怀景、道士王仙卿将敕文送往蜀州。敕文于开元十三年正月一日至益州，二日至蜀州，行程二十日。敕文内容具体，即令侵占常道观的飞赴寺迁往山外旧所，"使道、佛两所，各有区分"，并敕令益州长史张敬忠"检校勿令相侵"。十七日，张敬忠上表附奏状汇报敕令落实情况：一是责成专人，"差判官宣义郎、彭州司仓参军杨璿往青城山，准敕处置"，杨璿为此有了新官职——"专检校移寺官"；二是在正月九日，即敕文到达七天后，飞赴寺僧徒迁移安置完毕；三是对原"寺界所有竹木"可能发生的权属纷争预设了对策。[①] 可见，在内品官毛怀景的遣书、回奏的全程监督下，敕书内容得到落实。

开元十二年十二月十一日的《赐张敬忠敕》和开元十三年正月十七日《张敬忠上表》分刻于碑石的两面，是典型的公文碑。刻于碑阳的《赐张敬忠敕》为玄宗亲笔书写的"墨敕"，[②]即所谓"不由中书、门下，而出自禁中者也"，[③]与通过中书门下颁行的正敕有所不同。但开元十一年十一月的"内品官陈忠牒"既非"墨敕"，亦非正敕，牒付的对象僧一行身份特殊，"陈忠牒"便成为一个难以执行的"半成品"公文。

让"半成品"变为"成品"不是一件容易的事情，中间的过程已难知晓，最终，由丽正殿接续完成。"一行初奉诏于光大殿，改撰《历经》。后移在丽正殿，与学士参校历术。"[④]故由一行所在的丽正殿下发牒文，当属于对一行的特殊关照。在与"陈忠牒"间隔了一个半月后，"丽正殿修书使牒"终于面世，并钤上"秘书行从印"，成为一份特例牒文。这些"反常"的作法，使公文的运行

---

① 碑文据笔者 2018 年 9 月 23 日在四川青城山所见并拍摄。
② 碑阴刻张敬忠表言："右内品官毛怀景、道士王仙卿等使至。伏奉闰十二月十一日墨敕。"
③ 参见（清）钱大昕：《潜研堂金石文跋尾》卷 6《唐右武卫将军乙速孤行俨碑》，《石刻史料新编》第 1 辑第 25 册，第 18804 页。另有关"墨敕"的研究，可参见游自勇：《墨诏、墨敕与唐五代的政务运行》，《历史研究》2005 年第 5 期。
④ （唐）韦述：《集贤注记》，转引自（明）陈耀文：《天中记》卷 6。

效力大打折扣，"检校了日状报"也绵延无期，直至开元十六年七月十五日立碑，总算有个了结，而一行法师已于一年前圆寂。① 七月十五日是"盂兰盆节"，也称"中元节"，是佛教徒超度先亡的日子。少林寺选择在这一天立碑，也当含有纪念一行的用意。

---

① "开元九年，《麟德历》署日蚀比不效，诏僧一行作新历，推大衍数立术以应之，较经史所书气朔、日名、宿度可考者皆合。十五年，草成而一行卒，诏特进张说与历官陈玄景等次为《历术》七篇、《略例》一篇、《历议》十篇。"见《新唐书》卷27《历志三上》，第587页。

第四章 御笔、御制之辨：比较宋《大观圣作之碑》和《八行八刑条制碑》

　　目前尚存世的宋代《大观圣作之碑》计有 12 通，①相关介绍均强调碑石形体、形制，碑额、行款、年代（大观二年），以及御制"八行八刑取士规条"内容和宋徽宗的"瘦金体"书法，②其法制特色尚未引起充分关注。另传统志书所载《大观圣作之碑》有始于大观元年（1107）的，相似内容的碑石也以"八行八刑条制碑"等名目出现。以往金石学家多将《大观圣作之碑》与《八行八刑条制碑》等同视之，但并不能解释相关志书中的矛盾记载。释疑的关键在于理清大观元年和大观二年的"御制学规"是否基于同一文本，两者在内容、颁刻时间和程序以及功能上有何异同。

一、《大观圣作之碑》碑文与结构

　　西安碑林所藏宋《大观圣作之碑》，螭首龟趺，形体高大。碑额"大观圣作之碑"由蔡京奉敕题写，碑文主体部分是由书学博士李时雍奉敕摹写的瘦金体——宋徽宗的标志性书法。碑文共 28 行，满行 71 字。兹据该碑原貌（见

---

① 12 通《大观圣作之碑》分布情况是：陕西 3 通，分别在西安碑林、耀州文庙、兴平文庙；河北 3 通，位于赵县文庙、涉县娲皇宫、平乡水上公园；河南 2 通，立于偃师商城博物馆、新乡红旗区政府大院；山东 2 通，存于泰安岱庙、高密博物馆；山西 2 通，存运城关王庙、繁峙城南。

② 相关研究参见：李娜：《宋〈大观圣作之碑〉浅析》，《碑林集刊》1996 年；姚勤香：《〈大观圣作之碑〉与宋代教育制度》，《燕山大学学报》（哲学社会科学版）2001 年第 2 期；史清君：《平乡大观圣作之碑》，《文物春秋》2008 年第 3 期；傅山泉：《〈大观碑〉及北宋时期的教育制度》，《新乡学院学报》（社会科学版）2010 年 6 月第 3 期；王静《浅析大观碑中的书法艺术和教育制度》，《大众文艺》2012 年第 24 期等。

图1、图2）按格式移录如下：

01 学以善风俗、明人伦，而人材所自出也。今有教养之法，而未有善俗明伦之制，殆未足以兼明天下。孔子曰："其为人也孝悌而好犯上者鲜矣，不好犯上而好作乱者，未之有也。"盖设学校、

02 置师儒，所以敦孝悌。孝悌兴，则人伦明。人伦明，则风俗厚而人材成、刑罚措。朕考成周之隆，教万民而宾兴以六德六行，否则，威之以不孝不悌之刑。此已立法，保任孝、悌、姻、睦、任、恤、忠、和

03 之士。去古绵邈，士非里选。习尚科举，不孝不悌，有时而容。故任官临政，趋利犯义，诋讪贪污，无不为者。此官非其人，士不素养故也。近因余暇，稽《周官》之书，制为法度，颁之校学，明伦善俗，

04 庶几于古。

05 　　诸士有善父母为孝，善兄弟为悌，善内亲为睦，善外亲为姻，信于朋友为任，仁于州里为恤，知君臣之义为忠，达义利之分为和。

06 　　诸士有孝、悌、睦、姻、任、恤、忠、和八行，见于事状，著于乡里，耆邻保伍以行实申县，县令、佐审察，延入县学，考验不虚，保明申州如令。

07 　　诸士八行，孝、悌、忠、和为上，睦、姻为中，任、恤为下。士有全备八行，保明如令，不以时随奏，贡入太学，免试为太[学]上舍。司成以下引问考验，较定不诬，申尚书省取旨，释褐命官，优加拔用。

08 　　诸士有全备上四行，或不全一行而兼中等二行，为州学上舍上等之选。不全上二行，而兼中等一行；或不全上三行，而兼中二行者，为上舍中等之选。不全上三行，而兼中一行或

09 　　　兼下行者，为上舍下等之选。全有中二行，或有中等一行而兼下一行者，为内舍之选。余为外舍之选。

10 　　诸士以八行中三舍之选者，上舍贡入；内舍在州学半年，不犯第二等罚，升为上舍；外舍一年，不犯第三等罚，升为内舍，仍准上法。

11 　　诸士以八行中上舍之选，而被贡入太学者，上等在学半年，不犯第三等罚，司成以下考验行实闻奏，依太学贡士释褐法。中等依太学中等法，待殿试。下等依太学下等法。

12 　　诸士以八行中选，在州县若太学皆免试，补为诸生之首，选充

职事及诸斋长谕。

13　诸以八行考士，为上舍上等，其家依官户法，中下等免户下支移、折变、借借、身丁，内舍免支移、身丁。

14　诸谋反、谋叛、谋大逆（子孙同），及大不恭、诋讪宗庙、指斥乘舆，为不忠之刑。恶逆、诅骂、告言祖父母父母、别[籍]异财、供养有阙、居丧作乐自娶、释服匿哀，为不孝之刑。不恭其兄，不友其弟、

15　姊妹叔嫂相犯罪杖，为不悌之刑。杀人、略人、放火、强奸、强盗若窃盗杖，及不道，为不和之刑。谋杀及卖略缌麻以上[亲]，殴告大功以上尊长、小功尊属，若内乱，为不睦之刑。诅骂

16　告言外祖父母，与外姻有服亲、同母异父亲，若妻之尊属相犯至徒，违律为婚，停妻娶妻，若无罪出妻，为不姻[之]刑。殴受业师，犯同[学]友至徒，应相隐而辄告言，为不任之刑。诈

17　欺取财罪杖，告嘱耆邻保伍，有所规求避免，或告事不干己，为不恤之刑。

18　诸犯八刑，县令佐、州知通以其事目书于籍、报学，应有入学按籍检会施行。

19　诸士有犯不忠、不孝、不悌、不和，终身不齿，不得入学。不睦十年，不姻八年，不任五年，不恤三年，能改过自新、不犯罪，而有二行之实，耆邻保伍[申]县，县令、佐审察，听入学。在学一年，又

20　不犯第三等罚，听齿于诸生之列。

21 大观元年九月十八日，资政殿学士、兼　侍读臣郑居中奏乞以

22 御笔八行诏旨，摹刻于石，立之官学，次及太学辟雍、天下郡邑。二年八月二十九日奉

23 御笔赐臣礼部尚书兼　侍讲久中，令以所赐刻石。

24

文林郎、权醴州州学教授臣宋闳　通直郎、权通判醴州军州、同管勾神霄玉清万寿宫管勾学□□　起复朝散郎、权知醴州军州、管勾神霄玉清万寿宫、管勾□□张青□立石

25

通直郎、书学博士臣李时雍奉敕摹写　承议郎、尚书礼部员[外郎]、武骑尉臣葛

胜仲　朝散郎、尚书礼部员外郎、云骑尉臣韦寿隆

26　　　　　　　　　　　　　　　　　承议郎、试尚
书礼部侍郎、学制局同编修官、武骑尉、陇西县开国男、食邑三百[户]、赐
紫金鱼袋臣李图南

27　　　　　　　　　　　　　　　　　朝请郎、试礼
部尚书、兼侍讲实录修撰、飞骑尉、南阳县开国男、食邑三百户、赐紫金鱼
袋臣郑久中

28　　　　　　　　　　　　　　　　太师、尚书左仆射、兼
门下侍郎、上柱国、魏国公、食邑一万一千二百户、食实封叁阡捌佰户臣
蔡京题额。

上述 28 行碑文从结构上看可分为三部分：第一部分（1—4 行）为立规诏
旨，述订规之缘由、参酌《周官》之内容及目标。第二部分（5—20 行）为条规
的主体，即"八行八刑之制"，又分前、后两部分：前（5—13 行）述八行内容、升
选方法及具备各品行的优免待遇，后（14—20 行）述违反八行而致八刑之罪
名、相关的惩处及弥补之办法。第三部分（21—28 行）简述将"御笔八行诏
旨，摹刻于石"的过程，以及相关责任者。其中第 24 行系刻石者。

图 1　西安碑林《大观圣作之碑》碑石上部①

---

① 图为 2017 年 4 月 27 日笔者摄于西安碑林。

图 2　西安碑林《大观圣作之碑》拓本局部①

二、"八刑"之以"刑"统罪

此碑是一通重要的宋代教育法制碑刻。从碑文内容看,立规目的明确,措施具体,操作性强,法制特色鲜明。其特点主要有三:

---

① 拓本为笔者自藏。

　　一是"八行"有品级之分和待遇之别。《周礼·地官·司徒》载："以乡三物教万民而宾兴之：一曰六德，知、仁、圣、义、忠、和；二曰六行，孝、友、睦、姻、任、恤；三曰六艺，礼、乐、射、御、书、数。"①宋代的"八刑"为孝、悌、姻、睦、任、恤、忠、和，除将"六行"中的"友"改为"悌"外，还较《周礼》"六行"多出忠、和，此二行在《周礼》属于"六德"范畴，宋代学规将《周礼》中的"六德""六行"整合形成"八行"，并对违反"八行"而致"八刑"之罪②进行"创制"性解释。

　　宋代的八行有上四行、中二行和下二行之分，"诸士八行，孝、悌、忠、和为上，睦、姻为中，任、恤为下"（第7行），诸士所具备的品行级别和数目，与学舍间的晋升和待遇相连。凡全备八行者可"贡入太学，免试为太[学]上舍"，经考核"较定不诬，申尚书省取旨，释褐命官，优加拔用"（第7行）。这是针对品行完备者的"直通性"选拔模式，而更多的情况是据诸士所具上、中、下行的不同组合，明确进入州学三舍中的上舍、内舍、外舍，再逐级晋升。科条规定，"全备上四行，或不全一行而兼中等二行"，"不全上二行，而兼中等一行；或不全上三行，而兼中二行者"，"不全上三行，而兼中一行或兼下行者"，以及"全有中二行，或有中等一行而兼下一行者"，分别入州学三舍（其中上舍分上等、中等、下等）。经过半年或一年的学习考核，次第上升。

　　二是"八刑"有重轻之别。《周礼》亦有"八刑"之说："以乡八刑纠万民：一曰不孝之刑，二曰不睦之刑，三曰不姻之刑，四曰不弟之刑，五曰不任之刑，六曰不恤之刑，七曰造言之刑，八曰乱民之刑。"其中前"六刑"与"六行"内容大致对应（"不弟"与"友"相对应），但顺序有所变化。另加"造言"和"乱民"二刑。③

　　宋代"八刑"与《周礼》"乡八刑"名称相似，但内容不同，创制处颇多。根据学规，犯有不忠、不孝、不悌、不和四刑者，处罚极重，违反者与仕宦绝缘，可称之为"重四刑"。碑文对"重四刑"的界定是：

---

① （汉）郑玄注、（唐）贾公彦疏：《周礼注疏》卷10《大司徒》，李学勤主编《十三经注疏》标点本，北京大学出版社，1999年，第266页。

② "八刑即反八行而丽于罪，各以其罪名之。"详见（元）脱脱等：《宋史》卷157《选举三》，第3668页。

③ 释曰：……上三物有六德、六行、六艺，六德、六艺不设刑，独于六行设刑者，郑注《师氏》云："在身为德，施之为行。"德为在身，不施于物，六艺亦是在身之能，不施于人，故二者不设刑。其行并是施之于人，故禁其恐有愆负，故设刑以防之也。造言乱民，民中特害，故六行之外，别加此二刑。详见《周礼注疏》卷10，第268页。

诸谋反、谋叛、谋大逆（子孙同），及大不恭、诋讪宗庙、指斥乘舆，为不忠之刑。恶逆，诅骂、告言祖父母父母，别［籍］异财、供养有阙、居丧作乐自娶、释服匿哀，为不孝之刑。不恭其兄、不友其弟、姊妹叔嫂相犯罪杖，为不悌之刑。杀人、略人、放火、强奸、强盗若窃盗杖，及不道，为不和之刑。（第 14—15 行）

而犯有不睦、不姻、不任、不恤四刑者，尚有改正自新的机会，可称之为"轻四刑"。碑文列明：

诸士有犯不忠、不孝、不悌、不和，终身不齿，不得入学。不睦十年，不姻八年，不任五年，不恤三年，能改过自新、不犯罪，而有二行之实，耆邻保伍［申］县，县令佐审察听入学。在学一年，又不犯第三等罚，听齿于诸生之列。（第 19 行）

值得注意的是，"八刑"排序与"八行"并不一致。因宋代"八行"（孝、悌、睦、姻、任、恤、忠、和）融周代"六行"（孝、友、睦、姻、任、恤）和"六德"中二德（忠、和）为一体，尽管"孝、悌、忠、和"被定为上四行，不过在八行排序上，仍遵循《周礼》六行顺序，但对"八刑"却重新编序，将"不忠"列于首位，再依次为不孝、不悌、不和、不睦、不姻、不任、不恤。从改过的条件看（不睦十年，不姻八年，不任五年，不恤三年），其顺序是按罪责重轻排列，未与"八行"顺序对应。

三是以"刑"统"罪"。宋代的"八刑"是一种新的罪名创制。《周礼》称"教万民而宾兴以六德六行，否则，威之以不孝不悌之刑"，并没有与"六行"对应的"六刑"。而宋代的"八行"和"八刑"在称谓上是一种对应关系，从内容看，罪刑设定较为特殊，是以"刑"统"罪"。

自唐代以来，谋反、谋大逆、谋叛、恶逆、不道、大不敬、不孝、不睦、不义、内乱等"十恶"重罪便列于《名例》篇首，所谓"五刑之中，十恶尤切，亏损名教，毁裂冠冕，特标篇首，以为明诫。其数甚恶者，事类有十，故称十恶"。[①]《宋刑

---

① （唐）长孙无忌等：《唐律疏议》卷 1《名例》，岳纯之点校，上海古籍出版社，2013 年，第 6 页。

统》亦是如此规定。①

宋代"八刑"与"十恶"中罪名同见者有"不孝""不睦"二罪，但内涵却不尽相同。列居"八行"之首的"孝"定义简洁宽泛，"善父母为孝"，此与律文解释相近。② 而"不孝"在"八刑"中是指：

> 恶逆，诅骂、告言祖父母父母，别[籍]异财、供养有阙、居丧作乐自娶、释服匿哀，为不孝之刑。（第14行）

《宋刑统》对"不孝"之罪的解释是：

> 七曰不孝。谓告言、诅詈祖父母、父母，及祖父母父母在，别籍异财，若供养有阙；居父母丧，身自嫁娶，若作乐，释服从吉；闻祖父母、父母丧匿不举哀，及诈称祖父母、父母死。③

可见，"八刑"中的"不孝"较"十恶"中的"不孝"多出"恶逆"罪名，其他文字表述相对简省。而"不孝之刑"中包括的"恶逆"，是"十恶"中独立罪名，且位列第四：

> 四曰恶逆。谓殴及谋杀祖父母、父母，杀伯叔父母、姑、兄姊、外祖父母、夫、夫之祖父母、父母者。④

同理，"不睦"在宋代学规和《宋刑统》中的定义也不尽一致：

> 谋杀及卖略缌麻以上[亲]，殴告大功以上尊长、小功尊属，若内乱，为不睦之刑。（第15行）

---

① （宋）窦仪等：《宋刑统》，卷1《名例律》，吴翔如点校，中华书局，1984年，第7页。以下省略编、校及出版信息。
② "七曰不孝。议曰：善事父母曰孝，既有违犯，是名不孝。"见《宋刑统》卷1《名例律》，第11页。
③ 《宋刑统》卷1《名例律》，第7页。
④ 《宋刑统》卷1《名例律》，第6页。

八曰不睦。谓谋杀及卖缌麻以上亲，殴告夫及大功以上尊长、小功尊属。①

"八刑"中的"不睦"除与"十恶"中的"不睦"内容基本相同外，还统摄了"十恶"中的"内乱"罪。②

上述"八刑"中的"不孝之刑""不睦之刑"均是"一刑统二罪"，而位居"八刑"之首的"不忠之刑"，更是包容了四罪：

诸谋反、谋叛、谋大逆（子孙同），及大不恭、诋讪宗庙、指斥乘舆，为不忠之刑。（第 14 行）

"不忠之刑"涵盖了《宋刑统》"十恶"中的四个罪名，分别为：

一曰谋反。谓谋危社稷。
三曰谋叛。谓谋背国从伪。
二曰谋大逆。谓谋毁宗庙、山陵及宫阙。
······
六曰大不恭。谓盗大祀神御之物、乘舆服御物，盗及伪造御宝，合和御药误不如本方，及封题误。若造御膳，误犯食禁；御幸舟船误不牢固，指斥乘舆，情理切害，及对捍制使而无人臣之礼。③

除了"不义"外，"十恶"中的九恶罪名均为"八刑"所统。当然，被"八刑"所统收之罪并不局限于"十恶"，也广及户婚、贼盗、诈伪等门类。如"轻四刑"之一的"不姻之刑"：

诅骂告言外祖父母，与外姻有服亲、同母异父亲，若妻之尊属相犯至徒，违律为婚，停妻娶妻，若无罪出妻，为不姻［之］刑。（第 16 行）

---

① 《宋刑统》卷 1《名例律》，第 7 页。
② "十曰内乱。谓奸小功以上亲、父祖妾，及与和者。"见《宋刑统》卷 1《名例律》，第 7 页。
③ 《宋刑统》卷 1《名例律》，第 6 页。

条理"不姻之行"的内容，当是对《宋刑统·户婚律》中"同姓及外姻有服共为婚姻""违律为婚""婚嫁妄冒""和娶人妻"等诸门内容的整合概括。①

从上述内容看，"八行八刑条制"的罪刑设定与《宋刑统》明显不同，成为一种有别于通行法的特别条令。因是针对"诸士"即官员的后备军而专门创制的法令，"八行八刑条制"对诸罪的统摄，以及对罪行列举的精简，并不影响通行法的权威。但对"诸士"而言，"八行八刑条制"具有优先适用性。

三、《八行八刑条制碑》的程序特色

(一) 御制、御笔和立碑时间节点

从《大观圣作之碑》碑文，可推测立碑所据的"文本"有两种：一是大观元年(1107)"制为法度，颁之校学"的"御制"《八行八刑条制》②，另一是"御笔"八行诏旨，即李时雍奉敕摹写的徽宗御笔手书《大观圣作之碑》。据碑文"大观元年九月十八日资政殿学士、兼侍读臣郑居中奏乞以御笔八行诏旨，摹刻于石，立之宫学，次及太学辟雍、天下郡邑。二年八月二十九日奉御笔赐臣礼部尚书兼侍讲久中，令以所赐刻石"(21—23行)，通行于学校的"八行诏旨"(即御制《八行八刑条制》)在大观元年已经实施，郑居中在当年九月十八日奏乞，但为何在将近一年后才获赐御书，其原因不明，此后才有了蔡京题额、李时雍奉敕摹写的《大观圣作之碑》(即"御笔八行诏旨")，故摹刻徽宗手书的碑文，刻立时间不会早于获赐准刻的时间——大观二年八月二十九日。

但检之金石文献及方志，确存在大观"二年八月二十九日"这一时间节点前的"大观圣作之碑"，同时还可发现，"大观圣作之碑"并非始于大观二年(1108)(见表1)。相同内容的学规也曾以"八行八刑条制碑"等名目出现(见表2)。因此而产生的两个问题，一是"大观二年八月二十九日"之前和之后所刻的"大观圣作之碑"是否基于同一文本？二是"八行八刑条制碑"与"大观圣作之碑"能否等同？

---

① 《宋刑统》卷13、14《户婚律》，第212—229页。
② "《八行八刑条》一卷，大观元年御制"，载《宋史》卷204《艺文志三》"刑法类"，第5143页。

表 1 志书所载《大观圣作之碑》列表①

序号	标注时间	立石地点	碑石尺寸	行 款	资料来源
1	大观元年九月	山东临朐县学	1 丈 * 3.9 尺		《山左金石志》卷 17。《寰宇访碑录》卷 8 作"大观二年九月"
2	大观元年立	河北威县文庙先师殿左南	"今石碎,文不全"		嘉靖《威县志》卷 2
3	大观元年	山西泽州府庙学			雍正《泽州府志》卷 44
4	大观二年六月	河南宝丰,佚			嘉庆《宝丰县志》卷 15
5	大观二年八月二十九日	陕西兴平市文化馆	刻于隋《贺若谊碑》之阴,312 * 105 * 31	24 行,满行 136 字,前列诏旨,次列"八行"科条	《金石萃编》卷 146;《咸阳碑刻》第 86 页
6	大观二年八月二十九日	原在陕西乾县文庙,现藏西安碑林	378 * 140 * 30	28 行,满行 69 字	《西安碑林全集》第 28—30 页
7	大观二年八月二十九日	旧在安邑文庙,1984 年迁山西运城市博物馆	408 * 126 * 46 + 76	28 行,满行 73 字,碑文残泐约四分之一	《山西碑碣》第 218 页
8	大观二年八月	原立于山东泰安文庙,1973 年移岱庙	450 * 155 * 41 + 110	20 行,满行 71 字。正文后刻年月 2 行,诸臣衔名 4 行	《泰山石刻》第 409 页
9	大观二年九月	河北邢台府学			光绪《邢台县志》卷 8
10	大观二年	河北赵县赵州镇石塔东路原文庙遗址	利用唐大历九年(774)《大唐何公德政碑》改制。螭首龟趺,480 * 157 * 55 + 80	20 行,满行 71 字	《中国文物地图集·河北分册》第 540 页

① 表中所列诸碑额均为"大观圣作之碑",特省略。金石志所载尺寸为尺、丈单位者,因古今度量单位不统一仍保留原式。未标注者为厘米,其顺序为高、宽、厚。尺寸后带"+"者,表示龟趺高度,如第 10 号"480 * 157 * 55 + 80",意为碑身高、宽、厚尺寸加碑座尺寸。表 2 同。

（续表）

序号	标注时间	立石地点	碑石尺寸	行　款	资料来源
11	大观二年	河北衡水市安平镇兴贤村人民东街	下部淤埋，地表以上 190 * 125 * 31		《中国文物地图集·河北分册》第 607 页
12	大观二年	原立河北平乡县文庙大成殿前，现存县文化馆	螭首，座佚，430 * 138 * 36		《中国文物地图集·河北分册》第 748 页
13	大观二年	河北武安县文庙			《中原贞石墨影》第 146 页
14	大观二年	河北涉县县署西观音堂内			《中原贞石墨影》第 146 页
15	大观二年	山东诸城文庙大成殿前	9 * 4 尺	"书学博士李时雍奉敕摹写碑文，为天下郡邑通行者，故不录"	乾隆《诸城县志》卷 14；《山左金石志》卷 17
16	大观二年	山东济宁金乡县学宫			《济宁直隶州续志》卷 19
17	大观二年	山西繁峙城南旧城遗址高台地上	圆首龟趺，430 * 135 * 50	20 行，满行 71 字，下半部漫漶严重	光绪《繁峙县志》卷 4；《山右石刻丛编》卷 6
18	大观二年	山西长治府学，佚			光绪《长治县志》卷 4
19	大观二年始刻，宣和三年（1121）完成	河南新乡红旗区人民政府（原县文庙）内	447 * 124 * 30		《河南碑刻类编》第 121 页
20	大观二年	原立偃师老城宋代学宫，现存偃师商城博物馆	324 * 128 * 30	27 行，满行 71 字	
21	大观二年	旧在县署西侧，佚	313 * 137		

（续表）

序号	标注时间	立石地点	碑石尺寸	行　款	资料来源
22	大观二年				《至大金陵新志》卷12下
23	大观年间	陕西武功县学	刻于唐天宝四载(745)《任令则碑》之阴，233 * 117		《中国历代名碑释要》第1062页

　　根据时间节点"大观二年八月二十九日"判断，表1中的第1—4号碑，显然不可能是"大观圣作之碑"，应为《八行八刑条制碑》。诸志将两碑混淆，当是基于两碑的主体内容均为"御制八行八刑条制"。由于《大观圣作之碑》系奉御笔"令以所赐刻石"，各碑行数、格式应与御制原本相近，但表1中同样标注"大观二年八月二十九日"时间的碑文，却有20行（第8、10、17号）、24行（第5号）、27行（第20号）和28行（第6、7号）之不同。其中标为20行的是仅计前4行"八行诏旨"和5—20行的"八行八刑之制"的科条正文；计为24行者是在前20行基础上加上郑居中奏乞、郑久中奉御笔赐3行及刻石责任者1行；计为28行者是在前24行基础上，加奉敕摹写、题额及诸礼部官员的责任签署；计为27行者是缺少刻碑责任者一行所致。

表2　志书所载《八行八刑条制碑》列表

序号	碑　名	时间、地点	额题、尺寸	行款、格式	资料来源
1	八行八刑条制碑	大观元年(1107)六月，山东观城县学	御制八行八刑条制，7.4 * 3尺	32行，首尾为尚书省牒，后列令丞尉簿诸衔名。	《山左金石志》卷17
2	八行八刑敕令碑	大观元年□月十九日敕，浙江武义			嘉靖《武义县志》卷2
3	八行八刑碑	大观元年立，浙江东阳			道光《东阳县志》卷10
4	大观辟雍诏	大观元年，山东巨野			《寰宇访碑录》卷8

（续表）

序号	碑　名	时间、地点	额题、尺寸	行款、格式	资料来源
5	学校八行八刑碑	大观二年（1108）四月，原立陕西淳化中学（明代庙学遗址），现藏淳化县文化馆	额楷"耀州淳化县御制学校八行八刑之碑"，螭首圭额，270＊100＊29	27行，满文60字	乾隆《淳化县志》卷23；《金石萃编》卷146
6	御制八行八刑条碑	大观二年五月，陕西高陵，佚	篆额，连额8.2＊3.45尺	30行，满文59字，知县张璱奉敕建	嘉靖《高陵县志》卷1；《金石萃编》卷146
7	御制学校八行八刑条	大观二年十月二十五日奉御笔建，陕西临潼	7.8＊4.1尺	34行，满文51字，总1475字，王电正书	《金石萃编》卷146；《关中金石记》卷6
8	八行八刑碑	大观二年十月，河南临颍			《寰宇访碑录》卷8
9	八行八刑碑	大观三年（1109）八月，河南荥阳			《寰宇访碑录》卷8；《中州金石目》卷3
10	八行八刑碑	大观三年八月，河南灵宝朱阳故城			《寰宇访碑录》卷8；光绪《灵宝县志》卷3
11	御批颁学立八行八刑敕令碑	大观年间（1107—1110），浙江兰溪			万历《兰溪县志》卷3
12	钦颁八行八刑条	政和三年（1113）七月，江苏昆山		陈光庭行书	《寰宇访碑录》卷8；同治《苏州府志》卷140
13	御制八行八刑碑	绍定二年（1229）	广州文庙大成殿下	经略方淙庭立石	大德《南海志》卷9

　　表2中碑名有"八行八刑碑""八行八刑条制碑""八行八刑敕令碑"等不同称谓，但含义大略相同。"八行八刑碑"基于碑文的主体内容。"条制"意为

条制、条例、制度，也可简称为"条"。① "敕令"指帝王所发布的命令、法令、诏令，此称意在强调科条的效力来源。表 2 中各碑行数差异较大，有 27、30、32、34 等数种，缺乏规律性。

根据《皇宋通鉴长编纪事本末》(以下简称《本末》)的记载，可大致了解大观元年"八行取士"推进步骤及"八行八刑条制"刻石情况：

> 三月甲辰，诏以八行取士。
>
> 六月庚午，御笔令诸州学以御制八行八刑刻石。从江东转运副使家彬奏请也。
>
> 八月庚午，资政殿学士、中太一宫使兼侍读郑居中乞以所赐御书八行八刑模刻于石，立之学宫。从之。
>
> 十二月壬午，御笔："八行八刑之士，所在皆得以名闻，不限在学不在学，令学制局申明行下。"从提举福建路学事陈汝锡奏请。
>
> 四年……②

根据《本末》所载，《八行八刑条制碑》的首次刻立应在大观元年六月之后，与表 2 所载基本相符。但《本末》所记"御书八行八刑模刻于石"的时间与《大观圣作之碑》所载的时间节点有所不同。

《本末》所记郑居中奏乞时间为元年八月，较《大观圣作之碑》所记大观元年九月十八日提前了一个月；"从之"的时间不明，但就文字排列形式看，会被误认为是当年之事。《本末》编者将六月和八月的两次刻石除表述有"御制"和"御书"之细微差别外，几可等同视之。综合来看，《本末》所载奏乞时间可信度不高，当以《大观圣作之碑》所载为准。

据此也可以解释表 1 中 1—4 号碑的正误。1 号碑时间标为"大观元年九月"，但《寰宇访碑记》作"大观二年九月"，③应是传抄时出现的笔误。2、3 号碑均注为"大观元年"，4 号碑为"大观二年六月"，按时间节点进行分析，此三

---

① (宋) 欧阳修《归田录》卷 2 载："真宗尤重儒学，今科场条制，皆当时所定。"载《欧阳修全集》卷 127，李逸安点校，中华书局，2001 年，第 5 册第 1929 页。

② (宋) 杨仲良：《皇宋通鉴长编纪事本末》卷 126，台湾商务印书馆，第 9 册第 3913—3914 页。

③ (清) 孙星衍：《寰宇访碑记》卷 8，载林荣华校编：《石刻史料新编》第 1 辑第 26 册，台湾新文丰出版公司，1982 年，第 19968 页。

碑均应是御制《八行八刑条制碑》，而非具有瘦金体风格的御笔《大观圣作之碑》。

《本末》所记十月"御笔"内容，也有助于判定《八行八刑条制碑》的刊刻时间和缘由，这也是《八行八刑条制碑》持续刊刻的时间更长且不局限于州学的一个政策解释。

（二）立法链条中的学规

《大观圣作之碑》刻立于大观二年（1108），但碑文中的主体内容在数年前已开始实施。史载崇宁五年（1106）著令："……如有孝、悌、睦、姻、任、恤、忠、和，若行能尤异为乡里所推，县上之州，免试入学。州守贰若教授询审无谬，即保任入贡，具实以闻，不实者坐罪有差。"①再经大观元年（1107）三月颁"八行取士诏"，六月"御笔令诸州学以御制八行八刑刻石"，至此，"八行八刑条制"的内容渐趋定型。

另"八行八刑之制"也是宋代学制改革系列立法中的一个环节。宋代哲宗（1066—1085 在位）、神宗（1086—1100 在位）、徽宗（1101—1125 在位）时期，学令频出，规制多变。"八行八刑之制"实施的基础是三舍法。"三舍法"是北宋王安石变法内容之一，主张用学校教育取代科举考试，把太学分为外舍、内舍、上舍三等。史载元丰二年（1079）十二月御史中丞李定等言："……今酌《周官》书考宾兴之意，为太学三舍选察升补之法，上《国子监敕式令》并《学令》，凡百四十条。"诏行之。②

除三舍选察升补法、八行八刑条制外，与学制有关的立法举措见之记载者如"元丰二年（1079），颁《学令》"、③"元祐新令，罢推恩之制"。④ 绍圣三年（1096），"蔡京上所修《内外学制》，始颁诸天下"。⑤ 元符二年（1099），"初令诸

---

① 《宋史》卷 157《选举三》，第 3664 页。
② （清）毕沅：《续资治通鉴》卷 74，线装书局，第 4 册第 2098 页。
③ 元丰二年，颁《学令》："太学置八十斋，斋各五楹，容三十人。外舍生二千人，内舍生三百人，上舍生百人。月一私试，岁一公试，补内舍生；间岁一舍试，补上舍生，弥封、誊录如贡举法；而上舍试则学官不预考校。公试，外舍生入第一、第二等，升内舍；内舍生试入优、平二等，升上舍：皆参考所书行艺乃升。上舍分三等。"详见《宋史》卷 157《选举三》，第 3660 页。
④ 《宋史》卷 157《选举三》，第 3661 页。
⑤ 《宋史》卷 157《选举三》，第 3662 页。

州行三舍法,考选、升补,悉如太学"。①　崇宁三年(1104),"始定诸路增养县学弟子员,大县五十人,中县四十人,小县三十人。凡州县学生曾经公、私试者复其身,内舍免户役,上舍仍免借借如官户法"。②

另"八行八刑条制"内容依附其他条令的情况不在少数。碑文第 6 行"考验不虚,保明申州如令",第 7 行"士有全备八行,保明如令,不以时随奏",文中的"如令"当指依据已行的学令,而非如汉代文书中常见的"如律令"之类的惯用语。碑文第 10 行规定州学内的晋升法,"内舍在州学半年不犯第二等罚升为上舍;外舍一年不犯第三等罚升为内舍,仍准上法",文中所述第二等、三等罚和"仍准上法",以及碑文第 11 行提到的太学上等法(贡士释褐法)、太学中等法、官户法等,均显示出新立学规与前学规的互补性,亦可说明宋代的学制改革是通过系列立法的形式推进的。③

(三) 程序、公文和效力

前文所述碑文对八行、八刑的界定及法律特色的分析等均属对实体性规定的探讨。从法律的视角看,程序内容具有不可或缺性。在《大观圣作之碑》中,科条的制定与生效过程,对"诸士"的推举与考核等,均具有程序性特色。

碑文中所条列的对"诸士"的推举与考核过程,其特色可以概括为始于县乡,逐级荐举,强化考验。《周礼》所述"宾兴之法"强调乡大夫举其贤能者,宋代推行的八行之制也将基层荐举视为重要步骤。碑文第 6 行规定由县学入州学的条件是:"耆邻保伍以行实申县,县令、佐审察,延入县学,考验不虚,保明申州如令。"第 19 行对犯有"轻四刑"的改过救济途径,也是始于基层:"能改过自新,不犯罪,而有二行之实,耆邻保伍[申]县,县令佐审察听入学。"至于相关复验、考核程序,碑文第 7、11 行等,均有明确规定。

科条制定的目的和经过在碑文第 2—4 行有简略交待,明确规条源自圣裁。但细审碑文,仍有两个地方不甚明确:一是"制为法度,颁之校学"。前

---

① 《宋史》卷 157《选举三》,第 3662 页。
② 《宋史》卷 157《选举三》,第 3663 页。
③ 《宋史·艺文志》"刑法类"所载学规法令类书目尚有:李定《元丰新修国子监大学小学元新格》10 卷、大观初年《诸路州县学法》《国子大学辟雍并小学敕令格式申明一时指挥目录看详》168 册、《崇宁学制》1 卷(徽宗学校新法)等。详见《宋史》卷 204,第 5141—5143 页。

四字易明，为"八行八刑之制"；但法度如何"颁之校学"，文中并未交待。另一个也与此相关，"以御笔八行诏旨，摹刻于石，立之宫学，次及太学辟雍、天下郡邑"，这个过程如何推进也未明确。但从碑文主体和大观元年始刻的《八行八刑条制碑》，御制学规的颁行路径可以大致复原。

志书所载《八行八刑条制碑》与《大观圣作之碑》的一个显著不同是，在"立规诏旨"前附有一段公文，这也是《八行八刑条制碑》具有独特史料价值的关键所在。

原立于陕西淳化中学（明代庙学遗址）的《学校八行八刑碑》刻于大观二年四月，额楷书"耀州淳化县御制学校八行八刑之碑"（见图3），碑文前后部分与《大观圣作之碑》均有不同：

图3　刻于大观二年四月的淳化县《御制学校八行八刑之碑》。左为碑石现状，右为拓本。①

① 左图为2017年10月28日笔者摄于陕西淳化县文化馆。螭首圭额，碑身断为两截，略有残缺，嵌于墙内。高、宽、厚尺寸为270、100、29厘米。拓片采自姚生民、姚晓平编著：《淳化金石文存》，第176页。

01　准大观元年三月十九日

02　敕。中书省据学制局状，准本局承受送到　内降奉

03　御笔一道：学以善风俗、明人伦，而人材所自出也……

……

25　　　　　佐审察，听入学。在学一年又不犯第三等罚，听齿于诸生之列。

26　　　　　　　　大观二年四月十五日，将士郎、耀州华原县主簿、管勾学司、权淳化县簿尉，臣郑仲光书丹

27　　　　　　　　　从事郎、知耀州淳化县事、管勾学事、兼管勾劝农事，臣刘云立石。①

江苏句容《八行八刑条碑》的格式更为复杂，主体条制内容前后均附有公文：

准大观元年三月十九日敕。中书据学制局状申，准本局承受送到内降御笔批一道："学制内有学人与贡士同试合格者，上等升二等差遣，文行优者取旨推恩，中等赴殿试，其上等升差道，虽优而无赐出身之文，可于升二等差遣字下添入，仍使上舍出身。"一道：（文略）。奉敕如右，牒到奉行。前批三月二十日午时付礼部施行，仍关合属去处。

其中"文略"部分，即为"八行八刑条制"内容。从前后文序看，"八行八刑条制"是"敕书"公文的一部分。

结合碑文末尾的官员署衔，可以看出御制学规的下达路径大致是：诏书经中书省宣奉行后交付礼部学制局，礼部官员在其后署衔实施，再由进奏院②下发到各路转运司和州级行政单位，再进而传达给下一级的行政单位。立碑官员的题署，即学规落实的责任主体。《大观圣作之碑》"立之宫学，次及太学

① 碑现藏陕西淳化县文化馆，螭首圭额，碑身断为两截，略有残缺。高、宽、厚尺寸为270 * 100 * 29厘米。录文可参见姚生民、姚晓平编著：《淳化金石文存》，三秦出版社，2010年，第82页。

② "进奏院掌受诏敕及三省、枢密院宣札，六曹、寺监、百司符牒，颁降于诸路及州府军监。"参见刘琳、刁忠民等校点：《宋会要辑稿·职官二》，上海古籍出版社，2014年，第3014页。

辟雍、天下郡邑"(第22行)的过程，也当是如此。

由此，我们对《八行八刑条制碑》和《大观圣作之碑》的同异有了较明晰的了解。两碑的相同处为《大观圣作之碑》碑文的前20行内容(即1—4行的立规诏旨，以及5—20的"八行八刑条制")，因为是圣裁御制，可称为"御制学规"或"御制八行八刑条制"。但两碑的刻立时间，碑文主体前后的附文、碑额、碑文书法、格式等均有所不同。

从刻石的先后顺序看，《八行八刑条制碑》出现得早，持续时间相对长些；《大观圣作之碑》晚于《八行八刑条制碑》一年多，集中出现于大观二年。

从碑额看，《大观圣作之碑》碑额统一，均为蔡京题写"大观圣作之碑"6字；而《八行八刑条制碑》的碑额字数、体式不一，碑额中可见"御制"字样，但未见"大观"或"圣作"字样。表2中所列碑名多依据碑额文字，由此可证"大观圣作之碑"专指性强，御书瘦金体碑文、蔡京题额等都是必要的标志。尽管"圣作"与"御制"词意相近，均释为帝王之作，但在宋代碑石上，"圣作"与"御笔"的含义更为近同，所强调的是御制加御书。但《大观圣作之碑》的御书瘦金体并非通篇碑文，仅1—20行为御笔，这也是表1中有计正文为20行的依据。

两碑的不同之处是，始刻于大观元年六月的《八行八刑条制碑》附录有学规颁行过程的公文，此是学规效力来源的证明；而大观二年八月二十九日以后刊刻的《大观圣作之碑》因为是御笔手书，"圣作"效力自带，无需另行公文证明，故其颁行的过程可以省略。但因碑文并非直接源自御笔圣作，而是李时雍奉敕摹写，故21—23行又补充说明了"郑居中奏乞以御笔八行诏旨摹刻于石"的请求及获准时间。之后数行罗列题额者、摹刻者及及学规颁发机构——礼部官员职署，也是对摹刻御书等同于御书效力的责任认同及程序交待。①

综上，《八行八刑条制碑》为御制但非御书，《大观圣作之碑》为主体内容御制御书。前碑以谨附诏旨传达程序取胜，后者以圣作书法见长。由于公文和条规类碑石历来书法鉴赏意义不大，加之历代文人辑录文章时有重实体内

---

① 诸《大观圣作之碑》文末官员排列顺序有所不同。西安碑林《大观圣作之碑》李时雍和蔡京题署间隔2行，而陕西兴平市文化馆《大观圣作之碑》李时雍和蔡京题署接排。

容、忽略程序的惯习，《八行八刑条制碑》独立存在的意义几被忽略，以致目前存世的《八行八刑条制碑》，远少于《大观圣作之碑》。

　　本文之所以费力辨析《八行八刑条制碑》与《大观圣作之碑》之异同，以及"御制"与"御书"的差异，也意在探寻法律碑刻的制度属性——碑石的功能和效力是如何通过"程序"体现的。

第五章　行政授权：宋代碑石上的公文与规条

　　宋代碑石上的规章、条令往往不是独立的存在。宋代《千仓渠水利奏立科条碑》上的"奏立"程序和公文，《范文正公义庄规矩碑》上的公文体式和公文，与刻于一石的条规紧密关联，并呈现公文前置的样态。从法律的视角看，规条是具有约束力的法律规范，可以独立存在；从行政的角度分析，规章是公文的附属，记载规章生效过程和行政授权的公文更具有主体地位。这种理解的差异，是基于从管理者和被管理者的不同角度。故只有对史料进行多角度的全景性分析，才能得出相对客观的结论。受传统文献载录方式的影响，人们往往注重规章条款的内容；即使在公文和规条并存的情况下，也往往忽视公文在行政授权方面的法律意义。碑刻史料具有程式和内容并重的特色，为我们了解古代行政授权的复合性，提供了珍贵的一手资料。

一、《千仓渠水利奏立科条碑》中的"奏立"

　　古代水利条规碑的命名方法一般表现为以地名加文体形式。地名表示条规的适用对象和范围，如县村、渠域及水神庙等。以宋元丰元年（1078）《淮源庙条约》、明万历十六年（1588）《介休县水利条规碑》为例，淮源庙、介休县均表示地点，条约、水利条规为文体，该文体的实施对象和界域分别为淮源庙的信仰群体和介休县百姓。此外还有一些强调程序的特殊命名法，如宋熙宁三年（1070）《千仓渠水利奏立科条碑》（以下简称《科条碑》，见图1），"千仓渠"指明适用的渠域范围，北宋为京西路孟州济源县（今河南济源东部）境内；"科条"指条例、章程；"水利奏立科条"中的"奏立"二字，乃特别强调水利规范形成的行政程序。在水利规章碑命名中凸显行政流程者，目前宋代仅见于此碑，而明代类似碑刻渐多，如嘉靖二十二年(1543)山西太原《申明水利禁例公移碑记》、万历三十二年(1604)河南沁阳《广济渠申详条款碑》，碑名中的"申明""公移""申详"等，均是强调规章制定生效的行政程序。

正如碑名所示，《科条碑》分为两部分：一是科条"奏立"过程，以五个套叠往来的公文记述水利规章形成和获批生效的经过；一是千仓渠水利管理条规，记有十条。而已有的研究多关注十条规则出台的背景、内容、效力，少有对"奏立"程序的分析。① 实际上，奏立程序和科条内容，两者不能截然分开。

(一)"奏立"中的公文运行

科条的生成，有清晰的行政运行路径，经过两次上行，即吴充奏札和陈知俭具状申奏；两次下行，即两次圣旨批示；一次平行兼下行，即司农寺②关牒各属。详见碑文如下：

　　01 □　　帖济源县

　　02 准　司农寺牒。准熙宁三年八月二十七日　中书札子，提举京西路常平广惠仓兼管勾农田水利差役事殿中丞陈知俭状。

　　03 准　中书札子。准三司使公事吴充札子。奏：臣任京西转运使日，窃见孟州济源县旧有渠堰，传沿为唐河阳节度使温造壅济水

　　04 以溉民田，谓之千仓渠，岁久堙废。本州引此水灌城壕池沼、植蒲莲之外，大姓以水碨专其利者久矣。臣遂使济源县种诊募民，兴

　　05 复渠堰。堰成，民得种稻。乡时亩为钱百余者，今几贰仟钱，则

---

① 周宝珠在《千仓渠科条碑记与宋代农田水法》一文中，虽注意到《科条》全文得以保存，但该文仅录载科条内容并分析其特点，及科条规定与王安石变法措施的关联，对"奏立"部分未见分析。详见周宝珠《千仓渠科条碑记与宋代农田水法》，载《历史研究》1995年第6期。吴漫《〈千仓渠水利奏立科条碑〉与严格的水管理》一文主要强调科条的价值和功能。在该文第二部分"千仓渠之利与熙宁三年科条的奏立"中引述陈知俭将十项科条上报朝廷之事，在第四部分《千仓渠水利奏立科条》的逻辑意蕴中提到"科条"制定时的实地调查过程，但总体看，对"奏立"程序仅是简单提及，缺乏分析。详见吴漫《〈千仓渠水利奏立科条碑〉与严格的水管理》，载《历史文献研究》2015年第1期，第141—150页。
② 司农寺之名始于北齐。详见《通典·职官》卷8《司农卿》。北宋沿置，"掌供籍田九种，大中小祀供豸及蔬果、明房油，兴平粜、利农之事……熙宁二年，置制置条例司，立常平敛散法，遣诸路提举官推之。三年五月，诏置司均天下之财，以常平新法付司农寺，增置丞、簿，而农田水利、免役、保甲等法，悉自司农讲行"。详见《宋史》卷165《职官五》，中华书局，1977年，第3904页。

图 1　熙宁三年《济源县牒》拓本①

———————————

① 《济源县牒》即《千仓渠水利奏立科条碑》中的"奏立"等公文部分，此拓后附科条内容不完整。图采自北京图书馆金石组编：《北京图书馆藏中国历代石刻拓本汇编》第 39 册，中州古籍出版社，1997 年，第 42 页。拓片尺寸高 142、宽 71 厘米。因该拓不完整，碑文 27 行以后内容无法按格式整理。

厚薄可见。然用水多少未有限约，而害渠堰之利者，常在水碨之家。及

06 引水入州城，经数拾里，水行地上，堤道小不如法，则皆决注散溢。以此民之所用，不得其半，亦可惜也。□□□指挥本务邢提举官

07 壹员，亲诣地头，询求利害，立为科条。民上下均停浸灌，以息争讼。务令经久，不为豪有力者窥伺其利。□□□□□降敕命指挥，仍

08 令本县令佐衔、位中书管勾渠堰，所贵用心，取进止。右奉

09 圣旨：宜令京西路提举官依三司上项奏请事理，具合立科条闻奏。札付提举京西路常平广惠仓司，准此。□□□□孟州济源县

10 亲诣地头，询访利害，勾集稻田人户，立定科条，谨具画一如后。知俭询访到上件利害，立到科条，并在前项开□□画地图壹本□

11 连在前。知俭契勘上件，济渎昨自嘉祐八年兴复古千仓渠，堰水种稻，民甚获利。后来止因豪民要济水专□□□□，将入州城泉

12 水盗决入溴河，致得州城水小。于治平二年，本州差官下县点检，而所差官不究盗水之弊，遂于济水作堰，□□其石堰分减水利，

13 因此千仓渠稻田渐成废坏。况民间兴置水田，各别置牛具，增添农器，费用不少。昨来止得二年之利，各已□□，因此多下资本，破

14 坏家业，至今未得复旧。及后来分减水势之后，用水不足，人户争讼多日，不能为利之久，而为害已至矣。今□□立上项条约，已具

15 状申奏。况朝廷更赐详酌，如可施行，乞降敕指挥，降下孟州遵守，并下转运、提刑司，常切觉察，及乞依吴充奏。□令本□□□□

16 中带管勾渠堰，以为永远之利。奏闻去讫。今先具询访到利害共壹拾件，逐件各别立条约于后，右进呈。

17 圣旨：宜令京西转运司并依所奏施行。札付司农寺，准此。牒请一依　中书札子指挥施行。关牒合属去处，照会施行。

18 　今将前项利害各立科条如后：

19 　　一、济水更不分入济河，并入千仓渠浇灌稻田。

20 　　一、孟州城池只用济河泉水，常于龙港沟点检，不得令人盗决。如遇大旱水小，亦不得于千仓渠济水内分减。

21 　　一、怀州更不分济水入州城。如遇开闸，水还济河，许依旧通流。

22　一、龙潭水自来合济水入千仓渠，不得引入别河、兴置水磨
　　　等分减水势。如依旧却还千仓渠者，即许使用。

23　一、于济水上源旧石闼处置闸一座。每年正月拾伍日已后
　　　开闸，水尽入千仓渠。至玖月壹日已后闭闸，水尽入济
　　　河，许水磨

24　户使用。如遇闭闸时月非汛水长，亦许开闸减放。如遇润
　　　月节气早晚不定，至玖月稻田未熟，尚要水浇灌，须候不用
　　　水，亦

25　许开闸。如遇闸有损坏，并系水磨户，昼时修整，不得有悮
　　　稻田使用。每遇开闸并须申县，取稻田人户状实不用水，
　　　委官监

26　视，方得开闸。仍候向去人户修筑堤塘。可以将无用水收
　　　蓄，增置稻田，亦更不开闸，允劝磨使用。

27　一、千仓渠两岸地土，除自嘉祐八年后来至今年已前，已曾
　　　经种及现种稻田地土，先许耕种作水田外，其余并未得兴
　　　作水田。后来年旧田兴作了日，尚有余剩水势，即许众户
　　　申县，相度所剩水势，更可以的实增添多少顷亩。自许里
　　　道已东，沿渠自上及下，从近及远，添展地土。亦不得广有
　　　增添，却致水少，复成争讼。其今来合种水田地土，并委本
　　　县据人户姓名、地段、顷亩、四至，置簿拘管。如有添展，亦
　　　依此施行。

　　一、稻田人户全闸定渠水后，每一时辰浇田一顷，以一闸内
　　　所管田地顷亩通算时辰。如一闸内收水不尽，许以次闸同
　　　共收使，通计顷亩算用时辰。如田土闸一里以外，据顷亩
　　　以五时辰充四时辰。每遇开关并须上下甲头同共照管。
　　　时辰才满，立便开闸，上闸已西郭术地内旧有水口一个，浇
　　　灌见种稻田约四十亩，原不用闸堰，已现定水口阔五寸，深
　　　四寸，并有泉四眼。或水余，旋行闭塞，即不得透水入济
　　　河。其管阡陌道两边，各有引水渠，并许公共引水使用，地
　　　主不得占□，亦不得深凿壕堑。如田段在中间，不近阡陌

道，许于并段上流人户畦隔内通水使用，不得拦占。

一、今来许里道上闸已西，不得更置闸堰，及旧各不得增高。
如上闸已下添移闸堰，并申官取上下邻闸人户定夺，无妨
碍方得添移。

一、沿渠人户分作上流、中流、下流三等。每等各置甲头一
人，以逐等内地土、物力，最关百姓，充管地分内都丈顷亩、
用水时辰、开闭闸堰、供报文字。如敢作弊，敛掠人户钱
物，并行严断。

一、已上所立条约，如州县官吏故有违犯，争夺水势，乞科违
制之罪，仍许人户经转运提刑司陈诉。如稻田人户自相侵
犯，不守条约，乞从违制失定断。①

简述其过程，先是主管全国财政的三司使公事吴充（曾任京西转运使）在
上行奏札中倡立科条之议，指挥本务邢提举官"亲诣地头，询求利害，立为科
条"，并请求"降敕令指挥"。（碑文第 7 行）皇帝对吴充奏札表示认可，圣旨
道："宜令京西路提举官依三司上项奏请事理，具合立科条闻奏。"（碑文第 9
行）当地渠务主管衙署——提举京西路常平广惠仓接到宰相下发的带有圣旨
的中书札子后，积极落实千仓渠之兴利除弊事宜。时任此职者为虞部员外郎
陈知俭。在陈的督办下，"济源县令询访利害，勾集稻田人户，立定科条"。之
后陈又"询访到上件利害，立到科条"。（碑文第 10 行）其推行路径是：济源县
令先征求稻田人户意见初定科条，陈知俭再逐条斟酌完善，最后将科条制定
情况连同科条内容和渠务绘图状申奏，并"乞降敕指挥，降下孟州遵守，并下
转运、提刑司，常切觉察，及乞依吴充奏"。皇帝对"申奏"再以"圣旨"批示：
"宜令京西转运司并依所奏施行。"中书门下再将载有圣旨的中书札子下行相
关部门。其程序见图 2。

经宰相下发两道载有皇帝圣旨的中书札子，水利科条在京西转运司系统

---

① （清）萧应植：《济源县志》卷 6《水利》，乾隆二十六年刊本，载《中国地方志丛书·华北地方》
第 492 号，台北成文出版社，1976 年，第 188—197 页。另左慧元编：《黄河金石录》，黄河水
利出版社，1999 年，第 6—9 页；范天平等编注：《豫西水碑钩沉》，陕西人民出版社，2001 年，
第 288—290 页，也载有此碑碑文。

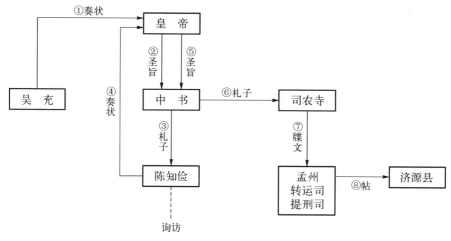

图 2　公文流程示意图①

内已经生效。但仅此还不够，最后一道程序是，司农寺以牒文②形式，将科条奏立的行政流程，连同科条内容，行文各相关部门："牒请一依中书札子指挥施行。关牒合属去处，照会施行。"（碑文第 17 行）

在奏立科条的程序中，涉及的公文种类有奏札、状、中书札子、圣旨、牒五种。尽管促成科条成立和生效的关键性公文是陈知俭的奏状和载有圣旨的中书札子，但实际上，每一个公文环节，对促成科条的生效、实施，都必不可少。

碑文后半部分为十条水利管理规范。其内容系"将前项利害各立科条"，其中所称"前项利害"，即"奏立"过程中交待的千仓渠浇灌稻田自嘉祐八年（1063）以来的兴废情况和相关原因的调查分析，也说明条款内容和奏立过程紧密关联。总括其内容要点，大致有四：

一是以保证渠水浇灌稻田为要务，其余城池用水、兴置水磨等均让位于农田。详见第一条的规定。（碑文第 19 行）

二是严格沿渠用水管理措施，官民职责分立并举。官方负责渠务的监督管理，如第二条强调的"常于龙港沟点检，不得令人盗决"，第五条规定的"每

---

① 此图由中国政法大学历史文献学专业 2013 级硕士研究生安洋制作，特此致谢。
② 牒为上下通用之公文体。《庆元条法事类》对牒的体式有专门规定："某司　牒　某司或某官。某事云云。牒云云。如前列数事，则云'牒件如前'云云。谨牒。具官、姓，书字。内外官司非相统摄者，相移用此式。"（宋）谢深甫编：《庆元条法事类》卷16《文书门一·文书》，戴建国点校，载杨一凡、田涛主编：《中国珍稀法律典籍续编》第 1 册，黑龙江人民出版社，2002 年，第 349 页。

遇开闸并须申县,取稻田人户状实不用水,委官监视,方得开闸"。民间的维护责任强调分段落实,详见第九条的规定。

三是强调官民共管,对有可能影响沿渠户利益的事项,如添移闸堰、新增水田等,申官和民意缺一不可。详见第六条和第八条的规定。

四是明确违犯科条的罪责和申诉途径。官、民违犯科条,定罪有别,如第十条规定的"州县官吏故有违犯,争夺水势,乞科违制之罪,仍许人户经转运、提刑司陈诉。如稻田人户自相侵犯,不守条约,乞从违制失定断"。[①]

(二) 科条"奏立"的法律依据

《科条碑》的面世,尤其是"奏立"程序和科条成型,当是有法律依据的。熙宁二年(1069)十一月颁行的《农田利害条约》(以下简称《条约》)是王安石推行新法的重要法令。[②]《条约》鼓励各级官吏和平民百姓向政府提出兴修农田水利的具体方案,尤其是详细规定了提出方案、措施的行政流程。

《条约》共八条,除第六、七两条是关于费用支出来源和对官员的酬奖、升转程序等规定外,其余各条都有涉及程序的规定。如第一条列明:

> ……但于农田水利事件,并许经管勾官或所属州县陈述,管勾官与本路提刑或转运商量,或委官按视,如是利便,即付州县施行。有碍条贯及计工浩大,或事关数州,即奏取旨……

《条约》第二条规定各县对荒废田土之募垦筹划办法,"各述所见,具为图籍,申送本州。本州看详,如有不以事理,即别委官复检,各具利害开说,牒送管勾官"。第三至五条也就所述内容提出类似的程序要求。第五条特别规定对复杂情况如计工浩大或事关数州的水利事宜筹划之审批程序是"即奏取旨""别具奏闻"。[③]

---

① 有关宋代"违制"和"违制失"的研究,详见潘萍《宋代"违制"初探》,载韩国《中国史研究》第104辑,韩国中国史学会2016年10月,第259—284页。
② 颁行条约事及条约大体内容,见《宋史》卷95《河渠志》,第236页。条约详细条款,参见(清)徐松:《宋会要辑稿》第121册《食货一》,中华书局,2014年,第4815页。漆侠:《王安石变法》(修订本),河北人民出版社,2001年,第263—265页。
③ 《宋会要辑稿》第121册《食货一》,第4815页。

因千仓渠用水属于《条约》明示的"事关数州"的情况，《科条碑》第一条规定"济水更不分入济河，并入千仓渠"、第二条规定"孟州城池只用济河泉水"、第三条规定"怀州更不分济水入州城"，关涉济源县和孟州、怀州城池用水，故可"即奏取旨"。另《条约》中规定"各述所见，具为图籍"的要求，也在《科条碑》中得到体现。联系到《农田利害条约》颁行于熙宁二年十一月，《科条碑》中有"准熙宁三年八月二十七日中书札子"的提示，可以明确两者的位阶，一为全国性的水利规章（指《条约》），一为地方性水利规条（指《科条碑》），后者是京西路（约同今河南省）贯彻、落实中央农田水利规章的结果。

而《科条碑》中也有一些《条约》未备的创制性内容，经过"别具奏闻"的行政流程为朝廷所认可，同时也为朝廷进一步完善《条约》提供了借鉴。熙宁六年（1073）五月六日诏："诸创置水砠碾碓有妨灌溉民田者，以违制论。"①而在《科条碑》中，吴充奏札中的"害渠堰之利者，常在水砠之家"，第四条"龙潭水自来合济水入千仓渠，不得引入别河、兴置水磨等分减水势"，第十条"如州县官吏故有违犯，争夺水势，乞科违制之罪"等规定，当是"熙宁六年诏书"的重要法源。

《科条碑》所载公文运转程序和条规内容清晰完整，但遗憾的是，因碑石不存，所见碑拓不完整，而乾隆《济源县志》所载碑文，并未按照原公文体式移录，公文所必备的时间落款、印押等要素，未能完全体现（参见图3）。现仅可依据行文中的"准熙宁三年八月二十七日中书札子"字样，推测《科条碑》在陈知俭主导下，于熙宁三年立石于济源千仓渠畔。而济源县摹刻上石的公文底本，当是孟州下给济源县的帖文（参见图1及碑文第1行"帖济源县"）。

可以确定的是，刻于碑石上的科条在当地得到长期推行，并取得明显成效。诚如清人所述：

> 今上下堰皆谷雨筑堰，秋分决坝。自谷雨至霜降，无水利地户不得浸灌旱地，分减水势，亦不得妄置水砠。惟折旋原渠、不减原水者，方许置用，益犹陈公之制也。②

---

① 《宋会要辑稿》第125册《食货八》，第4951页。

② （清）唐侍陛等纂：《重修怀庆府志》卷7《千仓渠水科条碑略》案语，乾隆五十四年刻。《千仓渠水科条碑略》署名陈知俭，仅载陈知俭奏状，内容有数处简省，且未录科条部分。

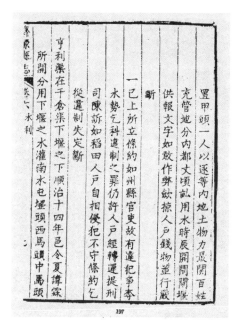

图3　乾隆《济源县志》载录《千仓渠水利奏立科条碑记》形式

文中"无水利地户不得浸灌旱地分减水势，亦不得妄置水磑"，正是对《科条碑》关键条款的凝练；而"陈公之制"，则是当地人对北宋陈知俭奏立水利科条功绩的认可。

二、《范文正公义庄规矩碑》之公文化

（一）碑文及双层结构

宋政和七年（1117）所立《范文正公义庄规矩碑》（以下简称《义庄规矩碑》）原立于江苏吴县天平山白云寺范氏祠堂，现存苏州文庙。碑石下半部文字漫漶难识（见图4），元代至元三十一年（1294）据宋碑重刻。北京图书馆藏有元碑拓片，文字和格式清晰，本文对碑文的分析即以元刻《义庄规矩碑》为据（见图5）。

碑上部额篆"范文正公义庄规矩"8字。碑身四截刻。宋代碑为142行，元代碑增刻5行，总计147行。

元代摹刻《义庄规矩碑》与宋代原石有细微差异。两碑尺寸相近而元碑

图 4　宋代刻《范文正公义庄规矩碑》　　图 5　元代重刻《范文正公义庄规矩碑》拓本①

略小，宋碑高 226 厘米、宽 118 厘米，元碑高 200 厘米、宽 111 厘米；宋碑额略成弧形，元碑为直角。但仔细比较两碑的字体、内容、格式，元碑与宋碑一致，当是元碑依据宋碑拓翻刻。碑文第 143—147 行是元代至元甲午（三十一年）增刻的内容，简略写明翻刻的缘由和立碑责任者。其中"命工以旧本"，意为以宋碑拓本摹制。重刻的责任者范帮瑞、范士贵分别为当时义庄的主祭、提管。

　　因涉及公文格式，特将碑文按原式改横排并加行数、标点移录如下：

　　　　01 文正位

---

① 　图 4 摄于江苏苏州文庙；图 5 引自北京图书馆金石组编：《北京图书馆藏中国历代石刻拓本汇编》第 48 册，第 138 页。

02 勘会：

03 先文正公于平江府兴置义庄，赒给宗族，德泽至厚。

04 其始定规矩虽有板榜，不足久传。及有治平元年所

05 得　　朝旨，亦未揭示族人。兼有后来接续措置可为

06 永式者，未曾刊定。深惧岁久渐至堕废，今尽以编

07 类刻石，置于天平山白云寺

08 先公祠堂之侧，子子孙孙遵承勿替。今具如后。

09　　　　　　治平元年中书札子

10 知开封府襄邑县范纯仁奏："切念臣父仲淹，先任资政殿

11 学士日，于苏州吴、长两县置田拾余顷。其所得租米，自远

12 祖而下诸房宗族计其口数，供给衣食，及婚嫁丧葬之用，

13 谓之义庄。见于诸房选择子弟一名管勾，亦逐旋立定规矩，

14 令诸房遵守。近诸房子弟有不遵规矩之人，州县既无

15 敕条，本家难为伸理，五七年间，渐至废坏，遂使子孙饥寒无

16 依。伏望朝廷特降指挥下苏州，应系诸房子弟有

17 违犯规矩之人，许令官司受理。伏候　　敕旨。"

18　　　　右奉

19　　　　圣旨，宜令苏州依所奏施行。札付苏州，准此。

20 治平元年四月十一日　押。

21　　　　文正公初定规矩

22 一、逐房计口给米，每口日壹胜，并支白米。如支糙米，即临时加折

加折

23　　　　　　支糙米，每斗折白米捌胜。逐月实支，每口白米叁斗。

24 一、男女伍岁以上入口数。

25 一、女使有儿女者，在家及拾伍年，年伍拾岁以上者，听给米。

26 一、冬衣每口壹匹，拾岁以下、伍岁以上各半匹。

27 一、每房许给奴婢米壹口，即不支衣。

28 一、有吉凶增减口数，画时上簿。

29 一、逐房各置请米历子一道，每月末于掌管人处批请，不得预

30　　　　　先隔跨月分支请。掌管人亦置簿拘辖，簿头录诸

31　　　　　　房口数为额。掌管人自将破用，或探支与人，许诸房

32　　　　　　觉察，勒赔填。

33　一、嫁女，支钱叁拾贯柒拾柒陌，下并准此。再嫁，贰拾贯。

34　一、娶妇，支钱贰拾贯。再娶，不支。

35　一、子弟出官人者，每还家待阙、守选、丁忧，或任川广福建官留家

36　　　　　　乡里者，并依诸房例，给米、绢并吉凶钱数。虽近官，

37　　　　　　实有故留家者，亦依此例支给。

（注：以上为第一截碑文）

38　一、逐房丧葬。尊长有丧，先支壹拾贯，至葬事又支壹拾伍贯。

39　　　　　　次长伍贯，葬事支拾贯。卑幼，拾玖岁以下丧葬，通支

40　　　　　　柒贯；拾伍岁以下，支叁贯；拾岁以下，支贰贯。柒岁

41　　　　　　以下及婢仆，皆不支。

42　一、乡里、外姻、亲戚，如贫窘中非次急难，或遇年饥不能度日，诸

43　　　　　　房同共相度诣实，即于义田米内量行济助。

44　一、所管逐年米斛，自皇祐二年十月支俵。诸房逐月糇粮并

45　　　　　　冬衣绢，约自皇祐三年以后，每一年丰熟，椿留贰年

46　　　　　　之粮。若遇凶荒，除给糇粮外，一切不支。或贰年粮外

47　　　　　　有余，即先支丧葬，次及嫁娶。如更有余，方支冬衣。

48　　　　　　或所余不多，即凶吉等事，众议分数，均匀支给。或又

49　　　　　　不及，即先凶后吉。或凶事同时，即先尊口后卑口。如

50　　　　　　尊卑又同，即以所亡、所葬先后支给。如支上件糇粮、吉

51　　　　　　凶事外更有余羡数目，不得粜货，椿充三年以上粮

52　　　　　　储。或虑陈损，即至秋成日方得粜货，回换新米

53　　　　　　椿管。

54 右仰诸房院依此同共遵守。

55　　　　皇祐二年十月　日

56 资政殿学士、尚书礼部侍郎、知杭州事范　押

57　　　**续定规矩**

58 一、诸位子弟得贡赴大比试者，每人支钱壹拾贯文　柒拾柒陌，下并准此。再贡

59　　　　者减半，并须实赴大比试乃给。即已给而无故不赴

60　　　　试者，追纳。

61 一、诸位子弟纵人力采取近坟竹木，掌管人申官理断。

62 一、诸位子弟内选曾得解或预贡有士行者二人，充诸位教授，

63　　　　月给糙米伍硕。若遇米价每硕及壹贯以上，即每石只支钱壹贯文。虽不曾得解

64　　　　预贡，而文行为众所知，亦听选，仍诸位共议。本位无子弟入学者，

65　　　　不得预议。若生徒不及陆人，止给叁硕；及捌人，给肆硕；及拾人，

66　　　　全给。诸房量力出钱以助束修者，听。

67　　　　　右三项，以熙宁陆年陆月，

68　　　　　二相公指挥修定。

69 一、掌管人侵欺，及诸位辄假贷义庄钱斛之类，并申官理断。偿

70　　　　纳不得以月给米折除。

71 一、族人不得租佃义田。诈立名字同。

72 一、掌管子弟，若年终当年诸位月给米不阙，支糙米贰拾硕。

73　　　　虽阙而能支及半年以上无侵隐者，给壹半。已上并

74　　　　令诸位保明后支。若不可保明，各具不可保明实状，

（注：以上为第二截碑文）

75　　　　申　　文正位。

76 一、义庄勾当人催租米不足，随所欠分数尅除请受。谓如欠米

77　　　　及壹分,即只支玖分请受之类。至纳米足日全给。已尅数
　　　　更不支。有情弊者,申

78　　　　官断决。

79　　　　　　　右四项,以元丰陆年柒月拾玖日,

80　　　　　　　二相公指挥修定。

81 一、身不在平江府者,其米绢钱并勿给。

82 一、兄弟同居虽众,其奴婢月米通不得累过伍人。谓如柒人或捌人
同居,止共

83　　　　　　　支奴婢米伍人之类。

84 一、未娶,不给奴婢米。虽未娶,而有女使生子,在家及拾伍年、年伍拾
岁以上者,自依规给米。

85 一、义庄不得典买族人田土。

86　　　　　　　右(三)[四]项,以绍圣贰年贰月初捌日,

87　　　　　　　二相公指挥修定。

88 一、义庄费用虽阙,不得取有利债负。

89 一、义庄事惟听掌管人依规处置。其族人虽是尊长,不

90　　　　　　　得侵扰干预。违者,许掌管人申官理断。即掌

91　　　　　　　管人有欺弊,听诸位具实状,同申　文正位。

92　　　　　　　右二项,以绍兴贰年肆月贰拾玖日,

93　　　　　　　二相公指挥修定。

94 一、义仓内,族人不得居占会聚。非出纳,勿开。

95 一、因出外住支月米者,其归在初五日以前,取诸位保明诣实,

96　　　　　　　听给当月米。

97 一、义宅有疏漏,惟听居者自修完。即拆移舍屋者,禁之。违者,
98 掌管人申官理断。若义宅地内居者自添修者,听之。本位实贫
乏无

99　　　　　　　力修完,而屋舍疏漏实不可居者,听诸位同相视保明诣实,
申　　文正位,量支钱完补,即不得乞添展舍屋。

100 一、诸位请米历子,各令诸位签字圆备,方许给。给讫,请人亲
101　　　　　　　书交领即去。失历子者住给,勒令根寻。候及壹年,

102　　　　　　许诸位及掌管人保明，申　文正位。俟得报，别给历

103　　　　　　头起支。

104 一、积留月米并请者，勿给。

105 一、诸位不得于规矩外妄乞特支。虽得　文正位指挥与支，亦仰

106　　　　　　诸位及掌管人执守勿给。

107 一、义庄人力、船车、器用之类，诸位不得借用。

108 一、诸位子弟官已升朝，愿不请米绢钱助赡众者，听。

109 一、诸位生男女，限两月，其母或所生母姓氏及男女、行第、小名报

110　　　　　　义庄。义庄限当日再取诸位保明讫，注籍。即过

111　　　　　　限不报，后虽年长不理，为口数给米。

（注：以上为第三截碑文）

112 一、遇有规矩所载不尽事理，掌管人与诸位共议定保明，同

113　　　　　　申　文正位。本位有妨嫌者，不同申。虽已申而未得文正位报，不

114　　　　　　得止凭诸位文字施行。

115　　　　　　　右十项，以元符元年陆月，

116　　　　　　　二相公、三右丞、五侍郎指挥参定。

117 一、诸位关报义庄事，虽尊长，并于文书内著名，仍不得竹

118　　　　　　纸及色笺。违者，义庄勿受。

119　　　　　　　右一项，以元符贰年正月拾柒日，

120　　　　　　　三右丞指挥修定。

121 一、义庄遇有人赎田，其价钱不得支费，限当月内以元钱典

122　　　　　　买田土。辄将他用，勒掌管人偿纳。

123　　　　　　　右一项，以崇宁伍年拾月拾贰日

124　　　　　　　五侍郎指挥修定

125 一、诸位辄取外姓以为己子冒请月米者，勿给。许诸位觉察

126　　　　　　报义庄。义庄不为受理，许诸位径申　文正位公

127　　　　　　议，移文平江府理断。其大观元年柒月以前已收养给米

者，不得追讼。

128　　　　　　　右以大观元年柒月初拾日，

129　　　　　　　五侍郎及　　二相公指挥参定。

130 一、诸位子弟在外不检生子，冒请月米，掌管人及诸位觉察，勿

131　　　　　　给。即不伏，掌管人及诸位申　文正位，移文平江府

理断。

132　　　　　　　右以政和叁年正月贰拾壹日，

133　　　　　　　五侍郎指挥修定。

134 一、族人不得以义宅舍屋，私相兑赁质当。

135　　　　　　　右一项，以政和伍年正月贰拾玖日，

136　　　　　　　五侍郎指挥修定。

137 右仰义庄及诸位遵守施行。内前后文意相妨窒

138 碍者，从后规。若有违犯，仰掌管人或诸位，备录治

139 平元年中书札子所坐　圣旨，申官理断。各令知委。

140　　　政和柒年正月(高平开国之印)拾叁日

141 朝散大夫、充徽猷阁待制、提举亳州太清宫范　　　(押)

142　通直郎、知颍昌府长社县事　正国书　掌管庄事　同[立]

143　　　　　义庄规矩元立于天平

144　　　　　忠烈庙。曩岁融□延燎断石(下缺)

145　　　　　至元甲午命工以旧本(下缺)

146　　　　　堂，庶几　先世遗风(下缺)

147　　　　　瀚裔孙邦瑞、士贵(下缺)

（注：以上为第四截碑文）

宋代《义庄规矩碑》碑文结构包括内、外两层。外层是仿公文体的族内告
知，从前两行的"文正公勘会"始，以第 137—139 行"右仰……各令知委"为结
束标志，附以公文体必备的行文年月和印章（第 140 行），以及立碑责任者的

职衔、姓、签押(第 141—142 行)。主体内容位于中间，依次为事由(第 3—8 行)、公文(第 9—20 行)、文正公初定规矩(第 21—56 行)、二相公等续定规矩(第 57—136 行)。碑文结构完整，公文体式特征鲜明。然而这并非官府的正式公文，而是范仲淹子侄辈商议后，以"文正位"的名义向族众发布的遵行义庄规制的告知。

碑文的内层结构与外层的中间部分相同，由治平元年(1064)"中书札子"、皇祐二年(1050)"文正公初定规矩"、熙宁六年(1073)至政和五年(1115)范氏子侄辈的"续定规矩"三部分接续组成。其编排，将"中书札子"放在首位，再将初定规矩和续定规矩按时间顺序排列，体现出公文重于规条的用意。

续定规矩中反复出现的指挥"修定"的责任者——二相公、三右丞、五侍郎，分别指范仲淹(989—1052)的次子范纯仁(1027—1101)、三子范纯礼(1031—1106)和五子范纯粹(1046—1117)。[①] 第 142 行是宋代碑文书写、刻立责任者署名。碑文由范纯仁之子范正国书丹，掌管庄事者同立。

(二) 仿公文体式

《义庄规矩碑》上的仿公文体"勘会"形式，乃是对范仲淹初定规矩模式的延续。碑载"文正公初定规矩"，其中第 54 行"右仰"的用语，第 55 行的行文时间，第 56 行具责任者官职、姓、签押，均是公文所特有的体式。

而无论是仿公文体的"文正公勘会"，还是碑文中的正规公文"中书札子"以及规条，均遵循公文格式中的敬空、换行、落款、押署等要求，在朝旨、敕旨、圣旨、文正位前敬空两格或一格，各条规矩之前以"一"标注。

范氏义庄规矩原本是在族内推行的民间规约，并不具有法律规范的效力。规矩能否遵守，全凭族人自觉。而范仲淹凭其特殊的官职身份，以其熟知的政务规范，仿公文体式设定义庄规约，无疑是为提升义庄规矩的效力。因规矩未得到官府的认可，在范仲淹去世后，范氏义庄面临着半途而废的窘境。正如范纯仁在奏状中称："近诸房子弟有不遵规矩

---

① 《四库全书范文正年谱提要》载："书中称二相公者谓纯仁，三右丞者谓纯礼，五侍郎者谓纯粹，皆其子孙之词也。"(清) 范能濬编：《范仲淹全集》，薛正兴点校，凤凰出版社，2004 年，第 1439 页。

之人,州县既无敕条,本家难为伸理,五七年间,渐至废坏,遂使子孙饥寒无依。"在范纯仁看来,如果没有官府的介入,范仲淹建立义庄的初衷将难以实现。

范纯仁在治平元年(1064)收到"中书札子"文书原件后,并未公之于众,只是在续定规矩、重建制度时,有意将公文的核心内容"子弟有违犯规矩之人,许令官司受理",落实于各条款中。直到政和七年(1117),范仲淹的五子范纯粹才将"可为永式"的规矩条款进行编类,连同治平元年的"中书札子"一并刻石。

从规条内容看,范仲淹在皇祐二年(1050)初定 13 条规矩的贡献,在于构建了义庄制度的初步轮廓。条规内容集中于改善族人生活,多为分派、资助米粮的办法。虽然也提出"仰诸房院依此同共遵守",并在行文中刻意模拟官方表述,但约束力不强。

范纯仁兄弟的续订规矩之举,均在治平元年(1064)得到朝廷公文后。此也间接表明,范仲淹初定规矩即使有朝廷的认可,也尚有诸多局限,增修工作势在必行。范纯仁兄弟分别于熙宁六年(1073)续定 3 条、元丰六年(1083)续定 4 条、绍圣二年(1095)二月续定 4 条、绍圣二年四月续定 2 条、元符元年(1098)续定 10 条,元符二年(1099)、崇宁五年(1106)、大观元年(1107)、政和三年(1113)、政和五年(1115)各续定 1 条,总计续定规矩 10 次,增修 28 条。尽管每次续定条款不多,但均是随事而议,强调规矩的执行与公权力的关系,规范性日益加强。熙宁六年的续定以资助族人参加科举考试的内容为主,条款中已见"掌管人申官理断"的规定。元丰六年的续定,"申官理断"见第一、四条。其中第一条规定:

> 掌管人侵欺,及诸位辄假贷义庄钱斛之类,并申官理断。偿纳不得以月给米折除。(碑文第 69—70 行)

在初定 13 条规矩中,"不得"的规定仅两见。而在续定 28 条规矩中,"不得"的规定凡 13 见,"勿"字 7 见,"禁"字 1 见,诸如"族人不得租佃义田""义庄不得典买族人田土""义庄费用虽阙,不得取有利债负""义仓内,族人不得居占会聚""族人不得以义宅舍屋,私相兑赁质当"等,主旨在防范族人侵占义庄的财产,以保证义庄制度的良性循环。而在初定规矩不见的"申官理断"的规定,在续定规矩中,已成为常态。

综观续定规矩的内容,大致有以下四个特点:

一是义庄事务的权利义务关系明确,并有监督机制。如规定从族人中选出独立的管理人负责财产的运营,管理人凭业绩好坏获得报酬,族人对管理人有监督的权力。义庄勾当人、掌管人各司所职。绍圣二年(1095)四月续定规矩称:

> 义庄事惟听掌管人依规处置。其族人虽是尊长,不得侵扰干预。违者,许掌管人申官理断。即掌管人有欺弊,听诸位具实状,同申　　文正位。(碑文第89—91行)

其监督机制多采用"诸位保明"的办法书写保状。如元丰六年(1083)修定规矩要求:

> 掌管子弟,若年终当年诸位月给米不阙,支糙米贰拾硕。虽阙而能支及半年以上无侵隐者,给壹半。已上并令诸位保明后支。若不可保明,各具不可保明实状,申　　文正位。(碑文第72—75行)

二是防范和禁约条款增多,规范性更强。前文提到的十余处"不得""禁"等禁为条款,"申官理断""诈立名字同"等表达,以及一些法律原则的适用,如不溯及既往的规定:"其大观元年柒月以前已收养给米者,不得追讼"(碑文第127行);新规效力优先的规定:"前后文意相妨窒碍者,从后规"(碑文第137—138行)等,均提升了规矩的适用性。

三是违规处罚措施多样,包括取消获得救济资格、折除、赔偿、追纳,以及送官理断等。对于不遵守规矩或有所失误者,责任自担。元符元年(1098)续定规矩声明:

> 诸位请米历子,各令诸位签字圆备,方许给。给讫,请人亲书交领即去。失历子者住给,勒令根寻。候及壹年,许诸位及掌管人保明,申

文正位。侯得报，别给历头起支。（碑文第100—103行）

四是文正位的地位得到提升和巩固。文正位多由范文正公的嫡系子孙充任。[①] 依据规条和先例，文正位可以对宗族成员发布公文体告示；行文中，"文正位"需敬空；义庄的重要事项需"同申文正位"；族人间的争议移交官府前，需申文正位。最重要的是，"文正位"对义庄规矩有最终决定权。元符元年续定规矩称：

> 遇有规矩所载不尽事理，掌管人与诸位共议定保明，同申　　文正位。（本位有妨嫌者，不同申。）虽已申而未得　文正位报，不得止凭诸位文字施行。（碑文第112—114行）

而上述规矩得以落实的关键，依然是朝廷的特别授权，及苏州府对中央授权的执行力，否则，续定规矩仍会重蹈初定规矩的覆辙。

范仲淹以"资政殿学士、尚书礼部侍郎、知杭州事"的官职和签押发布的仿公文体的义庄规矩，范纯仁在任"知开封府襄邑县"官职时申领到"中书札子"的"行政授权"，其目的均是欲将原本属于"私约"性质的义庄规矩，纳入到官方的行政管理体系中，只是范纯仁的做法更具有保证力。范纯仁在奏状所强调的将"私规"转变为"官法"的途径是："伏望朝廷特降指挥下苏州，应系诸房子弟有违犯规矩之人，许令官司受理。"（碑文第16—17行）而皇帝以圣旨的形式批准了范纯仁的请求："宜令苏州依所奏施行。"中书门下再将圣旨落实："札付苏州，准此。"（碑文第19行）

苏州府会收到同样内容的"中书札子"。凭据朝廷下发的"行政授权"之"尚方宝剑"，义庄规矩向"官法"迈进了一大步，诚如"勘会"结尾所特别强调：

> 若有违犯，仰掌管人或诸位备录治平元年中书札子所坐圣旨，申官

---

① （清）范安瑶等编《范氏家乘·凡例》（乾隆十一年刻本）载："吾吴中以文正公为始祖。监簿公为文正嫡长，是为大宗。"日本学者井上彻认为：自从义庄创立者范仲淹去世后，范氏义庄就确立了以"文正位"主宰祖先祭祀、立于宗族最高点的规矩。这个"文正位"由以范仲淹长子范纯佑（曾任监簿房主簿）为房祖的监簿房接任。详见［日］井上彻：《中国的宗族与国家礼制》，钱杭译、钱圣音校，上海书店，2008年，第8、207页。

理断。（碑文第 138—139 行）

由此，义庄规矩由范氏家族的内部条款，跨入有国家权力机构保障的法律规范结构体系内。[①]

治平元年（1064）"中书札子"给范氏义庄带来的影响和效益，持久而显著，并成为一种可以仿效的先例。请求朝廷的公文，续定完善管理规条，范氏义庄在自我管理和朝廷保驾护航的双重保障中，得以持续发展。南宋庆元二年（1196），范仲淹五世孙范之柔辈在恢复因南渡动乱中毁坏的庄宅后，续添规式 12 条，又于嘉定三年（1210）再次向朝廷奏状取旨：

> 庆元初，臣与兄弟始协谋同力，尽复故基，渐还旧观，参定约束，加备于前。固尝经本州镂给版榜，揭示义宅，然非更得朝廷行下本州，申明受理元降指挥，恐无以善后。怀此日久，无路自申。今臣幸蒙公朝轸念故家，擢缀班列，若不于此时控告君父，则何以副先人属望子孙之意。用敢冒昧以闻，伏望圣慈俯鉴微衷，特颁睿旨，札下平江府，令将续添规约常切照应治平元年已降指挥受理，庶足以敕厉来者，增固旧规。[②]

范之柔的"伏望圣慈俯鉴微衷，特颁睿旨，札下平江府"的奏请，与范纯仁的"伏望朝廷特降指挥下苏州"的请求，如出一辙，并同样得到圣旨许可。南宋时期的范氏义庄续定规矩再一次被纳入官方视野，而之前的旧规，也同时得到重申和巩固。

南宋续规 12 条，仅重申旧规即占了 5 条。[③] 之所以频繁重申，仍是因族

[①] 有关民间规约和法律规范以及非制定法和制定法之别的论述，参见李雪梅：《古代法律规范的层级性结构——从水利碑看非制定法的性质》，载《华东政法大学学报》2016 年第 4 期。

[②] 《清宪公续定规矩》，载《范仲淹全集》，第 925—928 页。

[③] 庆元二年《清宪公续定规矩》所重申的 5 条旧规，与政和七年立石的《义庄规矩碑》所载文字略有差异，但大体内容相同。如《义庄规矩碑》载元丰六年续定规条为："族人不得租佃义田。（诈立名字同。）"《清宪公续定规矩》第 4 条载："旧规，诸房不得租种义庄田土，诡名者同。"《义庄规矩碑》载绍兴二年四月续定规条为："义庄事惟听掌管人依ower处置。其族人虽是尊长，不得侵扰干预。"《清宪公续定规矩》第 6 条载："旧规，义庄事务惟听掌庄子弟自行处置，虽是尊长，不得侵扰干预。"

人缺乏守规的自觉性，以致违反规矩之事端频出，成为义庄正常发展的窒碍，故特重申旧规并加大惩罚力度。其中第六条规定：

> 旧规，义庄事务惟听掌庄子弟自行处置，虽是尊长，不得侵扰干预。缘违犯者未曾有罚，是以近来多有族人专为货赂，不顾义庄利害；或为揽户兜纳苗米，必要多增贴耗；或主张不逞之徒充应脚力及墓客之类；甚至鼓诱外郡族人挟长前来，擅开仓廒，妄用米斛，恣行侵扰，意在破坏。今后如有违犯，许掌庄指实，申文正位，自行体访知觉，罚全房月米一年外，仍经官乞行根究惩治。内有乞觅过钱物之人，即合从条施行。

比较北宋与南宋的续定规矩，后者的突出变化是，罚则增多，惩罚力度加强，并强调族内惩罚和"经官乞行根究惩治"并行。在 12 条规矩中，有 8 条规定了"申文正位，罚全房月米"一年或半年的内容。所谓全房，谓"照本房请米历内口数，并行住罚"。针对触犯刑律的族人，也列有公、私罚项的专条如第 8 条规定：

> 诸房闻有不肖子弟因犯私罪听赎者，罚本名月米一年。再犯者，除籍，永不支米。（奸盗、赌博、斗殴、陪涉及欺骗善良之类。若户门不测者，非。）除籍之后，长恶不悛，为宗族乡党善良之害者，诸房具申文正位，当斟酌情理，控告官府，乞与移乡，以为子弟玷辱门户者之戒。①

尽管目前尚未见到范之柔《续定规矩》碑石及拓本，但据嘉定四年（1211）刘榘所撰《范氏义庄申严规式记》，范之柔是有刻石意向的。该文引范之柔之语道：

> 之柔与吾兄良器极力经理，为屋以栖义廪余，以待族人之无家者，浸还吾祖之旧。惟是义庄规式，岁月易隳，请之朝，属之乡郡，勒之坚珉，俾世守而传之无穷者，吾犹不敢懈也。幸备位谏垣，当具本末奏陈，乞申严

---

① 范之柔续定十二条规矩条款，详见《范仲淹全集》，第 925—928 页。

行下，庶不负文正公所以责望子孙之意。①

　　其中提到"勒之坚珉"，即指将规矩立石。② 其目的乃"俾世守而传之无穷者"，与北宋时期的"惧岁久渐至堕废，今尽以编类刻石，置于天平山白云寺先公祠堂之侧，子子孙孙遵承勿替"诉求，一脉相承。

　　故宋代的范氏义庄规矩，自范仲淹在皇祐二年（1050）初定，到其子侄辈于政和七年（1117）将续定规矩编类刻石，再到嘉定三年（1210）范之柔将庆元二年（1196）的续定规矩立石，前后历经 160 年。无论是制定规条的目的，还是规条的内容和精神，乃至两次"奏状取旨"的形式，均有类同性。每次的续定规矩均使规范性加备于前，也使范氏义庄制度在自我改善和纳入国家行政体系的双重保证中逐步完备。南宋楼钥对这一过程有精练的评述：

　　　　……文正公初立规矩，止具给予之目，仅设预先支请之禁。不数年，忠宣公已虑其废坏，故治平奏请圣旨，违犯义庄规矩之人，许令官司受理。又与右丞、侍郎自熙宁以至政和，随事立规，关防益密。今之规约又加密矣。③

明代范惟一对此过程也有类似评述：

　　　　先文正公少产北地，及长还吴，访求宗族，置田以赡之，号曰义庄。广其居为义宅，岁时聚族，定家规以垂后。而忠宣、右丞诸公渐次增修，忠宣复请于朝，下所司遵理。迨宋之南也，中更兵燹，田存而宅废。五世孙尚书清宪公之柔为左司谏，时与兄良器力振复之，事具《义宅记》中。清宪又参定规条，视前加备，奏请颁行，虑至深远矣。④

---

① 《范仲淹全集》，第 991—992 页。
② 在此之前，范之柔曾有将"田籍之传远者，俱刻之石，以为永久之计"的做法。详见（宋）楼钥：《范氏复义宅记》，载《范仲淹全集·范文正公褒贤集卷第三》，第 988 页。
③ 《范仲淹全集》，第 989 页。
④ （明）范惟一：《刻义庄家规叙》，载《范仲淹全集·范文正公集著录序跋》，第 1422 页。

经过"随事立规"的十数次续定，圣旨和札付明示的苏州府（南宋为平江府）对义庄的特别管辖授权，也终于落到实处。范氏义庄和义庄规矩的典范性，由此确立。

三、"中书札子"的法律效力

（一）综合行政功能

中书札子是北宋前期的宰相机构——中书门下处理日常政务、下达行政指令所使用的一种文书形式。[①] 其要件有四：一是有具奏人和具奏诉求；二是"取旨"，即请求皇帝御批，以"右奉圣旨"接续皇命；三是文末题"札付某某，准此"，表示中书门下根据圣旨内容向"某某"发出政令；四是有公文的责任者——中书门下的落款、印押等，以示真实可信。上述要件中，一般奏状内容较为详实，事由、依据、请求等结构丰满，而关键的批准、授权环节——"圣旨""札付"的内容却简单明确。

具体到本章分析的两通碑刻，熙宁三年（1070）的《千仓渠水利奏立科条碑》中载有两份中书札子，具奏人分别是三司使公事吴充和京西路管勾农田水利差役事陈知俭，其诉求均是完善千仓渠水利设施，建立责权明确、公平用水的科条，以为永远之利，并请求"降敕指挥，降下孟州遵守，并下转运、提刑司，常切觉察"。皇帝对吴充的拟议科条所出圣旨是"宜令京西路提举官依三司上项奏请事理，具合理科条闻奏"，对陈知俭具奏的完备科条事的御批是"宜令京西转运司并依所奏施行"。宰执所发出的政令，先是"札付提举京西路常平广惠仓司"，此为制定科条的责任机构；后是"札付司农寺，准此"。司农寺是统摄全国农田水利改革的中枢机构，表明千仓渠水利管理之事，是全国农田水利建设的组成部分。

在政和七年（1117）的《范文正公义庄规矩碑》中，具奏人是范仲淹之子范纯仁，他在奏状中概括义庄设立的过程、规矩内容、规矩执行所面临的困境，以及义庄运行与定规守矩之间的关系，特请求朝廷赋予苏州府相应的管辖

---

① 参见张祎：《中书、尚书省札子与宋代皇权运作》，《历史研究》2013 年第 5 期；李全德：《从堂帖到省札——略论唐宋时期宰相处理政务的文书之演变》，《北京大学学报》（哲学社会科学版）2012 年第 2 期。

权。范纯仁的"具奏取旨"得到皇帝许可："右奉圣旨,宜令苏州依所奏施行。"之后中书门下将圣旨内容传递落实："札付苏州,准此。"发文时间是"治平元年四月十一日",并有签押,以示责任所属。

由于兼有皇帝御批和宰相机构的指令,"中书札子"成为朝廷综合行政的公文,而这也正是中书札子较普通公文更为特殊之所在。在宋代公文体系中,带有皇帝圣裁的中书札子,其行政效力位居顶层,同时也具有法律效力。从公文流程看,"中书札子"的奏请者要具备一定的官职身份。当范仲淹五世孙范之柔拟仿效先辈范纯仁的做法奏状取旨时,也曾"怀此日久,无路自申"。另与一般公文的短程、定向不同,中书札子更具有长程、连环型的特征。①

《科条碑》和《义庄规矩碑》中规条的生效都经过"中书札子"的授权。但仔细比较,"中书札子"在两个条规生成中的意义和作用却有所不同。前者的行政流程有熙宁二年(1069)颁布的《农田利害条约》为法律依据,制度完备。后者所载范纯仁的奏请是为家族之事,与《科条碑》中为水利公事而奏裁取旨相比,"私"的成分明显,故在《义庄规矩碑》中,"行政特许"的内涵更为明显。

(二) 行政授权中的权责利

行政授权往往表现为权、责、利的相互依存。以《科条碑》为例,主持立碑者为京西路管勾农田水利差役事的陈知俭。在立碑告知渠水用户后,京西路和孟州的官员凭借"中书札子"的授权,可以管束"害渠堰之利"的水砠之家和豪民;同时也将千仓渠的管理、维护职责下放给渠户,并通过对甲头的制约,"如敢作弊,敛掠人户钱物,并行严断",使官方的行政管理权限,通过甲头延伸到民众。

再看《义庄规矩碑》。因"中书札子所坐圣旨"的特别授权,范氏义庄成为一种具有半官方色彩的民间公产机构。其民间性表现为,义庄田产的来源、管理和维护,均由民间主导;其半官方的属性,则基于治平元年"中书札子"的授权。

治平元年(1064)"中书札子"的行政授权具有双重性,即对苏州府的行政

---

① 参见李雪梅:《公文中的动态司法:南宋〈给复学田公牒〉和〈给复学田省札〉碑文考释》,载《中国古代法律文献研究》第十辑,社会科学文献出版社,2016 年,第 280—301 页。

管辖授权和对范氏义庄的行政特许权，两者互为依托。对苏州府而言，它获得了管辖范氏宗族内部事务的权力，可将行政管辖的触角伸得更远。而职责所系，苏州府也会对范氏义庄给予更多的关照。范之柔主持的《续定规矩》第三条提到"义庄及白云功德寺差役并应干非泛科敷，并蒙官司蠲免"之事，即是例证。①

对范氏宗族言，因为行政特许，可将违犯规矩的族人"申官理断"，诸如"诸位子弟纵人力采取近坟竹木，掌管人申官理断""掌管人侵欺，及诸位辄假贷义庄钱斛之类，并申官理断""义庄事惟听掌管人依规处置。其族人虽是尊长，不得侵扰干预。违者，许掌管人申官理断""拆移舍屋者，禁之。违者，掌管人申官理断"等规定，使义庄规矩的强制效力得到提升。

也因为"中书札子"的特许性授权，范氏义庄与苏州府在公文往来上，处于相对平等的地位。在北宋大观元年（1107）及政和三年（1113）的续定条款中，均出现了"移文平江府"的表述：

> 诸位辄取外姓以为己子冒请月米者，勿给。许诸位觉察报义庄。义庄不为受理，许诸位径申　文正位公议，移文平江府理断。（碑文第125—127行）

> 诸位子弟在外不检生子，冒请月米，掌管人及诸位觉察，勿给。即不伏，掌管人及诸位申　文正位，移文平江府理断。（碑文第130—131行）

从公文用语角度看，"移文"指行于不相统属的官署间的公文。清袁枚称："今文书平行者号移文。"②

当然，范氏义庄能获得行政特许权，范仲淹父子的社会影响力不容忽视。在嘉熙四年（1240）《与免科粜提领浙西和粜所帖》中，提领浙西和粜所据吴县、长洲县申文称，"范文正公义庄乃风化之所关，理应与免科粜"，③因此免除两县范氏义庄劝米292.1石和681.52石，使范氏义庄享有了与学田同等的

---

① 《范仲淹全集》，第926页。
② （清）袁枚：《随园随笔》卷上《官职类》，广益书局，1936年，第86页。
③ 《范仲淹全集》，第969页。

免赋役等特权。

可见，行政特许，还往往包含着政治、经济和法律的多项权利的特许。作为享受这种综合特权的回馈，范氏家族通过持续性不断的制度创建和完善，使范氏义庄成为官方标榜的宗族教化、管理的典范。

$$* \quad * \quad *$$

行政管辖、行政特许都是当代行政法中的概念，而这些概念所指涉的行政行为，在中国古代的行政活动中也同样存在。宋代是中国古代法律碑刻发展的一个重要时期，至今存留的数量庞大的宋代公文碑现象也值得特别关注。公文碑占宋代法律碑刻总数的三分之二强，[①]并形成了札子（北宋为中书札子，南宋为尚书省札）、敕牒、公牒、公据等公文系列。在其他类别的碑刻如规章碑和讼案碑上，也带有浓重的公文色彩。

公示于众的公文碑，意在向社会宣示所涉权益的合法性、确定性。刻碑者往往是新的行政"话语权"的拥有者。对他们而言，公文是授权的依据，是特殊权利的合法来源的证明。而刻碑，正是为了使新获得的权、责、利能够持久稳固。

将公文原样摹刻于石亦属于"公事"范畴，尤其是公文上的签押、印记，擅自刻立会有伪造官文书之嫌。[②] 由于碑石是对原始文献的摹刻，在唐宋公文原件存世数量有限的当今，具有原生史料特性的公文碑，以其行政授权的实用功能和法律效力，实现了对纸本文献的超越。

---

① 截至目前，笔者已整理宋代法律碑目有 540 种，其中公文碑约占 70%。
② 详见（宋）窦仪等：《宋刑统》卷 25《诈伪律·诈为官文书及增减》，薛梅卿点校，法律出版社，1999 年，第 390 页。

第六章　程序的意义：从"规约"到"规范"

中国古代民间规范包括民间法律规范和民间规约①，前者称为"非制定法"，是基层法律规范的主体。民间规约转变为"非制定法"，需经过报官核准或官府认同的程序。中国古代法律规范具有顶层、中层和基层的结构体系，各层次的法律规范都具有公权、公益、禁罪罚和权利义务、核准程序等要素。由于民间法律规范在禁罪罚的设定上往往是官法和私罚并用，遂使其陷入一个模糊状态：既有法律规范的特性，又有民间规约的面貌，也因而造成了学术界对"民间法"②是否是法律规范的长期争论。非制定法与制定法的主要区别是两者的形成路径恰好相反。如果从当代制定法的视角解释法律规范，传统的非制定法自然被排除在外，属于程序"不合法"。但这种解释，却忽略了中国古代法律规范的层级性结构及其产生方式的双向性。对非制定法生成方式、内容、程序、传承等方面的梳理，明确民间法律规范和民间规约的界限，除可回应当下的学术热点外，也有助于我们更全面地认知中国传统法律文化的多样态。

---

① 刘笃才先生认为：民间规约是"民间组织、机构与团体有关组织运作的自治规范与公共事务管理方面的成文规则。它与乡规民约、民间法含义相近"。参见刘笃才等著：《民间规约与中国古代法律秩序》，社会科学文献出版社，2014年，第2、26页。
② 梁治平认为："民间法"和"国家法"相对应，是基于"它们首先出自'民间'，乃是'民人'的创造物。在中国传统语汇里，与'官府'相对的正是'民间'，而'官'与'民'这一对范畴，适足表明中国传统社会结构的特殊性"。详见梁治平：《清代习惯法：国家与社会》，中国政法大学出版社，1996年，第35页。在以下行文中，笔者以与"制定法"相对应的"非制定法"表述民间法律规范。

一、"一石三刻"的经典意义

近十几年来，中外学者对中国古代水利的研究成绩斐然，大量刻载于碑石的水案、水规、渠例和水利纪事，自然进入人们的研究视野。[①] 而水利争讼的持久反复和水规渠例在维护区域社会秩序中的作用，仍值得特别研究。

试举一例加以说明。山西曲沃北董乡龙岩寺内有一通双面刻文碑石。碑阳刻金代承安三年(1198)四月《沸泉分水碑记》(见图 1)，碑阴刻明代弘治元年(1488)的讼案处理帖文和清康熙二十二年(1683)违反水规的责罚纪事(见图 2)。此碑一石三刻，纵跨近 500 年，所记内容具有一定关联性，在现存众多古代碑刻中，属难得一见。

碑阳记载因临交村、白水村等八村向曲沃县的状告，最终确定八村用水规则之事。状告的起因是各村用水不均。经提刑行司到县，委托县丞、主簿召集各村商议，采取筑石垒渠的办法，公平各村用水，即以十分为率，临交村引使水渠内水五分八厘，白水等村取行水渠内四分二厘，"各置使水分数尺寸则子"。此分水法得到各村认可。县官同时要求"各村人户严立罪赏"，以确保八村用水秩序。碑文后面所记内容，即八村认同并报官认可的渠堰用水规

[①] 　近十余年，中外学者分别从民俗学、社会学、法学等角度对古代水利碑刻进行探讨研究。法国远东学院和北京师范大学合作完成的四集《陕山地区水资源与民间社会调查资料集》(中华书局，2003)对陕山地区的古代村社水利碑刻的深入田野调查和细致解读，凸显了碑刻文本价值之外的实用社会功能。另赵世瑜《分水之争：公共资源与乡土社会的权力和象征——以明清山西汾水流域的若干案例为中心》(《中国社会科学》2005 年第 2 期)一文，利用传说、方志、碑文等多种资料，通过对汾河流域几个"分水"案例的深入分析，阐释分水故事和制度背后的权力与象征。张小军《复合产权：一个实质论和资本体系的视角——山西介休洪山泉的历史水权个案研究》(《社会学研究》2007 年第 4 期)一文指出，水权不是单纯的经济资本现象，国家、认知、信仰、仪式、伦理观念以及相应的庙宇祭祀，都在真实地影响和决定着水权的系统和秩序。[日] 森田明著《清代水利与区域社会》(雷国译、叶琳审校，山东画报出版社，2008 年)在考察中国清代地方灌溉、水利设施、水利管理过程和运营组织(体制)以及它们同地方社会之间的关系基础上，提出清中期后，由于统治体制的松弛，作为"地方公务"之一的水利，逐步转变成为区域社会自主运营，其特征就是以当地乡绅阶层为中心组成一个董事会来实行。鲁西奇、林昌丈著《汉中三堰：明清时期汉中地区的堰渠水利与社会变迁》(中华书局，2011)基于汉中的碑刻材料，对传统中国农田水利领域的"国家"和"社会"进行深入探讨，其中"官法"还是"民约"一节所提出的问题，对本文的写作亦有促进作用。有关水利社会史的研究动态，亦可参见张俊峰《二十年来中国水利社会史研究的新进展》，载山西大学中国社会史研究中心编：《山西水利社会史》，北京大学出版社，2012 年，第 163—187 页。

图 1　金代承安三年《沸泉分水碑记》(碑阳)　　图 2　明代弘治元年帖文及清代记事(碑阴)①

范。其内容为：

> 每一村取最上三户为渠长，两渠每年从上各取一名。自三月初一日
> 为头，每日亲身前去使水分数尺寸则子处看守，各依水则分数行流动磨
> 浇田，直至九月后田苗长成，更不看守。若遇天旱水□，□是各验分数使
> 用。如是白水等村人户偷豁临交村古石渠堰，水小不迭则子，许令临交
> 村渠长报告，其余籍定渠长同行足验是实，众人押领赴官出□补证，勒令
> 招罪，任令官中依□断罪，仍令白水等村渠长犯人罚钱二十贯文，分付与

---

① 图 1、图 2 采自雷涛、孙永和主编：《三晋石刻大全·临汾市曲沃县卷》，三晋出版社，2011
年，第 18、43 页。

临交等村人户销用，□□□□。若是临交等村渠长偃塞白水等村，水小不迭则子，亦乞状上治罪罚钱。及或渠长不亲身前去水则看守，却令不良人代替，乞令□□□□在彼亲身□渠，渠提拽报知，众人指证，准上科罚。更或冬月不看守时分，如有偷豁不依水则，捉住犯人，依上科罚。其渠长一周年一替。如此，委是已后不致再争词讼。乞起立碑石，永为久远凭验。

　　文后列有八村告人和上三户计 30 人姓名，以及渠甲头等名单。重要的是，碑石左上方刻有"官"字，下有数"押"字。其中"官"字大于常字数倍，格外明显，表明上述规范经过官方的核准。[①]

　　上述八村议定的内容，虽是以记事的形式出现，未形成条文格式，但法律规范的属性较为明显。从规范形成的路径来看，其议定是经过官府授权，由临交村牵头组织，八村上三户共同商议，再经官府认可，立石为证，属于民间法律规范形成的常见模式。

　　规范的重点：一是确定渠长的选任资格，由各村上三户即家资、声望最高者担任，并一年一换；二是明确渠长职责，临交村与白水村的权利义务对等，鼓励相互监督；三是规定对偷豁、偃塞等破坏渠水的行为的处罚程序，或由"籍定渠长同行足验是实，众人押领赴官"，或众人指证，以避免个人专断；四是"罪赏"规则有罚无赏，官法和私罚并用，对偷豁、偃塞行为，"任令官中依□断罪，仍令白水等村渠长犯人罚钱二十贯文"，官法不甚明确，私罚则列出罚款数额和用途。这是较具代表性的非制定法。

　　该碑碑阴刻弘治元年（1488）十月的一份帖文，记载民人吉俊等毁藏碑记、夺砍分水石而致纠纷的处理之事。其中提到"金承安叁年四月，内有民人翟子中为因分水不均具告，提刑行司委官□□□砌石堰"之事[②]，即碑阳所载内容。然明代对纠纷的处罚依据和结果，均与金代所定规范无关。所判罪罚，计有"杖玖拾，徒二年半""杖柒拾""照罪追米，送预备仓""责打叁拾，罚谷伍拾石，收入预备仓赈济"等。判决，当是依据明代通行法律作出的。

---

① 雷涛、孙永和主编：《三晋石刻大全·临汾市曲沃县卷》，第 17 页。
② 雷涛、孙永和主编：《三晋石刻大全·临汾市曲沃县卷》，第 41 页。

在明代公文的左下方，续刻有康熙二十二年(1683)二月的罚银记事：

> 康熙二十二年二月三十日开渠，因渠夫行大有私自枕抠中渠水口，两村渠长、甲头、十甲人等遵依渠长韩学闵、梁奇运等公议：罚银壹拾伍两，已与九龙老爷献伞并修补水口费用，讫上碑为记。①

此是依据民间法律规范进行处罚的记事。虽然不能确定其所据规范是否与碑阳所载承安三年所立规范有关，但可以确定，非制定法在现实中会有效落实。

而此碑的重要性正是在于，在同一地域，针对同一水利设施之使用和维护，并存着两套规范体系：一是地方官府依据《大明律》及条例等国家制定法进行的定罪量刑，一是渠长、堰首等民间公权依据长期存在的非制定法，如金代八村公议的"罪赏"规则，或清代渠长、渠甲公议规则，对违规行为的处罚。而这两套体系数百年来安然相处，同载一碑，亦是中国古代基层社会法律秩序存在样态的真实记录。

二、水利规范的层级性结构

古代水利法律规范，既有在《唐律》《大明律》《大清律例》等通行律典中规定的"盗决堤防"等法条，也有类似唐《水部式》、金《河防令》等专门的水利法规，还有大量的经过官方核准或未进入官方视野的民间公议水规、渠例。位居不同层次的水利规范均见诸于碑石，适可就其内容、功用和同异稍做探讨。

（一）顶层制度规范：律典中的罪与罚

古代律典中对水利犯罪的条款设定沿革清晰。《唐律·杂律》中列有"失时不修堤防""盗决堤防""故决堤防"等罪名。

> 诸不修堤防，及修而失时者，主司杖七十；毁害人家、漂失财物者，坐

---

① 雷涛、孙永和主编：《三晋石刻大全·临汾市曲沃县卷》，第109页。

赃论，减五等；以故杀伤人者，减斗杀伤罪三等。（谓水流漂害于人，即人自涉而死者，非。）即水雨过常，非人力所防者，勿论……

诸盗决堤防者，杖一百。（谓盗水以供私用。若为官检校，虽供官用亦是。）若毁害人家及漂失财物，赃重者，坐赃论；以故杀伤人者，减斗杀伤罪一等。若通水入人家致毁害者，亦如之。其故决堤防者，徒三年；漂失赃重者，准盗论；以故杀伤人者，以故杀伤论。[①]

《唐律》的上述规定，为后世律典所继承、发展。《宋刑统》在《杂律》中设有"不修堤防"和"盗决堤防"等罪名，内容与唐律中的规定几近相同。唯在律文后加有起请之条，对罪罚作了些补充规定。[②] 此外，皇帝诏令中也多常见涉及维护渠岸的规定。如咸平三年（1000）五月，宋真宗"申严盗伐河上榆柳之禁"之类，[③]在《宋史·河渠志》中多有记载。

《大明律》中有关水利犯罪的条款虽围绕唐宋律中已成型的"失时不修堤防"和"盗决堤防"等条款，却已有显著变化。变化之一是，河防内容由唐宋律置于《杂律》改为置于《工律》，部门分工和职责管辖更为明确；二是将"失时不修堤防"的顺序移至"盗决河防"之后，社会危害程度更高的盗决、故决河防罪前置；三是罪名由"盗决堤防"改为"盗决河防"，另将之前的保护国家水利设施，改为国家和民间水利设施兼顾，同时加重了对故决河防罪的处罚力度。[④]

《大清律例》在明律基础上，对盗决河防罪的规定更为严密。律文规定：

凡盗决（官）河防者，杖一百。盗决（民间之）圩岸、陂塘者，杖八十。若（因盗决而致水势涨漫，）毁害人家及漂失财物，淹没田禾，计物价重（于杖）者，坐赃论。（罪止杖一百、徒三年。）因而杀伤人者，各减斗杀伤罪一等。（"各"字承河防、圩岸、陂塘说。）若（或取利，或挟仇，）故决河防者，杖一百、徒三年。故决圩岸、陂塘者，减二等。漂失（计所失物价为）

① （唐）长孙无忌等：《唐律疏议》卷27《杂律》，岳纯之点校，上海古籍出版社，2013年，第429—431页。
② （宋）窦仪等：《宋刑统》卷27《杂律》，吴翊如点校，中华书局，1984年，第432页。
③ （元）脱脱等：《宋史》卷91《河渠一·黄河上》，第2260页。
④ （明）雷梦麟：《读律琐言》卷30《工律》，怀效锋等点校，法律出版社，2000年，第509—511页。

赃重（于徒）者，准窃盗论，（罪止杖一百，流三千里，）免刺。因而杀伤人者，以故杀伤论。①

清代盗决河防律文所附条例，亦在明代《问刑条例》内容基础上，经过数次修订，增加了对盗决山东、河南等处临河大堤的处罚，根据情节、后果，处以枷号一至三个月，以及发近边、边远、极边充军，发黑龙江等处给披甲人为奴等刑罚。②

从上述律条之沿革发展可以看出，作为法律规范的顶层设计，唐宋明清律典偏重于对社会危害后果严重的行为进行定罪量刑，并根据现实需要适时调整修订。涉及水利的犯罪，盗决、故决河防后果严重，是法律重点防控的对象，而且惩罚力度不断加强。但在现实生活中，经常发生的是村社因使水不均而对渠堰设施进行截堵改挖之事，而明清律典增加的"盗决（民间之）圩岸、陂塘者，杖八十""故决圩岸、陂塘者，减二等"的规定，也反映出国家对维护民间水利秩序的重视。

从碑石所载水利讼案看，引"故决（民间之）圩岸"律条进行断案的司法实践确实存在。甘肃武威乾隆九年（1744）《判发武威县高头坝与永昌县乌牛坝用水执照水利勒石碑》记载调处两坝水利纠纷事，最终判决是：

> 应如该县所拟，茹万泽率众挖坝，夺取水利，合依故决圩岸、坡塘，减故决河防律二等，为首杖八十，徒二年；俞圣言、陆翊贵、蒋献朝各自供认同行挖坝，均依为从律减一等，各杖七十、徒一年半，统请定地发配至配所；责折发落蒋献朝，年已七十，照例收赎；赵伯隆、吕声鳌审明同行挖坝，杖八十，折责三十板。③

但从碑石所载诸多水利纠纷之判决情况看，"故决圩岸"罪罚应用有限。因现实中常见的争夺、霸占水源而兴讼、伤人之事，也多以"诬告"及"不应为"

---

① （清）吴坛著，马建石等校注：《大清律例通考校注》卷39《工律·河防》，中国政法大学出版社，1992年，第1135页。

② （清）吴坤修等编撰，郭成伟主编：《大清律例根原》卷120，上海辞书出版社，2012年，第1908—1911页。

③ 王其英主编：《武威金石录》，兰州大学出版社，2001年，第153—154页。

等律条来定罪量刑。

万历十四年(1586)刻《南横渠碑记》记载了上官河与下官河村民关于南横渠分界的争端："赵大经纠合渠长蔺世孝，沟首徐□朝，磨户□应科、张发良，引领本河各村五百余人，鸣锣、响鼓、张旗，各执棍棒，白昼强开水口。"此情景当适用律文中的故决圩岸、坡塘条款，但此案的判决却是引"不应为"条款："蔺世孝、张发良、□应科俱不应，各杖七十，招解，本府复审无异。"①

万历十七年(1589)刻《太原水利禁令公文碑》记载了金胜村村民柳桐凤等人违例告争夜水之事。首判"柳桐凤等不得分沾晋祠水利"。之后柳桐凤又两次复控，最后判决维护晋府的用水旧例，"柳桐凤合依不应得为而为之事理重者律，杖八十，有大诰及遇蒙恩□□减二等杖六十"，②所引依然是"不应为"条款。

"不应为"条自设于《唐律》，历《宋刑统》至明清律，条文内容几未作变动。《唐律》规定：

> 诸不应得为而为之者，笞四十。（谓律、令无条，理不可为者。）事理重者，杖八十。③

《宋刑统》将唐代分置两条的"违令"和"不应为"合并为"违令及不应得为而为"条，④《大明律》则又将"违令"和"不应为"分列，具体内容均未有变化。⑤《大清律例》承袭明律，仅于顺治初年修律时在律条后加小注："律无罪名，所犯事有轻重，各量情而坐之。"⑥

显然，"不应为"的设定增加了法律适用的灵活性，但从立法技术角度看，未见明显进步。

总体而言，自唐宋至明清，中国古代律典中的罪名条款承继关系明显，稳

---

① 山西大学中国社会史研究中心编：《中国社会史研究的理论与方法》，北京大学出版社，2011年，第164页。
② 碑存山西太原晋祠，照碑录文。
③ 《唐律疏议》卷2《杂律》，第445页。
④ 《宋刑统》卷27《杂律》，第447页。
⑤ 《读律琐言》卷26《刑律九·杂犯》，第463页。
⑥ 《大清律例通考校注》卷34《刑律·杂犯》，第988页。

定性强，修订调整的幅度不大。对于水利犯罪而言，既有针对性强的盗决、故决河防、圩岸等罪名，也有灵活性大的"不应为""违令"等条款，虽可涵盖对水利犯罪的各种行为的制裁，但在满足社会发展需要方面，仍表现迟缓滞后，需要更多具体、细致的规范，来填补法律适用的空缺。

（二）中层制度规范：令式科条之细节

中国古代以碑石刻载水利专条起源甚早。史载西汉元帝时（前 48 年—前 33 年），南阳太守召信臣"为民作均水约束，刻石立于田畔，以防分争"。① 自唐代始，官方更加关注专门水利法规的制定实施。唐《水部式》敦煌残卷中有不少禁约式条款，如"不得当渠造堰"、斗门"不得私造"等。② 宋代有宣和二年（1120）编订的《宣和编类河防书》，计 292 卷，惜已散佚。但从水利科条碑文，也可见宋代水利法律规范之细密。宋熙宁三年（1070）《千仓渠水利奏立科条碑》计有科条十项，详列千仓渠水利管理、使用等细则，并立石定例，使之久远。其中科条第二、第十款规定：

> 一孟州城池只用济河泉水，常于龙港沟点检，不得令人盗决。如遇大旱水小，亦不得于千仓渠济水内分减。
>
> ……
>
> 已上所立条约，如州县官吏故有违犯，争夺水势，乞科违制之罪，仍许人户经转运提刑司陈诉。如稻田人户自相侵犯，不守条约，乞从违制失定断。

科条中"不得令人盗决"，符合唐宋有相水利犯罪的法律规定；对违反"所立条约"的州县官员"乞科违制之罪"，对不守条约的稻田人户"乞从违制失定断"的规定，显示了此科条的效力非同一般。查阅科条的生成经过，其中的重要环节是：

---

① （汉）班固：《汉书》卷 89《召信臣传》，中华书局，1962 年，第 3642 页。
② 刘俊文：《敦煌吐鲁番唐代法制文书考释》，中华书局，1989 年，第 326 页。

圣旨：宜令京西转运司并依所奏施行。札付司农寺,准此。牒请一

依　中书札子指挥施行。关牒合属去处,照会施行。①

因为有圣旨授意,科条附加"乞科违制之罪",因而名正言顺。

宋之后,金有《河防令》11 条,为河防修守职责的行政法规。② 元代《通制条格》中《河防》篇内容佚失,《田令》篇中有涉及农桑水利之事。另《元典章·户部卷》收有"兴举水利"、"提点农桑水利"条,分别为至元九年(1272)二月和至元二十九年(1292)六月圣旨条画。③

上述禁令科条虽规定了各种禁为行为如"不得令人盗决"和"不得有误稻田使用"等,但罪名设定和处罚方式并不具体。前述《千仓渠水利奏立科条碑》上的"乞科违制之罪""乞从违制失定断"等,显示其本身是一种下位法,需援引上位律典中的"制书有违""违令"等条款,发挥效力。

与顶层制度设计相比,中层令式科条的内容,行政管理职责更为明确。就水利专门法令规章而言,其内容多涉及渠堰水量分配、渠户权利义务、渠甲设置监管、涉渠官吏及人户的约束等,是各地进行水利管理进而维护用水秩序的重要依据。这些制度规范的设立,多采用行政报批审核程序,包括皇帝的圣旨批示。

(三) 基层水规与中层规范之同异互补

古代民间水规渠例的具体数量难以统计,在北方的各个渠堰和水神祭祀场所,均能找到与水规渠例有关的碑石。其作用,正如乾隆五十六年(1791)《月河铁溪堰碑》所载："圣训曰：和乡党,息争讼,莫若于水。夫水例均而乡党自和,轮放公而争讼自息,水例固甚要也。"④

就内容而言,民间水规与官方的水利科条在内容上有明显的重合,主要表现在：

1. 水利管理方式及渠长设置

在山、陕、豫地区,渠长、堰长、甲头等基层水利管理体系早在唐宋时已确

---

①　《北京图书馆藏中国历代石刻拓本汇编》第 39 册,中州古籍出版社,1997 年,第 42 页。

②　(元)沙克什：《河防通议》卷上,文渊阁《四库全书》版。

③　陈高华等点校：《元典章》卷 23《户部卷·农桑·水利》,中华书局,2011 年,第 937—938 页。

④　张沛编著：《安康碑石》,三秦出版社,1991 年,第 90 页。

立。《新唐书》中有"京畿有渠长、斗门长"①的记载。宋代《千仓渠水利奏立科条碑》载："沿渠人户分作上流、中流、下流三等。每等各置甲头一人，以逐等内地土、物力。"②明代《太原水利禁令公文碑》所设定日轮灌等制度颇为周详，规定："每渠设立渠长二人，率领水甲各照地界分管水利。每年二月内，令有地用水人民均出夫役，疏浚渠道。于二月初一日起放水浇地。"③

明清时期，渠堰长等的选任、职责和监管规定，在民间水利规范中占有一定比例。前述金代山西曲沃临交村等八村设定的渠堰用水和渠长职责规范已相当明确。清同治四年(1865)陕西汉中杨填堰的《编夫凡例》是由堰务首事等公议并报洋县知县核准后刻立于石。编夫属于地方公务，"因每年堰坎冲塌，渠道壅淤，必然修补，按户出丁挑垦，遂有编夫之举"。负责编夫的"公直"公正与否，关系用水户的切身利益。《凡例》首条交待"公直"的含义：

前人为编夫而设公直之名，公者无私，直者不曲之谓也。乃近来编夫人等，多有受贿瞒田，互相蒙蔽，至堰簿田亩递减，大失前人命名之意。嗣后编夫者须将公直二字，讲究明白，然后再充其任。

之后 11 条规范，详列公直职守及违规的处罚。其中第二条规定"书算不清，必系假冒"，面斥不贷；第三条规定按编夫格式注明田户数位，如潦草订簿送堰，"以舞弊论"；第五条规定"堰田旧有成数，分毫无容少下，倘渔利公直受贿妄减……定将公直拘堰，送官究办"。此外尚列有对公直"私吞挺抗""受贿"等弊采取送官究办、面斥、赔册更换等处罚条款。④

民间水规强调对堰长、公直的职责和监督防范，是基于他们在维护地方用水秩序方面有较大权限。光绪二十六年(1900)陕西汉阴《凤亭堰公议放水条规碑》规定："本堰各有名分之水，有等强悍之徒，窥无人守，黑夜偷水，一经查出，投鸣堰长，酌水多少，分别轻重，议罚入公。违者禀究。"⑤此监督措施的

① （宋）欧阳修等：《新唐书》卷 46《百官志一》，第 1199 页。
② 范天平等编注：《豫西水碑钩沉》，陕西人民出版社，2001 年，第 290 页。
③ 据晋祠存碑录文。
④ 鲁西奇、林昌丈：《汉中水利碑刻辑存》，载氏著《汉中三堰：明清时期汉中地区的堰渠水利与社会变迁》，中华书局，2011 年，第 260—261 页。
⑤ 张沛编著：《安康碑石》，三秦出版社，1991 年，第 330—331 页。

规定,可避免堰长专权、擅权。

2. 对权利义务的设定

除明确堰长、渠甲、公直等相应的权利、义务外,民间水利规范多强调建渠修堰等劳务分担与用水资格的对应。凡按惯例以三七、四六分水的县、村,也多按用水比例出工修堰。陕西汉中"杨填堰水灌溉城、洋农田,旧章以城三洋七摊派修理,由来久矣",[①]此已成为城固、洋县官民之共识。陕西汉中道光四年(1824)《荒溪堰条规碑》为阖堰公议之用水规范,亦是强调"各按水夫多寡,分排夫名,如此,则水多者夫多,水少者夫少,庶不至彼此推诿而沟渠通行矣",违规者,或罚戏,或罚钱。最后强调:"以上数条,俱系阖堰公议。不遵者,许令禀官,决不宽贷。"[②]

碑文载民间水规渠例与官方水利令式科条的差异也较有明显,主要体现为两点:

1) 罪与罚的差异

明清律例对水利犯罪的处罚以徒、杖及罚赎、枷示为主,专门水利法规中多设违令、违制之罪名,需与律例中的相关条款配合。个别地方的水利管理规条,会依据情况拟定一些变通罪名,但处罚仍是基于律典中的相关条款。山西雍正七年(1729)《太原县整饬水利碑》规定有七款禁约,其中第四至第七条涉及多种罪名:

> 一、渠头、水甲宜秉公派夫也。查旧日渠甲,除酬劳地亩不出夫役外,复多派散夫,折钱入己,深为未便。嗣后酬劳既革,一概按地出夫,足用而止。如有多派折钱入己者,照诓骗财物律计赃治罪,则无假公多派之弊矣。

> 一、渠头、水甲宜永禁卖水也。查旧日渠甲,将水边地亩不许灌溉,引水流入远村,卖钱肥己,深为未便。嗣后稻地细水长流,白地自上而下,周而复始,如有卖水者,照监守自盗律计赃治罪,则无紊乱不公之弊矣。

---

① 陈显远编著:《汉中碑石》,三秦出版社,1996年,第311页。
② 陈显远编著:《汉中碑石》,第55页图版。

一、渠头、水甲宜各守界限也。查旧日渠甲不守界限，如南河渠长王杰士霸占晋祠稻地水例，竟敢越邀河子旧界，任意把持，深为不法。嗣后南河照议定限，永远遵守；其北河、中河、陆堡河各照旧界，不许越界多事。如有犯者，照强占官民山场律治罪；因而聚众行凶者，照凶徒聚众例治罪，则无恃强生事之弊矣。

一、渠头、水甲宜官给印照，并乡地稽查也。查旧日渠甲无人钤制，因而肆无忌惮，公然作弊。稍不如意，则聚众凌人，上下呈告，深为不法。嗣后渠甲由乡地保甲举报到官，令渠头投递连名，水甲认状，官给印照内开明禁约，使其知所遵守。水甲姓名粘连于后，年终缴查。再令乡地不时稽查，有弊即报，如敢容隐，事发，照本犯罪名连坐治罪。水甲有犯，水头不举，一并连坐，则无渠甲专擅之弊矣。[1]

上述条款中的罪罚，均专门为防范弊端而设，目标明确，诸如"照诓骗财物律计赃治罪""照监守自盗律计赃治罪""照强占官民山场律治罪""照凶徒聚众例治罪""照本犯罪名连坐治罪"等罪名，实施时需依据上位法典中的相关罪名条款量刑。

民间水规依对罪罚的设定，大致可分两种情况：一种是规范的制定者，如渠长、堰首等，是政府公权的延伸，其所议定的规范与国家律例典章有一定的关联。山西洪洞万历十七年(1589)《苑川古庙碣》为六村公议水规：

切思遵例使水者，因有违例倚势强浇者甚众，除已往不咎外，今同各头商议："遵照各该日期浇灌，毋得仍前违例强浇。如有违例者，许当年沟头呈禀本县，照依违水例治罪，以杜后弊。沟头若有隐情不禀被人讦告，以受贿坐赃问罪。"[2]

从规范的形成方式看，为六村渠长公议，源自民间公权。但因为水利多为地方公务，渠长、甲头等人选要报官备案。如前述《太原县整饬水利碑》所

---

① 左慧元编：《黄河金石录》，黄河水利出版社，1999年，第233页。
② 汪学文主编：《三晋石刻大全·临汾市洪洞县卷》，三晋出版社，2009年，第172页。

示："嗣后渠甲由乡地保甲举报到官,令渠头投递连名,水甲认状,官给印照内开明禁约。"这些程序规定使他们拥有特殊身份,并有资格代行一定的官府职责。其所订规范,也有别于一般的民间规约。水规中规定"如有违例者,许当年沟头呈禀本县",明显是官方话语。

类似者还有山西洪洞县赵城镇万历年间的《后沟庄水例碑记》,其罚则中有如违背公议使水规则,"照依横霸水例论罪"的规定。[1] 此外还有大量的"禀官究治"、"送官"等规定,均属于与政府公权体系相关联的罚责,也自然成为多层级法律规范体系的一个组成部分。当然其罚则也与前文所举一碑三记中的官法和私罚并存类似,基本原则是违规轻者采取罚戏、罚银、罚工等处罚,重者送官究治。

另外一种是与政府公权无关的规约,即纯粹的民间规约。其形成过程也经过公议程序,但未经报官,处罚措施由民间商定,以罚戏、罚银等为主。不过由于水利关系民生的特殊性,地方政府亦积极通过渠长备案等方式实现对民间社会的控制,以致与政府公权无关的水利规约数量,相对少于其他类别的乡规民约。

2）形成方式不同

令式科条等专门性法规,或由权力机构制定颁布,或经过繁复的申报和审批程序。民间水规或基于长期的传统,或基于民间权威的公议,形成自我认同度较高的水利规则。民间水规欲晋升为民间法律规范,需经过报官核准,但程序简单,州县官即有决定权,无需像科条一样经过程序复杂的行政审核批复。

民间规约获得官方认可的另一种方式是,在裁决纠纷时以水规惯例为依据,从而追认民间水规的法律效力。山西新绛县南李村乾隆三十一年（1766）《陡门水磨碑记》额题"率由旧章",虽最终是以渠长"恳宪销案"为结果,但经过官府的干预,争执方均保证"永遵旧规"。[2] 此种通过讼案承认旧规的事例,在明清水利碑刻中颇为常见。

上述水利规范的三个层级性结构,顶层结构涉及国家安全,重点突出,罪

---

① 汪学文主编:《三晋石刻大全·临汾市洪洞县卷》,第213页。
② 张学会主编:《河东水利石刻》,山西人民出版社,2004年,第220页。

罚明确，在纵向沿革发展中，以微调为主。中层的制度性规范，或由官方制定，或经行政审批程序生成，内容细致，行政管理特色鲜明。基层的法律规范，官府认同程序简单。既可由民间公议认同后报官，也可实行一段后官府追认，针对性强，强调公平监督，注重罚则实施。

就不同层次的法律规范相互关系而言，上层和中层的配合性密切，中层和基层规范的互补性更强。而基层和顶层之间，总体看缺少沟通渠道。就规范的关键要素——禁、罪、罚而言，律典中的罪罚设定明确稳定；行政规范或以"违令"、"违制"、"治以严法"、"严断"等威吓，或列以变通性的罪名，与上位法衔接；民间规范设定的罚项较多，强调官法和私罚并用，遂也将自身置于一种模糊地带：时而呈现为法律规范的面貌，时而又类同民间规则。这也造成了学术界对"民间法"是否是法律规范的长期争论。

三、程序和效力

（一）法律规范的核心要素

前述所列举的非制定和制定法并存的事例，以及对不同层面的法律规范的内容、程序、社会作用和特点的分析，主要为阐述各层法律规范在结构体系中的互补性，以及古代法律规范形成方式的双向性。不同层面的法律规范之所以可能互补，非制定法和制定法可以长期和谐并存，在于它们具有共同的核心要素，其大略有四：

一是公权。所谓公权，既包括中央国家权力机构如皇权及各级政府所拥有的行政权力，也包括国家权力的延伸如渠长、公直、士绅、乡耆等民间力量所形成的"民间公权"。在古代碑文中，政府公权的法制表达与实践，具有皇权至上、法律制度健全、行政管理系统化及自上而下的执行路径等特色；民间公权的法制表达与实践，具有自下而上的形成途径，以及注重程序、效力和罚则，强调公平、监督、制约等特色。①

前文引述的汉代召信臣"为民作均水约束，刻石立于田畔"，是因为约束的制定者为南阳太守，他是公权力的代表，其所制定的法令，自然有国家强制

---

① 参见拙作：《法制"镂之金石"传统与明清碑禁体系》，第249—251、331—339页。

力为后盾。金代山西曲沃临交村、白水村等八村共议的"罪赏"规则，是因为24名"在籍"渠长的身份和官府的认可，使他们既是民间公权的代表，又是政府公权的延伸，其所议定的规则也带有双重公权力的烙印——私罚和官法并列。

二是公益，指法律规范所调整的社会关系涉及公产、公益、公平、公共安全，而非个人或少数人的私利，尤其禁止个别人以私害公。唐代《水部式》规定："诸水碾硙，若壅水质泥塞渠，不自疏导，致令水溢渠坏，于公私有妨者，碾硙即令毁破。"即诸渠上安置的碾磨，若影响河渠的正常运行，损害公私利益的，要拆除。[①] 民间水规渠例侧重强调渠堰用水与出夫修堰的公平合理。山西沁水县嘉峰镇嘉峰村至元三年(1337)《修渠灌溉规条碑》记录了嘉峰、商庄、闫家沟等村开渠并立条规之事。因渠灌关系村众利益，凡挖渠、浇灌，需"呼集大小人名，一同商议"，最后决定：

> 如后使水浇灌地土时，照依各人工力，将水从下使用上轮，下次回而复始。不得不施工力之人，偷水浇灌地土，罚烧银一十两。[②]

三是禁、罪、罚和权利、义务的设定，这是法律规范不可或缺的内容。因前文多有涉及，不再赘述。

四是核准程序。程序关乎效力。由权力机构制定的律典自不必说，中层规范的行政审批、基层规范的报官核准，或官府调处纠纷时对旧惯例的追认，都是必不可少的环节。碑石所见民间规则的"合法化"始自宋代。前文提到《千仓渠水利奏立科条碑》，著名的《范文正公义田规矩碑》[③]，都是代表性的例证。雍正七年(1729)《太原县整饬水利碑》所载七条禁约的生效程序是，由太原知县龚新申详，逐层上报审批，获府级至巡抚五级要员批示。其中巡抚山西都察院加二级觉罗石某对布政司、按察司的详报时间做出明确

---

① 刘俊文：《敦煌吐鲁番唐代法制文书考释》，中华书局，1989年，第329页。
② 车国梁主编：《三晋石刻大全·晋城市沁水县卷》，三晋出版社，2012年，第20页。
③ 宋政和七年(1117)所立《范文正公义田规矩碑》是一个由民间规约变身为非制定法的经典事例。该碑的突出特点是公文和规条并刻。公文部分是范仲淹次子纯仁向英宗提交的奏章和治平元年(1064)四月十一日札付，规条部分包括皇祐二年(1050)《文正公初定规矩》，以及熙宁六年(1073)到政和七年陆续修订的规条。此碑现存于江苏苏州文庙。

规定：

> 水利关系国课民生，立法务须可垂久远。本院屡次饬查，令批阅该县议详各条，分晰颇明，但不厌详慎。仰布政司会同按察司逐一再加确议，限三日内即妥详报夺，饬遵，毋得刻迟。①

民间法律规范的核准程序则较为简便。清代，以"奉宪示禁"名义刻立的民间禁约碑刻增速迅猛，也说明民间规则"合法化"的路径颇为通畅。

凡具备上述四项要素的，无论是自上而下颁布实施的制定法，还是由下而上形成的非制定法，亦无论是处于法律规范结构体系的上、中层还是基层，都属于国家认可的法律规范。

当然作为法律规范，还需要效力持久。将民间法律规范刻石公示，正传达了这一意图。

（二）法律规范和民间规约的相对性

我们将民间法律规范视为国家法律规范结构体系的一部分，也是基于古人对民间规条的法律属性的认同。陕西紫阳知县认为众绅粮禀恳示禁的十条议规约"堪为斯乡程式"，特同意立碑示禁，并认为：

> 照得里党不可无规条，尤朝廷不可无法律。无法律莫由振四海之颓风，无条规何一洗一乡之敝俗。②

虽然这是出自知县之口，但民间的看法，也大同小异。广西大新县道光十六年(1836)《乡规碑记》载有两村同立的六条禁偷盗规约，规约前的序文解释定规的缘由道：

> 尝闻国有法而乡有规，盖国法明而后善良安，是乡规者，亦国法之一

---

① 左慧元编：《黄河金石录》，第234页。
② 同治八年(1869)《地方告示碑》，载李启良等编著：《安康碑版钩沉》，陕西人民出版社，1998年，第224页。

助也。①

类似观点，在民间规约碑中屡见不鲜，诸如"朝廷有例条，民间有律法"、"周公置礼，孔子造书，官有律条，民有禁约，万物咸兴"的表述，②均指明非制定法和制定法可以并行不悖，同时也揭示了非制定法在社会秩序维护方面的重要意义。

在本文所述的法律规范结构体系之外，尚有大量未能纳入法律规范系统内的规约、私约、契约等。以法律规范的核心要素进行衡量，民间规约或缺乏官府的认可，或缺少禁罪罚条款，致使其约束力受到限制；契约、合同以私利为主，法律规范的公益性特征难以彰显。但我们也不能因此而忽视民间规约在地方法律秩序建构中的积极作用。③

我们将古代民间规约划分为民间法律规范和民间规约两个层次，将其中的民间法律规范纳入到有国家强制力保障的法律规范体系内，除了可使古代法律规范的结构更为立体、丰满，也有助于明确非制定法的性质和特色。与民间规约不同的是，非制定法经过官方核准或追认，其罚则兼有送官和私罚，这两点都是民间规约所不具备的。

但民间法律规范和民间规约的划分并非绝对。在官府确认旧规惯例的"合法性"之前，它们依旧是规约；有些被官府认同的规约，如果缺乏罪罚的内容，也不足以晋升为非制定法。

尽管我们依据效力和程序等对法律规范进行划分、归纳，分析这些规范、规约是以自我约束为主，还是强化对自我和他人的共同约束；是存在于"体制内"，还是游离于"体制外"；是"事实"上的法律规范，还是"名义"上法律规范，但这些条条框框，对古人意义不大，他们更在意的当是借助规则来建构、维护社会秩序。

从碑石所载看，古代民众对规则性社会的追求，持之以恒。自宋代以来，载于碑石上的水规、学规、义庄规矩陆续增多，清代时，各种乡规、村规、会馆规约遍布城乡。这促使我们认真思考，民间规约被"奉宪勒石"的原因到底是

---

① 广西民族研究所编：《广西少数民族地区石刻碑文集》，广西人民出版社，1982年，第51页。
② 《广西少数民族地区石刻碑文集》，第156、126页。
③ 可参阅刘笃才等著：《民间规约与中国古代法律秩序》，社会科学文献出版社，2014年。

什么？在古代社会治理和社会秩序维护中，它们起了哪些作用？

　　法治社会的基础当是规则性社会。民间社会热衷于规则的制定和传承，民众对规则的认同和坚持，乃是社会秩序维系的根本。这也是当今法治建设需要借鉴的地方。

第七章　公文碑中的司法形态：以《给复学田公牒》和《省札》为例

　　《给复学田公牒一》《给复学田公牒二》和《给复学田省札》是三通关联密切的南宋公堂刻石，计载有八份公文、两份判词。公文中迭现的申状、乞请、回复以及调查取证、检法断案等环节，多维度地展现出一桩学田案的前因后续，以及案件了结之繁难。借助公文流转，我们既得以了解南宋平江知府根究学田案件以及出判执行的完整程序，也可看到案件关系人施加于案件的影响，乃至案件之隐情和破绽。而学田案的利益关切者申请将公文摹印刻石，也揭示出公文碑在古代司法审判以及纠纷预防中的特殊作用，以及古代司法与行政的密切关系。

一、碑石概貌及碑文研究

　　南宋绍定元年（1228）《给复学田公牒一》《给复学田公牒二》（以下简称《公牒一》《公牒二》）和绍定三年（1230）《给复学田省札》（以下简称《省札》）是一组具有明显关联性的碑刻。三碑所聚焦的"给复学田"，是因平江府府学有600余亩田产被陈焕兄弟冒占，而诉求平江府追还产业，并请求"具申台部及诸司证会"及给发尚书省札以确保永久权益。其关联性不仅反映在各公文的衔接印证，也表现为碑石的形制外观、刊刻时间、公文体式以及公文所涉人物和官署等，均具有不可分割性。将三通碑刻进行合并研究，较之对各碑的逐一研究，更能充分展现这组碑刻的史料价值。

（一）碑石外观

三碑原立地点当在苏州府学，目前存佚情况不详。现所据考释研究者为三通碑刻的清拓本。[①]《公牒一》拓本尺寸不详，《公牒二》《省札》拓本分别为 5.8 × 2.8 尺、5.5 × 2.9 尺。[②] 从外观上看，《公牒一》的尺寸应与《公牒二》《省札》接近。三碑格式类同，均题横额，字体、格式相近。《公牒一》《公牒二》为四截刻，《省札》为三截刻（参见图 1、2、3）。

三碑所载主体内容是宋代常见的公文——牒和省札。牒为上、下通用之公文体，《庆元条法事类》对牒的体式有专门规定：

> 某司　牒　某司（或某官。）某事云云。牒云云。（如前列数事，则云"牒件如前"云云。）谨牒。
>
> 　　年　月　日
>
> 　具官、姓，书字。
>
> 　内外官司非相统摄者，相移用此式。（诸司补牒准此。唯改"牒某司"作"牒某人"，姓名不阙字，辞末云"故牒"。于年月日下书吏人姓名。）官虽统摄而无申状例及卑于比州之类，皆曰"牒上"。于所辖而无符、帖例者，则曰"牒某司"或"某官"，并不阙字。[③]

军府（即平江府）发牒文给府学，应属上文中的"于所辖而无符、帖例者"。碑文格式基本遵照《庆元条法事类》所规定的牒式。以《公牒一》所载首份牒文和《公牒二》所载末份牒文为例。牒文首行均大字书"军府牒府学"或"提举常平司牒平江府府学"，即牒式中的"某司牒某司"。各牒文中小字所记事项，即牒式中的"某事云云"。结尾大字书"牒请候到照牒内备去事理，仰径自管

---

① 《公牒一》拓本藏于台北中研院历史语言研究所傅斯年图书馆，大陆文物市场上亦有流传。《公牒二》和《省札》拓本存于北京大学图书馆和台北中研院历史语言研究所傅斯年图书馆。《江苏金石志》著录有《公牒二》和《省札》的碑文。参见江苏通志稿《江苏金石志》卷15，载林荣华校编：《石刻史料新编》第1辑第13册，第9822、9831页。

② 《江苏金石志》卷15，《石刻史料新编》第1辑第13册，第9822、9831页。

③ （宋）谢深甫编：《庆元条法事类》卷16《文书门一·文书》，戴建国点校，载杨一凡、田涛主编：《中国珍稀法律典籍续编》第1册，第348—349页。

业，具状供申。谨牒"，以及"牒请照应施行。谨牒"，为牒式中的"牒云云。谨牒"。牒式中的"具官、姓，书字"，也同样体现在碑文中。

《公牒一》刻绍定元年（1228）五月、六月、七月三道军府牒府学文。前两道牒文后均有五位官员具姓，为吕、耿、富、石、章姓，分别任平江府观察推官、平江军节度推官、特差通判、通判和知府之职，并按品阶由低往高排列，依次为儒林郎、承直郎、通直郎、承议郎以及朝奉大夫。署名位居最后者字体最大，官职级别最高，是牒文的直接责任者，此为时任平江知府的章良朋。第三道牒文有六位官员具姓署名签押，在吕、耿后增赵姓官员，官职最高者依然为平江知府，此时更换为林介。

《公牒二》亦刻牒文三道，前两道为绍定元年九月、十一月军府牒府学文，具姓官员依次为吕、耿、赵、石、林姓。按照牒式要求的"具官、姓，书字"，"具官、姓"见之于各道牒文，惟"书字"仅见于两道牒文，即《公牒一》的第三份（绍定元年七月文）和《公牒二》的第二份（绍定元年十一月文），它们分别为各碑同类牒文的最后一个。推测据以摹刻的原纸质牒文上的官职和姓下均书名字并有官员画押，刻碑时却将雷同的字、押省略了。

《公牒一》和《公牒二》所载五道"军府牒府学"牒文均钤盖"平江府印"。《公牒二》所刻第三道牒文为绍定元年十一月两浙路提举常平司牒平江府学牒文，钤盖"两浙路提举司之印"。官印的钤盖位置均在牒文时间的月、日之间。

省札为尚书省札子的简称，源于唐代的堂帖，是适应中晚唐政治变化而出现的宰相独立处理政务的文书类型。因宰相机构为政事堂（中书门下），故称"堂帖"。宋元丰改制后，政令须经尚书省行下，"堂帖"遂变为"省札"。[①] 在《省札》第三截所刻跋记中，也以"堂帖"指代"省札"。

《省札》刻两道尚书省札付平江府公文，依次为绍定元年十月三十日和绍定三年（1230）九月文，两札均钤"尚书省印"，位置与牒文一致。《省札》第三截刻绍定三年十月府学教授汪泰亨的跋文，简述陈焕冒占学田案处理之经过及主司之功劳。

---

① 参见李全德《从堂帖到省札——略论唐宋时期宰相处理政务的文书之演变》，《北京大学学报（哲学社会科学版）》2012 年第 2 期。

上述三碑记载公文八道，时间集中于绍定元年，所载公文具有连续性，依次为绍定元年五、六、七、九、十一月牒文，绍定元年十月省札和绍定三年九月省札。《省札》按碑石上最后出现的时间推定为绍定三年季冬刊刻不会产生争论，较难确定的是，《公牒一》《公牒二》刻于何时？它们有无可能刻于绍定元年。

在绍定元年，府学确实表达出要立碑的意图。根据《公牒一》第二道牒文（绍定元年六月文），平江府已同意府学"镌刻碑石，庶得久远遵守"的请求，不过尚未发现据此立碑的任何信息。笔者猜测当时未能立碑的原因，与府学要求陈焕归还冒占学田及返还收益之事未得到妥善解决有关。

从《公牒一》《公牒二》额题所示，刻碑具有连续性，当为同时刊刻。因诸多公文一碑难以尽刻，故分刻两石并标以"一""二"，按发牒时间先后顺序排列。《公牒二》所载牒文的最后时间是绍定元年十一月，两碑有无可能立于该年冬季呢？

反观《省札》碑，首截公文是绍定元年十月三十日尚书省札付平江府。而《公牒二》所载两份牒文均与此道"省札"有关，时间也晚于"省札"。如果府学在该年冬季立碑，当不会遗漏这份较牒文更重要的"省札"，故绍定元年冬季刻碑的假设也可否定。

最大的可能是三碑集中刻于绍定三年冬季。据《省札》第二截绍定三年九月尚书省札付平江府府学之文，内有府学提出的"今摹印到省札及本府并提举司公牒"之文，其摹印内容正是《公牒》一、二和《省札》三碑所刊刻之内容。故刻碑时间当在绍定三年九月以后。

关键性的证据是《省札》第三截府学汪泰亨教授所撰跋记。该记简述自宝庆三年（1227）冬十一月至绍定三年（1230）冬十月以来的重要事项，其中提到绍定元年九月得堂帖（即省札），绍定二年"陈秘书作《复田记》，吴校书作《修学记》，皆直书其事，刻珉公堂"，以及绍定三年季秋陈焕之弟越诉，"郡太守朱贰卿复以本末上尚书省，不旬日复得堂帖，重刊于学"之事。"重刊于学"当指继《复田记》刻石后，再刊堂帖于府学之事。其中并未提到刻公牒碑之事。

绍定二年（1229）八月所刊《吴学复田记》也是证明《公牒》碑刊刻时间的重要依据。该碑由陈耆卿撰文，石孝隆书并题额。碑中述学田被冒占之事道："建炎亡其籍，而绍、淳之石与版独烂如之，不幸渔于豪民之手、黠吏羽翼之林……在常熟县为田千六百九十亩，而租之入者，仅千亩焉，盖十有九年。"①所述正是陈焕冒占学田 19 年之事，其中也未提及绍定元年有刻碑之举。

另从三碑额题俱见"给复学田"四字的书写方式看，笔法相同，当为一人所书。据此，本文推测《公牒一》《公牒二》当与《省札》同时刊刻。

(二) 已往研究

三碑的内容已引起中外学者不同程度的关注，尤其是《公牒二》中的内容，吸引了一些宋元法律史和经济史学者的注意。

中日法律史学者之所以关注《公牒二》，是因为该牒记述了宋代的法司检法程序。宫崎市定在《宋元时期的法制与审判机构——〈元典章〉的时代背景及社会背景》一文中提到，根据《江苏金石志》所载平江府学的碑刻（即《公牒二》）内容，理宗绍定元年（1228）平江府学状告陈焕侵占学田，平江府法司将检出的适用该案判决的律、敕、格、令法条内容——开列，再行判决。由此说明宋代审判中法规检索的具体操作。② 徐道邻也曾以《公牒二》相关内容为例，论述宋代法司检法程序。③ 陈景良则根据此段材料，认为若无完备的档案架阁制度，地方州县检法官员是不可能检出如此详备之法条的，以此论证宋代以"千文架阁法"管理司法文书，为地方州县司法的职业化发展提供了保障。④

《公牒二》也为不少研究经济史的学者所关注。日本柳田节子从此碑所记载的陈焕侵占平江府府学田产的纠纷本身，分析国家的官田经营和形势户的关系及力量消长，指出纠纷中持续供证陈焕的濮光辅和施祥等，也应被视

---

① 《江苏金石志》卷 15，《石刻史料新编》第 1 辑第 13 册，第 9829 页。

② ［日］宫崎市定《宋元时期的法制与审判机构——〈元典章〉的时代背景及社会背景》，原载《东方学报》第 24 册，1954 年；姚荣涛译，收入杨一凡总主编，寺田浩明、川村康编：《中国法制史考证》丙编第 3 卷，中国社会科学出版社，2003 年，第 275—276 页。

③ 徐道邻：《鞫谳分司考》，载氏著《中国法制史论集》，台北志文出版社，1975 年，第 119—120 页。

④ 陈景良《唐宋州县治理的本土经验：从宋代司法职业化的趋向说起》，《法制与社会发展》2014 年第 1 期，第 122—123 页。

为豪民来考察。① 另外，高柯立亦曾提及《公牒二》所载纠纷，以此作为地方豪强与地方官学存在利益纠纷的例证。②

近年来，台湾学者对三通碑文所记述的学田纠纷作了较深入的研究。杨宇勋对《省札》碑中的两份公文作了完整录文和标点，并注释了碑文中出现的人物、职官及经济、法律术语等，讨论了省札申奏流程、荡田开辟程序、纠纷概况及人物关系等问题。③ 熊慧岚详细梳理了学田纠纷的始末，以此为例说明吴学（即平江府学）在学田争讼中如何维护经济权益，尤其强调了教授作为官学主事者在其中所发挥的重要作用。④ 李如钧在论述宋代学产诉讼时，数次证引这一学田纠纷，分析官学在学产诉讼时的提告方式，以及官府处理学产案件时搜集证据、援引法条、协助官学执行判决等程序；也以此揭示地方官、豪强、官学在地方社会中的具体活动样态。⑤

总体来看，已有成果对《公牒二》所载纠纷事件中的检法程序较为关注，对《省札》的整理点校较扎实，但缺乏对三通关联碑刻的系统整理和研究，故已有成果未能反映出宋代学田纠纷案件处理的完整流程，也未能揭示公文运转与纠纷裁决的相互关系，因而这三通关联碑刻尚有进一步研究的空间。

二、学田案之经过

兹据三碑所载八份公文，可将陈焕兄弟冒占学田案之经过大致分为两个阶段。两个阶段可以绍定元年六七月陈焕之弟陈焯翻诉为界，前段为案件的调查取证和初步审理阶段，之后为陈焕之弟陈焯的翻诉、越诉阶段。其中《公

<hr>

① 柳田节子：《宋代の官田と形势户》，收入氏著《宋元社会经济史研究》，东京创文社，1995年，第152—158页。
② 高柯立《宋代的地方官、士人和社会舆论》，载《中国社会历史评论》第10卷，天津古籍出版社，2009年，第197页。
③ 杨宇勋的研究成果是其2004年在台湾"宋代史料研读会"上所作报告。参见网页 http：//www. ihp. sinica. edu. tw/～twsung/song/93whole. htm，最后登录时间2016年7月27日。
④ 熊慧岚：《宋代苏州吴学的经营及其发展趋势》，台湾"国立清华大学"历史研究所硕士论文，2008；熊慧岚《宋代苏州州学的财务经营与权益维护》，《台大历史学报》第45期，2010年6月，第95—97页。
⑤ 李如钧：《学校、法律、地方社会——宋元的学产诉讼与纠纷》，台大出版中心，2016年。

牒一》的三份公文集中反映前段,《公牒二》和《省札》聚焦于后段。

(一) 府学追诉与平江府初审

陈焕冒占学田案正式进入官方视野,是在绍定元年。但冒占学田之事已持续了19年。

陈焕冒占之事被府学发现,是因为其他佃户的首告。《公牒二》之绍定元年十一月两份牒文和元年十月《省札》均载文:"自嘉定贰年以来,节次据王彬、叶延年告首,系是豪户陈焕冒占……绍定元年正月内,本学再据叶延年状首,备因依申府";"因叶延年告首,方于砧基、石刻考证,始知源流。"(注:碑文附于文后,下略)

府学首次状申平江府当在绍定元年正月,其诉求简单明了:"本学砧基、石碑有常熟县双凤乡四十二都器字号荡田"1690余亩,除王彬等五户围裹1040余亩租佃外,有615亩不见着落。依据佃户王彬、叶延年等人的举报,是陈焕冒占,请求平江府追究此事。收到申状后,平江府知府曾委派(常熟)尉司追查,但无结果。

府学又于绍定元年三月二十三日第二次状申平江府,请求追究陈焕冒占学田之事。此时新任知府章良朋刚刚到任(三月十七日到任)。在五月做出初审判决前,章知府严限催续,追到陈焕、叶延年。同时委派常熟邵县尉实地调查取证,获得庄宅牙人蒋成等状,朱千十一等人供证,以及看荡人张十二、田邻顾三十三等供,均指认陈焕冒占学田或有冒占嫌疑。面对指控,陈焕拿出嘉定和宝庆年间的三份契据,以图证明所耕种之田为自己所有。

调查取证材料及陈焕提供的契据,均汇集到吴县周主簿处,由周主簿对案件先行拟断。正如绍定元年五月牒文载周主簿的交待,"准使府送下陈焕冒占府学荡田公案壹宗,委指定回申",即周主簿据以拟断案件是因平江府的委派。而此份牒文的大部分内容,均是周主簿的申文,其中套叠有府学公状、常熟绍县尉的回申、陈焕提供的三份契据内容。在比对府学拥有的学田证据、田邻供证和陈焕的三契内容后,周主簿已得出初步结论——府学丢失的600余亩学田被陈焕冒占。

周主簿的断案依据是:1. 双方争执的荡田内"无其他民产隔截",田产归属容易判定；2. 陈焕提供的三份契纸，时间均晚于府学提供的砧基、石碑年月，即府学拥有田产在先；3. 三契内容均不足为证，伪造明显。

进而，周主簿又以反证法推断三契之不可信：1. 以亩步计之，三契共有1371亩，比府学主张的田产之数多，且契载田产价格不合理。"俞府壹契内称，系产田契内钱叁阡贰佰余贯，置田壹阡叁亩有零，则是三阡壹亩若是民产，其价不应如是之贱。"2. 典契的持有人不当是陈焕。"若果是陈焕已产典在俞府，俞府又典在朱宅，则其契合在朱宅收掌，赍出到官，不应陈焕执出，见得是诡名伪契。"

据此，周主簿引《律》《令》条款做出初步裁定意见：1. 陈焕已死（不再追究律、令规定的笞杖等刑罚）；2. 伪契三纸合行毁抹；3. 原占田600余亩，交还府学；4. 其余宽剩荡田400余亩与学荡相连，欲乞台判并给府学，以助养士；5. 陈焕在冒占期间所收租利，600余亩部分交府学，400余亩部分入官。

平江府同意周主簿的拟判意见，稍作修正后，将处理结果以公牒形式告知府学：1. 陈焕提供的朱契叁纸毁抹附案，及关府院；2. 押上陈焕以次人陈百十四赴府招认所欠十年租课；3.（600亩冒占田和400余亩宽剩田）府学径自管业，具状供申。

平江府判陈焕父子"赴府招认所欠十年租课"并未见于周主簿的拟判。府学申状仅提到追还被冒占的学田，也未涉及学田被冒占期间的利益损失。周主簿的拟判对府学的利益考虑周到，率先提出在追还不见着落的600余亩之外，再将400余亩宽剩田"并给府学，以助养士"，实即将原本不属于府学的田产划拨府学，但之前的产田收益应没收交官，而非交还府学。周主簿在拟断中附有与此案相关的一条律文和一条令文。令文规定："若冒占官宅、欺隐税租赁直者，并追理。积年虽多，至拾年止。"具体如何出判，留待平江知府决定。

同年六月，府学就此案初审后所面临的产业交接、后续可能出现的问题和补充诉求等，向平江府提出六条关切。其中两条是在初判（断由）基础上提出的新诉求：1. 陈焕冒占学田上有庄屋、农具等物，乞帖下尉司，籍定名件，交府学打理学田时公用；2. 陈焕原佃学田150余亩，"经此次理断后租佃关系难以为继，别召人布种，仍乞行下尉司，一并交业"。

对府学的新诉求和其他四条需要平江府发文委派协助之事，平江府均"同意所申"，并逐条告知所申事项的处理情况及后续要求。

(二) 陈焯翻诉和平江府再判

绍定元年六七月间，陈姓至提举常平司翻诉。因五月平江府做出初判时陈焕已死，学田案的当事人转换为陈焕之弟陈焯，而非判决书上写明的陈焕之子陈百十四。绍定元年九月牒文记载："陈焕欺弊迹已难掩，乃于本府已断之后，辄经提举司作自己荡田翻诉。"由于"府学田荡所系养士，别无民产邻至，从前并无开掘明文"，陈焯的翻诉未得到支持。提举司的态度异常鲜明："是荡是田，皆合归府学，牒学证应。"

此案又被转回平江府进行再次审判。七月时，平江知府已换为林介。林知府的再审判决（以下简称"林判"）基本维持章知府的初判（以下简称"章判"），但仍有显著的不同，即林判增加了"法司具条"的检法程序，且所引法条除章判所准律、令之外，又补增"妄认公私田"律条、"盗耕种及贸易官田"敕条及赏格、令文，使平江府对陈氏兄弟冒占学田案之判决，更符合法定程序，也具有更强的判服力。

对于再审结果，陈焯表示认罚，"在府责状，甘自理断，之后不敢冒占。罪赏文状附案存证"。其后判决开始执行，府学接收被冒占的学田，平江府将陈焯补交的部分盗收花利 3510 贯"送钱粮官耿节推交管收，附赤历官簿讫"（据绍定三年《省札》）。

在三碑所载的八份公文中，惟有绍定元年十一月的"军府牒府学"公文后附列案件涉及的学田亩数、租佃人姓名及租佃名目。陈焕冒占亩数及宽剩亩数也一并列出："陈焕冒占陆佰贰拾亩叁角叁步半，准使府差常熟县打量到上件学田，并量出连段下脚肆佰陆拾亩贰角伍拾玖步。"而一系列公文以及公文中所载申状和判词，均围绕 600 余亩被冒占之田和多余的 400 余亩宽剩田之归属。现府学追诉的田产已明确有了着落，学田案至此可告一段落。

然事过两年，到了绍定三年九月，陈焯越诉至刑部。其诉状中有两个关键主张：一是陈焕在狱身死；二是陈焯所补交平江府的 3510 贯盗收花利，是吏胥欺诈，即绍定三年九月省札第 22、23 行所载："今来陈焯妄经尚书刑部，隐下尚书省省札一节，及隐下冒占学田、盗收花利壹拾玖年，计积壹万叁阡余石情犯，却以陈焕在外病亡，妄称在狱身死，及将纳到盗收花利钱叁阡伍佰壹拾贯文，妄作吏胥欺诈脱判。"其诉求，当是追究陈焕在狱身亡的原因及吏胥欺诈之罪。据其所诉，已由原先的田产案件改变为命案和吏胥贪诈案，合理的追究路径是先至提刑司、转运司，[1]不服再诉至刑部。

　　但陈焯的越诉，证据薄弱，刑部将此案移交转运司审理。转运司的判词在绍定三年九月的"省札"中未能体现，但从平江府和府学的申状中，可推测陈焯将面临的罪罚。申状提出三个要求：乞"札下刑部及转运司，就将陈焯并男陈念九押下，从条结断冒占学田情罪，及今来违背省札指挥、妄状越诉情罪，及监追未纳足已指定拾年花利入官"，即追究陈焯的冒占学田罪和妄状越诉罪，并补足原判应交盗收十年花利中尚未交齐的部分。对平江府和府学的申状，尚书省明确表示支持："已札下刑部、两浙转运司，从平江府所申事理施行，并札平江府证会施行外，右札付平江府府学证会。准此。"

三、公文中的案情虚实

　　依据上述案情，学田案之当事方为平江府学和陈氏兄弟，争讼的标的是位于常熟县双凤乡四十二都的 1000 余亩荡田的归属。案件的主审官是平江知府，案件的调查取证工作由常熟县尉承担。案件虽经初审、再审及陈焯越诉后的三审，但判决（断由）中的权利、义务内容并未有太大的变化，追本溯源，当归功于受平江府委托进行拟判的吴县周主簿。在案件的推进中，府学汪泰亨教授也功不可没。此案借助汪教授的申状而展开，陈焯翻诉、越诉最终以失败告终，也因汪教授执着于将案情和断由及时"申台部及诸司证会""乞备申尚书省札下本学"，而得到多方庇护。这三通公文碑刻立于府学，同样也是汪教授的功劳。借助三碑所载公文及公文中的套叠内容，我们得以看到当事人在案件进行的不同阶段所采取的应对策略，并可进而探寻案情进展

---

[1]　绍熙元年（1190）十一月二十九日敕："臣僚札子奏，仰惟祖宗之制，天下诸路分遣部使者，以婚田、税赋属之转运，狱讼、经总属之提刑，常平、茶盐属之提举，兵将、盗贼属之安抚。比来诸司不存事体，疏易者，杂治而失职；苟蔡者，振权而侵官。殊不思民讼未经结绝而别司复受诉，则怀奸者得以规免；事任自有隶属而别司辄干预，则为官吏者何所适从。欲望诏外路诸司体分职之意……其余词诉，苟非其职，并关牒各司，随职举按而不得杂治侵官。奉圣旨'依'。"载《庆元条法事类》卷 4《职制门一·职掌》，第 31—32 页。

之细节和隐情，从而立体地认知地方司法审判活动的运作方式。

（一）申状中的叠加和省并

在三碑所载八份公文中，绍定元年九月牒文、十月三十日"省札"和十一月两份牒文，内容多有雷同。这四份公文的主体内容是府学汪教授的申状和平江知府林介的再审判决。

较之绍定元年五月牒文所载申状，九月牒文所载申状的内容有两个明显变化：一是追溯学田更久远的历史，并突出范仲淹建立府学的功绩："本学养士田产系范文正公选请，至绍兴肆年立石公堂，淳熙伍年置砧基簿，庆元贰年重立石刻，并载常熟县双凤乡肆拾贰都器字……。"而之前的申状只提"本学砧基、石碑有常熟县双凤乡四十二都器字号荡田"，即最初所提证据是淳熙五年（1178）砧基簿和庆元二年（1196）石刻。周主簿拟断时所依据的证据也是此两项，"本职窃详上件事理，府学砧基是淳熙五年造，碑石是庆元贰年立"，均未提范氏助学和绍兴四年（1134）立石公堂之事，毕竟后增两事，与此案相距久远，缺乏直接证据效力。

二是绍定元年九月牒文所载申状追诉学田案情之经过更为详细，强调绍定元年正月前曾"屡具申使府，缘陈焕富强，不伏出官"，此说在初份申状中并未见到。

至绍定三年九月"省札"所载府学申状中，同样提及绍定元年前"本学累申本府及提刑司追理，缘陈焕、陈焯家豪有力，不能究竟"，巩固了元年九月申状中的事实陈述。

细究此事，府学后来申状中增加的内容当不会凭空捏添。吴学为范仲淹所助和绍兴四年（1134）立石公堂之事，均确有实据；绍定元年前府学曾向平江府和提刑司追究之事，其他材料也确可应验，但是否是针对本案涉及的"常熟县双凤乡肆拾贰都器字号"荡田，目前尚无法确定。

在申状或诉词中含混借转或夸大之现象并不少见，如绍定三年九月省札所载府学申状称："至绍定元年，又据叶延年告首，遂具申本府。蒙权府提刑林少卿帖匣巡尉追，经涉肆伍个月，至知府章少卿到任，方始追得出官帖。"而事实是：绍定元年正月府学申平江府后，林知府曾委派巡尉追究，但没有结果。章少卿三月十七日到任，府学于二十三日再状申府，五月平江府作出判决。其过程虽持续五个月，但却将中间知府调动及两次申状之事合并为一，和事实略有出入。

无论申状中的叠加还是省并，都不过是府学采取的一种应诉策略，以便于在申请"诸司证会"和乞请省札中，得到更多的同情和关注。毕竟平江府学的建立确有名臣范仲淹之功绩，①但将争执的田产直接与范氏助学之事捆绑勾连，"况上件田元系文正范公启请于朝，自是本学旧物"，则属于移花接木的策略。

(二) 判词中的"质之条法"和"法司具条"

此案的初判是平江府委托吴县周主簿拟断，周对供证分析、辨别伪契、引律令拟判，几均为平江府知认可。周主簿的拟判内容为：

> 今陈焕但已身死，伪契叁纸合行毁抹，元占田陆佰余亩，合给还府学管业；其余宽剩荡田肆佰余亩，既与学荡相连，欲乞台判并给府学，以助养士。陈焕所收租利，其陆佰亩合追上以次人监还府学外，肆佰余亩亦合追理入官。

其拟判的依据是律、令的相关规定：

> 准《律》："诸盗耕种公私田，壹亩以下笞三十，伍亩加壹等，过杖壹百，拾亩加壹等，罪止徒壹年半。荒田减壹等，强者各加壹等，苗、子归官、主。"准《令》："诸盗耕种及贸易官田，（泥田、沙田、逃田、退复田同。）若冒占官宅、欺隐税租赁直者，并追理。积年虽多，至拾年止。"②

平江府对周主簿拟判内容稍做调整后做了正式判决。但在后来府学对

---

① 嘉定八年(1215)十月刻《苏州学记》载"景祐中范文正公作学于吴"，《江苏金石志》卷14，《石刻史料新编》第1辑第13册，第9798页。

② 该条系《宋刑统·户婚律》"占盗侵夺公私田"律文。详见(宋)窦仪等：《宋刑统》卷13《户婚律·占盗侵夺公私田》，薛梅卿点校，法律出版社，1999年，第228页。本文对律文中标点略作修改。绍定年间(1228—1233)应行用《庆元重修敕令格式》，此条令文应为《庆元令》的内容。孔学《〈庆元条法事类〉研究》中有"宋代全国性综合编敕表"。按时间推论，绍定年间处于《庆元重修敕令格式》颁行后、《淳祐敕令格式》颁行前，故应行用《庆元重修敕令格式》。参见孔学《〈庆元条法事类〉研究》，《史学月刊》2000年第2期。

案件追溯中，周主簿的拟判经常被独立看待。《公牒二》所载绍定元年九月牒文称："承府学汪教授申到因依，乞证周主簿指定，监陈焯合纳本学及合纳本府拾年花利，及照条收坐罪名，及备申台部诸司证会，庶免陈焯异时妄诉，申乞指挥施行。"该牒文还载："陈焕弟陈焯岂得以尝作荡田，经提举司陈词借口。况今来执出叁契，皆是以别项影射，周主簿点对极为明白。"

周主簿的拟断虽属于初审的一个重要环节，但因是受平江府的委派，决定权当在平江府。绍定元年十一月平江府牒文载有事情之经过："继帖吴县周主簿，指定到父宿供证，田内既无其他民产，则府学所失陆佰余亩，合给还府学管业。"绍定三年九月省札也记述有案件的初审过程："常熟县邵县尉躬亲前往田所，呼集邻保父宿供证打量。续据回申，陈焕冒占分明，送吴县周主簿从条指定，准府牒断，还本学养士。"文中，"周主簿从条指定，准府牒断"，也反映了案件虽委托周主簿找出据以拟断法条，但判决依然由平江府出具。而府学申状中每每将周主簿之拟断单独罗列，平江府对此也持默许态度。

另一值得关注的是，初判和再判对法条的引证有详略之别。再审中的法司检具程序明确，所引用法条的形式和数量，均较初判丰富许多。

今承法司检具　条令。《律》："诸盗耕种公私田者，壹亩以下笞三十，伍亩加壹等，过杖壹佰，拾亩加壹等，罪止徒壹年半。荒田减一等，强者各加壹等。苗、子归官，主（下条苗、子准此）。"《律》："诸妄认公私田，若盗贸卖者，壹亩以下笞伍十，伍亩加壹等。过杖壹佰，拾亩加壹等，罪止徒二年。"《敕》："诸盗耕种及贸易官田，（泥田、沙田、逃田、退复田同，官荒田虽不籍系亦是。）各论如律。冒占官宅者，计所赁坐赃论罪，止杖壹佰，（盗耕种官荒田、沙田，罪止准此。）并许人告。"《令》："诸盗耕种及贸易官田，（泥田、沙田、逃田、退复田同。）若冒占官宅、欺隐税租赁直者，并追理。积年虽多，至拾年止。（贫乏不能全纳者，每年理二分。）自首者免。虽应召人佃赁，仍给首者。"《格》："诸色人告获盗耕种及贸易官田者，（泥田、沙田、逃田、退复田同。）准价给五分。"《令》："诸应备赏而无应受之人者，理没官。"

由上文可见，再审的鞫、谳分司程序显然比初审时合规中矩。① 绍定元年九月平江府牒文中的一段文字也值得玩味：

> 陈焕欺弊，质之　条法，本非轻典，今来所监瞒昧米数，又已轻优，犹敢于已断之后，饰词妄诉，法司具　条呈，候监纳了足日施行。

此文无意中揭示了初判和再判中"条法"的不同功用。初判的"质之条法，本非轻典"，在于突显判决之内容，弱化程序；再审的"法司具条呈"，在于突出检法的程序更加规范。

(三) 讼案之隐情和破绽

法司检具的条令中，不仅有罪罚条款，也有告赏条文。前文所引敕、令、格中，均涉及告赏的内容。如《敕》中的"并许人告"，《令》中的"虽应召人佃赁，仍给首者"，《格》中的"诸色人告获盗耕种及贸易官田者，（泥田、沙田、逃田、退复田同。）准价给五分"，《令》文中的"诸应备赏而无应受之人者，理没官"。

府学发现学田被冒占，是因为佃户的首告。《公牒一》五月牒文载："节次是王彬、朱忠、叶延年首论陈焕冒占，乞根究施行。"《公牒二》九月牒文载："因叶延年等告首，方于砧基、石刻考证，始知源流。"《公牒二》十一月两份牒文和《省札》之一均载："自嘉定贰年以来，节次据王彬、叶延年告首，系是豪户陈焕冒占……绍定元年正月内，本学再据叶延年状首，备因依申府"；"因叶延年告首，方于砧基、石刻考证，始知源流。"

上文中，王彬、叶延年在数份公文中反复出现，可坐实"首告"的身份；朱忠出现两次，均排序在王彬之后，基本可信；张千拾贰出现一次，时间靠后，暂不取信。

但在八份公文中，均未见与告赏有关的描述。需要思考的是，平江府

---

① 宋代的鞫、谳分司指调查审讯与司法判决互不隶属。刘馨珺认为：鞫、谳分司制度的历史由来已久，但实际施行的情况，仍不甚清楚。迄宋太祖以下，有宋一朝则确立"狱讼推勘"（鞫）与"拟法断刑"（谳）分司的官僚体制，只不过职官鞫谳分工的情形，在州衙以上的机构较为完整。详见氏著《明镜高悬——南宋县衙的狱讼》，北京大学出版社，2007 年，第 243页。另可参见徐道邻：《中国法制史论集》，台北志文出版社，1976 年，第 115—127 页。

的断由中不见对告赏者的奖励，那法司所检具的相关条令又有何意义呢？

公文未载告赏的原因，或许在于申、牒公文的针对性。告赏与府学的诉求无关，不见载于发给府学的公文，似也在情理之中。

此案中最难以解释的疑点是，府学不见着落的学田亩数和追诉的学田亩数难以契合（见表1）。

表1　各方有关冒占学田亩数之表述①

	府学申状	供证	邵县尉回申	拟断及府判
绍定元年五月牒文	① 荡田1690亩 ② 王彬等五户围裹1040亩 ③ 有615亩不见着落	① 王彬、施祥、朱千十一、濮光辅、陈焕见种荡田1074亩，外有宽剩荡田1090亩，是陈焕冒占 ② 王彬等元佃学田1690亩，所有600余亩系陈焕冒占 ③ 陈焕围裹学荡成田，不知所纳何色官物	① 除王彬五户所佃外，宽剩1090亩 ② 父宿供证元系陈焕占种	① 陈焕所执三契系伪，不能证明占种之宽剩田1090亩的来历，故是冒占 ② 将宽剩田1090亩之中的600余亩"给还府学管业"，其余宽剩荡田400亩仍归府学
绍定元年六月牒文	① 解除与陈焕元佃学田150余亩租关系 ② 蒙使府理断，陈焕弟陈焯、陈焕冒占学田1000余亩，给还本学添助养士			

---

① 为统计方便，表中所引公文中的田亩数均以亩为对比单位，省略角、步单位。

（续表）

	府学申状	供　证	邵县尉回申	拟断及府判
绍定元年十一月牒文	① 荡田 1690 亩 ② 濮光辅、施祥等承佃 1070 亩 ③ 不见着落 620 亩		定验到陈焕冒占 620 亩，连段宽剩田 469 亩，共 1090 亩	
绍定元年十月省札	① 除王彬、濮光辅等承佃外，有田 1000 余亩不见着落			除证府学旧来亩步外，尚有余剩田 400 余亩

从府学申状和平江府的判决看，能确认的学田亩数是砧基簿、石碑所载常熟县双凤乡四十二都器字号荡田 1690 亩 3 角 19 步，其中 615（或 620）亩不见着落。府学最初的诉求是找回不见着落的 620 亩荡田。

庄宅牙人及看荡人等所提供的证词可做参考。一个较重要的信息是，庄宅牙人状称现种荡田 1074 亩由 5 人所佃，其中包括陈焕租佃的 150 亩。而指证陈焕冒占的言辞，有的说是冒占荡田 600 余亩，有的说是另冒占宽剩荡田 1090 亩。

邵县尉据以回申的结论是：除王彬五户所佃（1074 亩）外，有宽剩 1090 亩，父宿供证元系陈焕占种。

根据实地调查所得，荡田和宽剩荡田之和为 2164 亩，较府学砧基簿、石碑所载的荡田 1690 亩，多出 474 亩。这多出的 400 余亩该如何归属，确有一定难度。

周主簿拟判中将宽剩田 1090 亩一分为二，其中 600 余亩"给还府学管业"；其余宽剩荡田 400 亩，"既与学荡相连，欲乞台判并给府学，以助养士"。

但陈焕占种的 1090 亩宽剩田，与府学不见着落的 600 亩荡田只存在一种间接关系，并不能直接证明宽剩田 1090 亩是由不见着落的 600 亩荡田衍生的。周主簿拟判的依据是，陈焕不能证明占种之宽剩田 1090 亩的来历，故是陈姓冒占；学荡中原无民产分隔，必定属于府学。

由于这多出的 400 余亩，造成府学申状中追究学田亩数常常前后不一。

五月牒文载"有615亩不见着落"，十月省札中变成"有田1000余亩不见着落"。在引述邵县尉的调查取证结论时，也可看到府学在文字表述上采用的"偷梁换柱"技法。五月牒文载"除王彬五户所佃外，宽剩1090亩，父宿供证元系陈焕占种"。十一月牒文中，邵县尉的结论变成"定验到陈焕冒占620亩，连段宽剩田469亩，共1090亩"。但平江府的判文尚能尊重事实，600余亩冒占田和400余亩拘没田均是分别表述，并未混为一谈。

尽管在与府学的较量中陈氏兄弟以失败告终，但并不能说明府学的诉求和平江府的判决完全公正合理，陈焯的翻诉、越诉，可能确有隐情。当然有利于陈氏兄弟的内容，自然不会出现在保护府学利益的公文碑中。

依据府学对陈氏"富横健讼""倚恃强横"的评价，可以推测，陈氏兄弟亦非普通之辈。在陈焕提供的三份"伪契"中，"壹契是俞枢密府提举位，元作两契，将钱叁阡贰佰柒拾贯文典到陈焕双凤乡己产壹阡叁亩贰角肆步，转典与朱寺丞宅"。从契中涉及的人物官职，可见陈焕的社会关系并不简单。

在诉讼过程，可以明显看到府学擅于谋划、沟通官府和裁量文字的应诉技巧。而有关陈氏兄弟的翻诉、越诉过程，却缺少客观的描述。另如陈焕原佃150余亩荡田和所占1090亩宽剩田是否位置相连，平江府同意府学申请"将陈焕庄屋、车船等籍给府学"是否侵犯陈氏利益，也都值得细究。但限于材料，这些问题可能不会有解。

四、公文碑的法律属性

（一）省札之行政终裁力

此宗学田案在绍定三年了结后，府学将相关牒文和尚书省札子立石存证。对府学而言，刻石已成为一种传统。回顾案件的处理过程，除了淳熙五年砧基簿，公堂石刻①在这起讼案中起了重要的作用，诚如碑文所言："因叶延年告首，方于砧基、石刻考证，始知源流。""本府书判：府学荡田载之砧基，刊

---

① 宋代"公堂石刻"可昭示学田的正当来源（包括恩赐、官拨、购买、捐献等），并详载学田的位置、面积、四至、佃额，可起到明确权属，防止侵没，以确保学校教育养士制度的长久持续。而在追讨流失学田时，公堂石刻也是重要的凭据。故"载之砧基，刊之石刻"已成为南宋江南学田管理和制度建设的一种常态。参见拙著《法制"镂之金石"传统与明清碑禁体系》，中华书局，2015年，第106—111页。

之石刻，悉有可证。"

三通碑石所载的公牒和省札是宋代的常见公文。总体而言，公牒的使用较省札普遍，摹刻于碑石上的公牒也更为常见。[①] 仅以平江府学所立碑石为例，除了本文重点探讨的六份公牒外，尚有开禧二年（1206）《吴学续置田记》中所载四份军府牒府学公文，[②]嘉定十三年（1220）《平江府添助学田记》所载两份军府牒府学公文。[③] 然而省札仅见于本文所关注的两份。

从公文流程看，府学取得省札的程序相对繁琐，需通过平江府代为呈请。绍定元年十月三十日省札是平江"据教授汪泰亨从事所申，本府所合具申尚书省，乞赐札下提举司及本府遵守施行"，绍定三年九月的省札也是同样的流程。

而公牒却无需转呈，仅在平江府和平江府学、提举常平司和平江府学两个部门间直接传递。从公文运转程序看，公牒具有短程、定向的特色，指示明确；省札则具有长程、连环型特征，流转程序多，凡是与省札所载事项相关的部门均会牵涉其中。绍定元年十月三十日尚书省的札文，除札付提举司、平江府、平江府府学外，还由平江府"备帖常熟知县、白茆巡检、常熟县尉，各仰遵守施行"，即与学田案判决、执行有关的官署，均须知晓并遵行"省札"内容。

而府学申请并刻立省札的目的，也值得特别关注。绍定元年府学呈状的理由是：

> 今来本学已证府牒管业，缘陈焕弟陈焯富横健讼，尚虑日后多方营求，紊扰不已，乞备申尚书省札下本学，以凭悠久遵守。

绍定三年府学呈状也大同小异：

---

① 参见［日］平田茂树《宋代文书制度研究的一个尝试——以"牒"、"关"、"谘报"为线索》，《汉学研究》第 27 卷第 2 期，2009 年，第 43—65 页。
② 《吴学续置田记》为两石续刻，详载嘉泰四年（1204）、开禧元年（1205）、开禧二年（1205）陆续置买、典买田产和房屋契事十数笔，及开禧元年四月、开禧二年三月、五月、五月军府牒府学 4 份公文，特批府学所置买田产免征印契钱和苗税（夏税秋苗），"仍行下本学照会，刊上石刻，以示永久"。详见《江苏金石志》卷 14，第 9780 页。
③ 《平江府添助学田记》，五截刻，谢南记并书，主簿李案诗等立石。内载嘉定十一年（1218）正月军府牒府学文，及拨府学拘没官产名件；嘉定十一年十月军府牒府学文，指明以嘉泰四年（1204）公堂石刻存照（蠲免官赋石刻）为例。详见《江苏金石志》卷 15，第 9808 页。

　　本学为见陈焯富横健讼，尚虑日后多方营求，紊扰不已，已具申本府，乞备申尚书省。

　　乞求两份省札均是为防范陈氏"日后多方营求，紊扰不已"。在府学看来，省札可以断绝陈焯日后翻诉、越诉之途。前述陈焯到提举常平司翻诉、至刑部越诉，可证平江府的判决和公牒，缺乏"制服"陈焯的效力，而省札却具备这种功能。

　　正是因为府学注意到了省札所具有的最高行政效力，同时省札在国家行政系统的长程运行和畅通无阻，才两次向尚书省提出将省札和公牒刊刻于石，并特别强调了违背"省札"的罪责：

　　　　今摹印到省札及本府并提举司公牒，随状见到申府，乞备申尚书省，乞证先来行下省札事理。札下刑部及转运司，就将陈焯并男陈念九押下，从条结断冒占学田情罪，及今来违背省札指挥、妄状越诉情罪，及监追未纳足已指定拾年花利入官。

　　申状将"违背省札指挥"和"妄状越诉"并列，是府学教授应对学田案的有意之举。其他诸如申状中的叠加现象，如绍定三年省札强调学田与百余年前范仲淹助学之事的关联，言"上件田元系文正范公启请于朝，自是本学旧物。今系尚书省札下，即是朝廷养士之田"，均表明府学谙熟官场规则，尤其对古代行政与司法的关系，以及行政干预司法的路径，得心应手。

（二）公文碑的约束力

　　碑石上公牒和省札的共通性在于，它们都是具有行政约束力的公文，将其摹刻于石，需经过责任方的许可。早在绍定元年六月，府学已向平江府表达了刻石的意愿："蒙使府施行，陈焯节次案牍，仍乞关府院所断陈焯等因依，详备始末，牒本学镌刻碑石，庶得久远遵守。"尽管当时并未刊刻，但这一信息还是值得关注。它提示，在碑石上刊刻公文要有一定的审批程序。绍定三年府学通过平江府向尚书省递交的申状中强调"今摹印到省札（笔者注：指绍定元年省札）及本府并提举司公牒，随状见到申府，乞备申尚书省，乞证先来行下省札事理"，再次证实了这一点。

由申状内容可以看出，将公文原样摹刻于石亦是属于"公事"之范畴，尤其是公文上的签押、印记，擅自刻立会有伪造官文书之嫌。①

府学经过官府授权，将"公牒"等常行公文和来自中央尚书省的"省札"摹刻于石，使原本存放于架阁库的档案性公文，②变为效力持久、公示于众的公文碑，意在向社会宣示所涉权益的合法性、确定性，使公文碑具有了明显的法律属性。

宋代存留的数量庞大的公文碑现象值得特别关注。③ 公文碑多与公产、公事相关。宋代学田案的特殊性有二：一是学田属于官产、公产。官产在与私产的纠纷较量中，具有明显的优势，这是此案府学胜诉、陈氏兄弟败诉的一个重要因素。二是学田案的申诉方——府学教授，是地方官学的代表，在与政府部门的往来交涉中，适宜使用公文，这是与私人为私利而应诉不同的地方。在流传于世的公文碑和讼案碑中，多事关学田、寺产、水利、宗族祠墓等公产公益，而少有涉及私人之事，这也是古代法律碑刻的一个鲜明特色。

古代公文碑多涉及一定的权利、义务关系，以及行政管理和法律制度的内容，如寺观敕牒碑是证明寺观存在合法性的重要依据，同时也记载了寺额的行政审批流程。而本文所探讨的公文碑的特殊性在于司法审理和公文运作的穿行并用。

三通碑石上的公文，动态记载了讼案推进的详细过程。尽管每通碑石所载公文都相对独立，然而通过对各公文中套叠的申状、证据、田亩数、律令条款等进行仔细比核，可以发现诸多前后不一甚至相互矛盾之处。而分析、推断这些行文变化的原因，更能看清案件的真相，也能看到在法律程序之外，行政程序以及行政沟通的重要手段——公文，对案件的影响。

府学作为此次讼案的赢家，很大程度在于他们深知行政规则，善于借助

---

① 详见《宋刑统》卷 25《诈伪律·诈为官文书及增减》，第 390 页。

② 《庆元条法事类》规定："诸文书不下司者，长官掌之，以年月事类相次录目注籍。若有替移，验籍交受。""诸官司被受条制及文书(谓申牒、符帖、辞状之类)，皆注于籍，分授诸案，案别置籍，依式勾销，州幕职官掌之，县令、佐通签。"详见《庆元条法事类》卷 4《职制门·职掌》，第 29—30 页；卷 16《文书门·诏敕条制》，第 335 页。另关于诸制书、重害文书、非应长留文书等的架阁保管规定，详见卷 17《文书门·架阁》，第 357 页、

③ 截至目前，笔者已整理宋代法律碑目有 520 种，其中公文碑约占 70％。

行政手段。府学立碑原是为自证清白、保护权益，其关注点当是断案的结果，而原样摹刻的公文却保留了更多的细节。尽管长期以来我们都强调中华法系的行政与司法合一的特色，但行政与司法的合一关系在制度和实际运作层面如何体现，仍然需要慧眼识真。

附：碑文整理*

一、《给复学田公牒一》录文

（一）绍定元年五月平江府牒文

军府① **牒** **府学**

　　01.据吴县主簿②[周]修职③申：准　使府④送下陈焕冒占府学荡田⑤公案壹

---

* 参与碑文整理者有李雪梅、赵晶、聂雯、李萌、王浩、袁航、王梦光、曹楠、王文萧、李雪莹等。全文由李雪梅、安洋统稿。本章据以整理研究的碑刻拓本（图1-3）现藏于北京大学图书馆和台北"中研院"历史语言研究所傅斯年图书馆，特此致谢。

① 军府，即平江府。"太平兴国三年，改平江军节度。本苏州，政和三年，升为府。"见《宋史》卷88《地理志四》，第2174页。宋代州（府）有大都督、节度、防御等不同类别。节度州既有州府名，又有军额，故以"军府"指代平江府。

② "开宝三年（970），诏诸县千户以上置令、主簿、尉；四百户以上置令、尉，令知主簿事；四百户以下置主簿、尉，以主簿兼知县事。……中兴后，置簿掌出纳官物、销注簿书，凡县不置丞，则簿兼丞之事。"详见《宋史》卷167《职官志七》，第3978页。

③ 修职，即修职郎，选人阶官之第六阶。原为试衔县令、知录事。详见《宋史》卷158《选举志四》，第3694页。崇宁初，以登仕郎换知录事参军、知县令，政和间，改登仕郎为修职郎。见（宋元）马端临：《文献通考》卷64《职官考十八》，中华书局，2011年，第1931页。南宋时，修职郎为从八品，而诸州上中下县主簿则为从九品。详见《宋史》卷168《职官志八》，第4017页。此处周主簿的阶官高于实际任官。

④ 使府，亦数见于《名公书判清明集》，如卷4《户婚门》之《争业上·使州送宜黄县张椿与赵永互争田产》《争业上·曾沂诉陈增取典田未尽价钱》等，参见中国社会科学院历史研究所宋辽金元史研究室点校：《名公书判清明集》，中华书局，1987年，第101、104页。梅原郁认为，在《清明集》中，使府一般用来指称知府。"使"是表示朝廷使命之意的敬语，故而也存在使州、使台等用例。特别是南宋重要的州府由安抚使兼任知州、知府，故有使府、使州之类的称法。参见[日]梅原郁：《名公书判清明集訳注》，同朋舍，1986年，第54页。

⑤ 荡田，即积水荄荡田。这类田虽已非湖泽河汊，但尚未成为可耕田。参见虞云国《略论宋代太湖流域的农业经济》，载《中国农史》2002年第1期，第66页。荡田田赋较一般农田为轻，旧时在税法上仍称作"荡地"。参见魏如主编：《中国税务大辞典》，中国经济出版社，1991年，第327页。

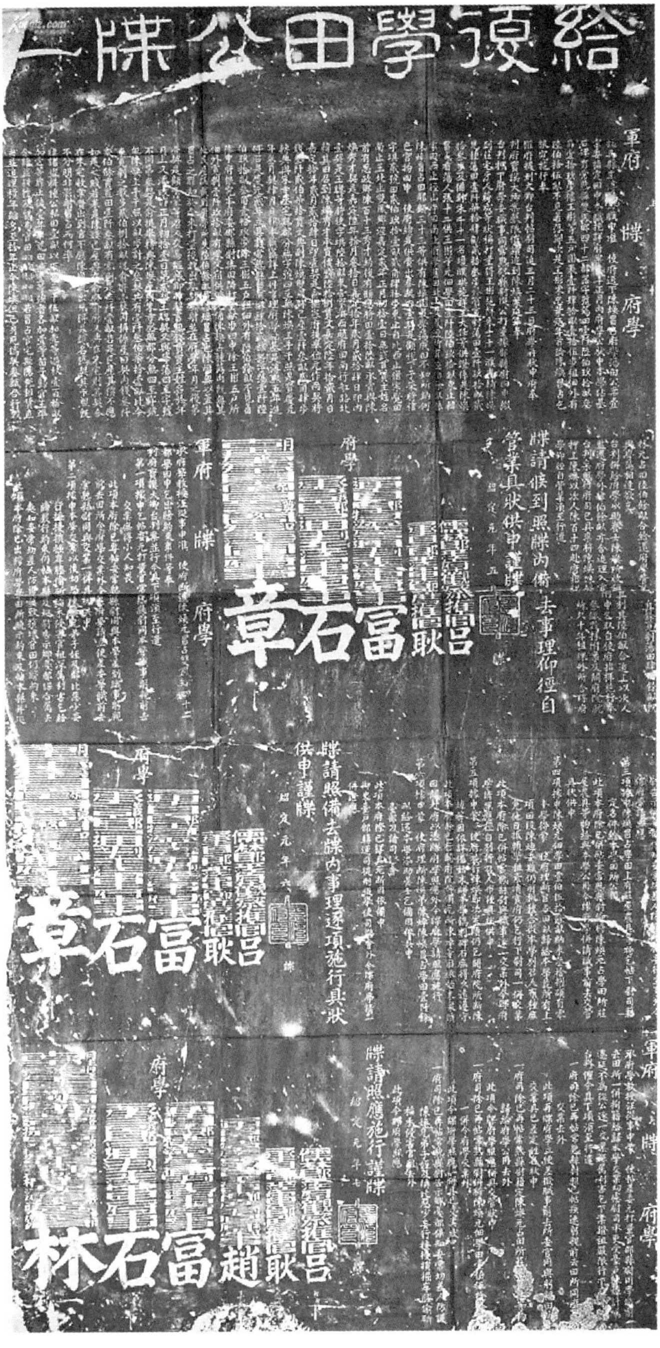

图 1　台北"中研院"历史语言研究所傅斯年图书馆所藏《给复学田公牒一》拓本

02 宗,委指定回申。本职拖详①府案,[元]年正月内府学公状申:
"本学砧基②、

03 石碑有常熟县双凤乡四十二都器字号荡田壹阡陆佰玖拾亩叁

04 角壹拾玖步③,据王彬等五户围裹④壹阡肆拾亩壹拾伍步租佃外,有

05 陆佰拾伍亩不见着落。节次是王彬、朱忠、叶延年首论陈焕冒占,乞

06 根究施行。"奉

07 权府提刑大卿⑤台判⑥,帖⑦尉司⑧追。三月二十三日府学再状申

① 拖详,指详细审阅、考察案件之意。《名公书判清明集》有"拖详案卷""拖详案牍""拖详始末"等用例。参见《名公书判清明集》卷7《户婚门》之《立继·同宗争立》《立继·官司斡二女已拨之田与立继子奉祀》归宗·出继子破一家不可归宗》,中华书局,1987年,第210、215、225页。

② 砧基即砧基簿,指登载田亩四至的簿册,出现于南宋绍兴年间李椿年推行经界法时。事见《文献通考》卷5《田赋五》,第118页。与以往产税籍册不同之处是,砧基簿对土地的登记采用了打量画图的办法:"以所有田各置砧基簿图",即业主先自画图;"诸县各为砧基簿三",官方再编制三份图册。"砧"原字是"占",意为自己陈报、书写;"基"原义墙基,引申为"基址",含有四至封界之意。参见何炳棣《南宋至今土地数字的考释和评价(上)》,载《中国社会科学》1985年第2期,第138—139页;尚平《南宋砧基簿与鱼鳞图册的关系》,载《史学月刊》2007年第6期,第29—33页。

③ 《云麓漫钞》载:绍兴中,李侍郎椿年行经界。有献其步田之法者,若五尺以为步,六十步以为角,四角以为亩……此积步之法,见于田形之非方者然也。参见(宋)赵彦卫:《云麓漫钞》卷1,傅根清点校,中华书局,1996年,第10—11页。

④ 围裹,指以围筑堤岸的方式向水面争得新耕地,将荡田开辟为围田。参见虞云国《略论宋代太湖流域的农业经济》,载《中国农史》2002年第1期,第65页。围田,或称圩田、湖田,因各地习惯不同而异。三者时常混用,无严格界限。参见宁可《宋代的圩田》,载《中国农村科技》2011年8月,第73页。

⑤ 权府提刑大卿,即《给复学田公牒一》之三署衔最末之林介。权府即权平江府,提刑即两浙西路提点刑狱事。大卿为尊称。《宾退录》载:"世俗称列寺卿曰大卿,诸监曰大监,所以别于少卿监。"参见(宋)赵与时、徐度:《宾退录·却扫编》,傅成、尚成校点,上海古籍出版社,2012年,第28页。另据《吴郡志》载:林介,宝庆三年(1227)四月,以提刑兼权。十二月,除太府少卿,依旧兼权。绍定元年(1228)七月,再兼权。十一月,改除大理卿。参见(宋)范成大纂修,汪泰亨等增订:《吴郡志》卷11,《宋元方志丛刊》第1册,中华书局,1990年,第775页。

⑥ "台判"一词在《名公书判清明集》颇常见,有"奉提举常部台判"(卷5《户婚门·争业下·争田合作三等定夺》,第143页)、"呈奉知府杨侍郎台判"(卷5《户婚门·争业下·侄假立叔契昏赖田业》,第148页)、"奉徐知郡台判"(卷7《户婚门·归宗·出继子不孝勒令归宗》,第225页)等说法,与碑文本句用法类似,即"某官台判",亦有"台判"一词单独使用的情形。总的来说,"台判"应是指称特定判决、指示之用语,并含有一定尊称意味。

⑦ 帖,宋代诸州行下属县公文,不用"符"则用"帖"。事轻者用帖。参见龚延明编著:《宋代官制辞典》,中华书局,1997年,第624页。《庆元条法事类》载"帖"式,详见(宋)谢深甫编:《庆元条法事类》卷16《文书门一·文书》,戴建国点校,载杨一凡、田涛主编:《中国珍稀法律典籍续编》第1册,第249页。另帖也可表批示、指令之意。

⑧ 尉司,即县尉司,为县尉治所。宋时,小县往往由令、丞或簿兼任县尉,此时不再设尉司;大县则分设令、丞、簿与尉,并设尉司为县尉治所。常熟为经济要县,故有尉司。

府，奉

08 判府宝谟大卿①案，严限催续，追到陈焕、叶延年。奉

09 台判，押下府学，②委职事同常熟邵县尉③从公打量。据邵县尉回申："缴

10 到庄宅牙人蒋成等状，称打量得王彬、施祥、朱千十一、濮光辅、陈焕

11 见种荡田壹阡柒拾肆亩贰拾叁步，外有宽剩荡田壹阡玖拾亩贰

12 拾叁步，及备到朱千十一名琼、濮珙、施祥、王大任等供证，系是陈焕

13 冒占。看荡人张十二供，王彬等元佃学田壹阡陆佰玖拾亩，东止韩

14 家田，西止径山寺田，南止府学旧田，北止双凤泾，所有陆佰余亩系

15 陈焕冒占。田邻顾三十三等供，有陈焕围裹学荡成田，不知所纳何

16 色官物。回申　使府。"续是供赍出叁契。内壹契是顾悦下子荣将信

17 字坝贰号田贰佰玖拾壹亩贰角肆拾步，东止自比，西止僧宗觉田，

---

① 判府宝谟大卿，即本牒署衔最末之"朝奉大夫、直宝谟阁、知平江军府事章"。章为章良朋，于绍定元年三月十七日到任。参见《吴郡志》卷11年，第775页。判府，按宋制，仆射、宣徽使、使相知州府者为判。参见(宋) 洪迈：《容斋随笔·三笔》卷14，孔凡礼点校，中华书局，2006年，第598页。宝谟，即宝谟阁，贴职名。通常简称"宝谟"者，为宝谟阁学士。章的贴职为直宝谟阁，简称直阁。大卿，据《给复学田省札》碑末汪泰亨跋语，称章为少卿。故，所谓的判府、宝谟、大卿三个头衔，均超出了章良朋的实际身份，盖是尊称而已。
② 押下府学，指押下府学监管读书。《名公书判清明集》中有类似情形，如士人充揽户被罚"押下县学，习读三月，候过改日，与搪毁揽户印记，改正罪名"。参见《名公书判清明集》，第404页。在宋代税赋的征收过程中，民间广泛存在着揽户包揽代纳民户税赋的现象。宋代揽户地位较低，读书人充揽户往往为人所不齿，故需押往县学改过并收回印记。参见吴业国、王棣：《南宋县级赋税征收体制检讨》，载《中国经济史研究》2008年第1期，第89—90页。又如士人"诡嘱受财"情节较轻的，"押下州学听读，请本学输差人监在自讼斋，不得放令东西"。参见《名公书判清明集》，第405页。可见南宋士人犯轻微罪过，可通过押到府学并督其读书的方式作为惩戒。
③ 县尉，县邑官名。建隆三年(962)县置一尉，在主簿之下，掌阅习弓手，戢奸禁暴。凡县不置簿，则尉兼之。南宋，沿边诸县间以武臣充任，并兼巡捉私茶、盐、矾事。亦或文武通差。参见《宋史》卷167《职官志七》，第3978页。

18 南止王，北止双凤乡泾，嘉定贰年正月初拾壹日，无钱贯、买主姓名。

19 前有思政乡陈百十三秀才约，后有顾应将田壹拾陆亩永卖与陈

20 焕秀才契，是嘉定陆年拾月叁拾日、嘉定拾年贰月贰拾肆日印。内

21 壹契是王聪等将使字坝陆拾亩，东吉家浜，西赵府田，南行舡路，北

22 韩其田，召到陈焕秀才，承买价钱陆拾捌贯文，嘉定陆年拾贰月日、

23 嘉定拾年贰月贰拾肆日印。壹契是俞枢密府提举位，元作两契，将

24 钱叁阡贰佰柒拾贯文典到陈焕双凤乡己产壹阡叁亩贰角肆步，

25 转典与朱寺丞宅，无都分，无字号、四至，无陈焕上手干照①，是宝庆元

26 年叁月契，肆月日印。本职窃详上件事理，府学砧基是淳熙五年造，

27 碑石是庆元贰年立，具载常熟县双凤乡肆拾贰都器字荡壹阡陆

28 佰玖拾亩叁角壹拾玖步，除王彬五户租佃外，有陆佰余亩不见着

29 落，申府根究。本府委邵县尉集田邻打量亩步，回申："除王彬五户所

30 佃外，宽剩壹阡玖拾亩有零，父宿供证元系陈焕占种。"荡内既无其

31 他民产隔截，则府学所失陆佰余亩是陈焕冒占也。陈焕无以盖其

32 冒占之罪，却于今来打量后，执出叁契影射，并在府学年月之后。第

33 壹契是顾子荣等召人交易经帐，即非契书，无钱贯、买主姓名，于年

---

① 干照，宋代田宅诉讼中各类契约文书的通称。详见陈景良《释"干照"——从"唐宋变革"视野下的宋代田宅诉讼说起》，载《河南财经政法大学学报》2012年第6期。

34 月上又添改，作正月初拾壹日；第贰契王聪契，又与学荡四至字号

35 不同；第叁契是俞提举转典陈焕产与朱寺丞，无都分，无四至、字号，

36 无陈焕上手干照。以亩步计之，叁契共有壹阡叁佰柒拾壹亩，比今

37 来宽剩之数多贰佰捌拾亩。况俞府壹契内称，系产田契内钱叁阡

38 贰佰余贯，置田壹阡叁亩有零，则是叁阡壹亩若是民产，其价不应

39 如是之贱。若果是陈焕己产典在俞府，俞府又典在朱宅，则其契合

40 在朱宅收掌，费出到官，不应陈焕执出，见得是诡名伪契。其干照既

41 不分明，非影射冒占而何？准

42 《律》①：“诸盗耕种公私田，壹亩以下笞三十，伍亩加壹等，过杖壹百，拾亩

43 加壹等，罪止徒壹年半。荒田减壹等，强者各加壹等，苗、子归官、主。”准

44 《令》②：“诸盗耕种及贸易官田，（泥田、沙田、逃田、退复田同。）若冒占官宅、欺隐税租赁直

45 者，并追理。积年虽多，至拾年止。”今陈焕但已身死，伪契叁纸合行毁

（注：以上为第一截碑文）

46 抹，元占田陆佰余亩，合给还府学管业；其余宽剩荡田肆佰余

---

① 该条系《宋刑统·户婚律》“占盗侵夺公私田”律文。详见（宋）窦仪等：《宋刑统》卷13《户婚律·占盗侵夺公私田》，薛梅卿点校，法律出版社，1999年，第228页。本文对标点断句作了适当修改。

② 绍定年间（1228—1233）应行用《庆元重修敕令格式》，此条令文应为《庆元令》的内容。孔学《〈庆元条法事类〉研究》中有“宋代全国性综合编敕表”。按时间推论，绍定年间处于《庆元重修敕令格式》颁行后，《淳祐敕令格式》颁行前，故应行用《庆元重修敕令格式》。参见孔学《〈庆元条法事类〉研究》，载《史学月刊》2000年第2期。

亩，既

47　与学荡相连，欲乞

48　台判并给府学，以助养士。陈焕所收租利，其陆佰亩合追上以次人

49　监还府学外，肆佰余亩亦合追理入官。附申乞取自使府指挥①施行。奉

50　台判案照行府司，已具禀。将陈焕朱契叁纸毁抹附案，及关府院，就

51　押上陈焕以次人陈百十四赴府招认所欠十年租课外，所合牒府

52　学，仰径自管业。须至行遣。

53 牒请候到照牒内备去事理，仰径自

54 管业，具状供申。谨牒。

55　　绍定元年五月（平江府印）日牒

56　　　儒林郎、平江府观察推官吕

57　　　承直郎、平江军节度推官②耿

58　　通直郎、特差通判③平江军府事富

府学

59　　　承议郎、通判平江军府事石

60 朝奉大夫、直宝谟阁、知平江军府事章（押）

---

①　指挥，命令的泛称，此处尚未形成行下命令文书。已降圣旨，亦可泛称"指挥"。亦指上行下命令体正式文书。参见《宋代官制辞典》，第624页。

②　推官，州府属官，协理长吏治本州府公事。分节度推官、观察推官、防御推官、团练推官及军事推官数等，节度推官系衔冠以节度军额名，观察推官以下则系州府名。参见《宋代官制辞典》，第544页。故此处，吕、耿二人分别系以平江府、军。

③　通判，宋太祖初置，既非知州副贰，又非属官。元丰改制，通判为副贰。至南宋，名义上入则贰政、出则按县，但实际地位下降，主要分掌常平、经总制钱等财赋之属。参见《宋代官制辞典》，第535页。另"特差"，《庆元条法事类》卷6《权摄差委·职制敕》规定："诸知州、通判、县令阙及添差、特差官有故或任满辄差寄居待阙官权摄，并受差者，并以违制论，因而收受供给者，坐赃论。"载《中国珍稀法律典籍续编》第1册，第98页。或许通直郎品级低于通判，所以称特差。即"特差"或许是有一种品级本来不够，但是优宠特加的意思。承议郎，从七品；通直郎，正八品。平江府通判是正七品（上州通判正七品，中下州从七品）。另可参见李勇先：《宋代添差通判制度初探》，载《宋代文化研究》第6辑，四川大学出版社，1996年，第114—130页。

（二）绍定元年六月平江府牒文

军府　　　牒　　　府学

01 承府学教授①汪从事申，准　使府断还陈焕元冒占双凤乡四十二

02 都学田，申乞出榜②约束事件等，奉

03 判府宝谟大卿台判案并行，今具下项，须至行遣：

04 　第一项，据申，乞帖委元打量官常熟县尉同本学职事躬亲前去

05 　　　　　　交业，庶得小人知畏，

06 　　　　此项本府除已专帖委常熟县尉，同与本学差到职事躬亲

07 　　　　前去田所，令府学交业外，今牒府学，请立便差委学职

前去，

08 　　　　常熟县尉同与交业，一并具状供申。

09 　第二项，据申，本学交业以后，切恐陈焕兄弟子侄及邻比恶少妄

10 　　　　　行搔扰，损据岸塍，偷斫稻禾，侵害官租，深属利害。

乞给

11 　　　　榜严行约束。仍帖本县及巡尉③，告示乡夏④、都保⑤合

属去

12 　　　　处知委，常切差人防护，无致损坏官田，仍榜约束。

13 　　　　此项，本府除已出榜府学学田所晓示约束，及帖本县并巡

---

① 教授，总领州、府学，以经书、儒术、行义训导诸学生徒，掌功课、考试之事，纠正违犯学规者。
　　其沿革参见《宋代官制辞典》，第550页。

② 榜，官府向军民发布之下行公文，文体与载体相对灵活，可书于纸、木、壁、石、碑 等，多用以
　　通告法令法规，或劝谕教化民众。"出榜禁止"、"出榜约束"等常见于文献。

③ 巡尉，宋时常以巡尉并指巡检与县尉，二者均负有捕盗与治安之职。

④ 乡夏，宋时供县衙使用之吏人，协助处理包括催收赋税在内的政务，编制不详，推为非官方
　　编制，或为轮流当值差役之民。《琴川志》载常熟县设各类吏人与公人24种："押录（旧额二
　　人，今以县事繁冗增差不定），手分（随手所分，差无定额）……乡司、乡夏、当直人（轮番散番
　　等，请给于县库，茶酒、帐设、邀喝，请给于税务）……"见（宋）孙应时纂修、鲍廉增补，（元）
　　卢镇续修《琴川志》卷6，载《宋元方志丛刊》第2册，中华书局，1989年，第1213页。

⑤ 都保，宋时乡役组织，主要负责催征赋税。《宋会要·食货六七》载："凡州县徭役、公家科
　　敷、县官使令、监司迎送，皆责办于都保之中。"

（注：以上为第二截碑文）

　14　　　尉告示乡戛、都保知委，常切差［人防护，毋得］妄行生事外，今

　15　　　牒府学，请照应。

16 第三项，据申，陈焕冒占学田上有庄屋、农具等物，乞帖下尉司，籍

　17　　　　定名件，给本学田所公用。

　18　　此项，本府除已并帖委常熟县尉，仰将陈焕元占学田所庄

　19　　　屋、农具等物给与本学公用，今牒府学，并请职事前去交管，

　20　　　具状供申。

　21　第四项，据申，陈焕元佃学田壹佰伍拾余亩，纳米叁拾捌硕有零，

　22　　　　本学得蒙　使府理断，冒占田亩归给本学讫，所有上

　23　　　　项田段，陈焯委难仍前租种，合从本学别召人布种，庶

　24　　　　免他日抵赖学租，紊渎官府，仍乞行下尉司，一并交业。

　25　　　此项，本府除已并帖常熟县尉、职事逐一交业外，今牒府

　26　　　学，请照应，径自别行召人布种，具状供申。

　27　第五项，据申，蒙使府施行，陈焕节次案牍，仍乞关府院所断陈

　28　　　　焯等因依，详备始末，牒本学镌刻碑石，庶得久远遵守。

　29　　　此项，本府除已行关府院，仰备元断陈焯等因依始末案牍

　30　　　回关赴府，以凭牒府学照应外，今牒府学，请照应施行。

　31　第六项，据申，蒙　使府理断陈焕弟陈焯、陈焕冒占学田壹阡余

　32　　　　亩，给还本学添助养士，乞备因依具申

　33　　　　台部及诸司证会。

　34　　　此项，本府除已详具元断因依备申

　35　　　御史台、户部转运司、提刑提举使司证会外，今牒府学，请一

36　　　　并证应。

37 牒请照备去牒内事理逐项施行，具状

38 供申。谨牒。

39　　　绍定元年六月（平江府印）日牒

40　　　儒林郎、平江府观察推官吕

41　　　承直郎、平江军节度推官耿

42　通直郎、特差通判平江军府事富

府学

43　　承议郎、通判平江军府事石

44 朝奉大夫、直宝谟阁、知平江军府事章（押）

（注：以上为第三截碑文）

（三）绍定元年七月平江府牒文

军府　　牒　　府学

01 承府学教授汪从事申，蒙使帖差委元打量官邵县尉同学职前

02 去田所，一并拘籍给归本学交业。切虑尉司、承吏受豪户陈焯计嘱，

03 迁延不为从公逐一交业，深属利害。乞下案证祖，严限行下交业，□［奉］

04 台判催，今具下项，须至行遣：

05　一、府司除已再帖常熟县尉，照已帖疾速躬亲前去田所，同府学

06　　　　交业去外。

07　　　　此项，再牒府学，立便差拨职事前去，所委官同与躬亲田所

08　　　　交业，具已差定姓名。状申。

09 一、府司除已再帖常熟县尉，籍定陈焕元占田所庄屋、农具等物

10　　　　归给府学公用去外。

11　　　　此项,今牒府学照应,并具交管。状申。

12 一、府司除已再帖常熟县尉,并将陈焕元佃学田壹佰伍拾余亩,

13　　　　　一并令府学交业外。

14　　　　此项,今牒府学照应,一并具已交业。状申。

15 一、府司除已再帖常熟县尉,告示乡夏、都保知委,常切差人防护

16　　　　　陈焕兄弟子侄,及邻比恶少妄行搔扰,损掘岸塍,偷斫

17　　　　　稻禾,侵害官租去外。

18　　　　此项,今牒府学照应。

19 牒请照应施行。谨牒。

20　　　绍定元年七月(平江府印)日牒

21　　　　儒林郎、平江府观察推官吕(名字,押)

22　　　　承直郎、平江军节度推官耿 (名字,押)

24　　　通直郎、特差金书平江军节度判官厅公事①赵(名字,押)

25.　　　通直郎、特差通判平江军府事富(押)

府学

26.　　　承议郎、通判平江军府事石(孝隆,押)

27. 朝请大夫、直秘阁、两浙西路提点刑狱事、兼权平江府、新除太
常卿林(押)

二、《给复学田公牒二》录文

（一）绍定元年九月平江府牒文

军府　　牒　　府学

01 承府学汪教授申到因依,乞证周主簿指定监陈焯合纳本学及合

02 纳本府拾年花利,及照

03 条收坐罪名,及备申

---

① 　签书判官厅公事,宋英宗前为"签署判官厅公事",简称"签判",协助长吏处理签署文书、用
印等。参见《宋代官制辞典》,第542页。

图 2　《给复学田公牒二》拓本

04 台部诸司证会,庶免陈焯异时妄诉,申乞指挥施行。奉

05 台判:府学荡田载之砧基,刊之石刻,悉有可照。先本荡地,续后众户

06 围裹成田。濮光辅等四名于已围之后就学立租,岁有输纳。惟陈焕

07 冒占在己。学校第知器字荡田,濮光辅等已行请佃,而陈焕所占,所

08 未及知。因叶延年等告首,方于砧基、石刻考证,始知源流。陈焕欺弊

09 迹已难掩,乃于本府已断之后,辄经提举司①作自己荡田番诉。且谓:

10 "昨来有指挥,开掘之日先曾自陈,且开掘围田,青册②已载者,并行免

11 掘。"府学田荡所系养士,别无民产邻至,从前并无开掘明文。陈焕弟

12 陈焯岂得以尝作荡田,经提举司陈词借口。况今来执出叁契,皆是

13 以别项影射,周主簿点对极为明白。本府打量,除证府学旧来亩步

14 外,尚有围裹余剩田肆佰余亩。陈焕既无祖来干照可证,拘没入官

15 并拨养士已为得当。陈焕欺弊,质之　条法,本非轻典,今来所监瞒

16 昧米数,又已轻优,犹敢于已断之后,饰词妄诉,法司具　条呈,

---

① 宋代官署多有简称提举司者,如提举常平广惠仓司、提举学事司、提举茶马公事等。此处为提举常平司,又称"仓司",为宋代地方监司之一。熙宁初因推行新法而设,管勾农田水利差役事及平准、调剂兼监督地方行政。《宋史》载:"掌常平、义仓、免役、市易、坊场、河渡、水利之法,视岁之丰歉而为之敛散,以惠农民……皆总其政令,仍专举刺官吏之事。"参见《宋史》卷167,第2659页。

② 青册指土地核查、清点后详细登记的册子。亦见于金代碑石。元代的"户口青册"是户口簿的别称。清代为文书名,黄册之副本,以青色为封皮,故称。参见中国历史大辞典编纂委员会编:《中国历史大辞典》,上海辞书出版社,2000年,第1714页。

候监

17 纳了足日施行。牒府学证应，仍申运司、府司，已送法司。今承法司检

18 具　条令。《律》："诸盗耕种公私田者，壹亩以下笞三十，伍亩加壹等，过

19 杖壹佰，拾亩加壹等，罪止徒壹年半。荒田减一等，强者各加壹等。苗、

20 子归官，主（下条苗、子准此）。"《律》："诸妄认公私田，若盗贸卖者，壹亩以下笞五十，

21 伍亩加壹等。过杖壹佰，拾亩加壹等，罪止徒二年。"《敕》："诸盗耕种及

22 贸易官田，（泥田、沙田、逃田、退复田同，官荒田虽不籍系亦是。）各论如律。冒占官宅者，计所赁

23 坐赃论罪，止杖壹佰，（盗耕种官荒田、沙田，罪止准此。）并许人告。"《令》："诸盗耕种及贸

24 易官田，（泥田、沙田、逃田、退复田同。）若冒占官宅、欺隐税租赁直者，并追理。积年虽

25 多，至拾年止。（贫乏不能全纳者，每年理二分。）自首者免。虽应召人佃赁，仍给首者。"

26《格》："诸色人告获盗耕种及贸易官田者，（泥田、沙田、逃田、退复田同。）准价给五分。"

27《令》："诸应备赏而无应受之人者，理没官。"奉

28 台判：候监足。呈府司。除已具申

29 转运使衙去外，须至行遣。

30 牒请照应。谨牒。

31　　绍定元年玖月（平江府印）日牒

32　　**儒林郎、平江府观察推官吕**

33　　　**承直郎、平江军节度推官耿**

34　　**通直郎、特差金书平江军节度判官厅公事赵**

府学

35 　　承议郎、通判平江军府事石

（注：以上第一截碑文）

36 朝请大夫、直秘阁、两浙西路提点刑狱事、兼权平江府、新除太常卿林（押）

（二）绍定元年十一月平江府牒文

军府　　牒　　府学

01 今月初贰日准

02 行在^①尚书省札子。据本府申，证对本府。据府学教授汪从事申：本学

03 养士田产系范文正公选请，至绍兴肆年立石公堂，淳熙伍年置砧

04 基簿，庆元贰年重立石刻，并载常熟县双凤乡肆拾贰都器字荡田

05 壹阡陆佰玖拾亩叁角壹拾玖步。 一、前项田除濮光辅、施祥等承

06 佃壹阡柒拾亩壹拾伍步半外，于内不见陆佰贰拾亩叁角叁步半

07 着落。自嘉定贰年以来，节次据王彬、叶延年告首，系是豪户陈焕冒

08 占。虽屡具申 使府，缘陈焕富强，不伏出官。 一、绍定元年正月内，

09 本学再据叶延年状首，备因依申府。蒙 权府帖巡尉会合追，继帖

10 本县邵县尉打量，定验到陈焕冒占陆佰贰拾亩叁角叁步半，连段

11 宽剩田肆佰陆拾玖亩贰角伍拾玖步，共壹阡玖拾亩贰角贰步半。

12 继帖吴县周主簿，指定到父宿供证，田内既无其他民产，则府学所

---

① 行在，本意指天子巡行所在之地。宋制，车驾巡幸亲征，则随事务，各置行在司。参见《宋会要辑稿·职官四》"行在诸司条"，刘琳等校点，第3113页。南宋以临安府为行在，中央诸司前系行在。

13 失陆佰余亩，合给还府学管业。宽剩田肆佰余亩，乞并给府学，以助

14 养士。奉　判案行牒学证应，仍将陈焕庄屋、车船等籍给府学。
一、

15 本学再具归给府学因依申府，乞备申　台部诸司证会。本府书判：

16 "府学荡田载之砧基，刊之石刻，悉有可证。濮光辅等立租输纳，惟陈

17 焕冒占在己。学校第知濮光辅等已行请佃，而陈焕所占未及知。因

18 叶延年告首，方于砧基、石刻考证，始知源流。陈焕欺弊迹已难掩，乃

19 于本府已断之后，辄经提举司作自己荡田番诉。且谓：'昨来有指挥，

20 开掘之日先曾自陈，且开掘围田，青册已载者并行免掘。'府学田荡

21 所系养士，别无民产邻至，从前并无开掘明文。陈焕弟陈焯岂得以

22 尝作荡田，经提举司陈词借口，执出叁契，皆是以别项影射。周主簿

23 点对极为明白。"本府打量，除证府学旧来亩步外，尚有余剩田肆佰

24 余亩。陈焕既无祖来干照可证，拘没入官，并拨养士，已为得当。陈焕

25 欺弊，质之　条法，本非轻典，犹敢饰词妄诉，法司具　条呈，牒府学

26 证应。　一、今来本学已证府牒管业，缘陈焕弟陈焯富横健讼，尚虑

27 日后多方营求，紊扰不已，乞备申

28 尚书省札下本学，以凭悠久遵守。本府证得：先据府学教授汪

从事

29 申,前项学田已帖常熟县尉邵从事,集父宿等打量,定验到陈焕冒

30 占学田因依,遂再送吴县主簿周修职,从　条指定,断归府学

绍业。

31 及监陈焕弟陈焯了还所欠本学租米外,今据府学教授汪从事所

32 申,本府备申

33 尚书省,乞赐

34 札下提举司及本府遵守施行。伏乞指挥施行申闻事。已札下浙西

35 提举司从所申事理施行外,右札付　府证会施行。准此。本府所准

36 省札已备帖常熟知县、白苑巡检、常熟县尉,各仰遵守施行外,须至

37 行遣。

38 　四十二都学田壹阡陆佰玖拾亩叁角壹拾玖步。

39 　　内施祥等共管壹阡柒拾亩壹拾伍步半。

（注：以上为第二截碑文）

40 　　施祥、甲头沈良佃肆佰伍拾贰亩壹角贰步半。

41 　　径山庄甲头朱千十乙佃壹佰玖拾捌亩壹角拾叁步。

42 　　濮光辅等贰户佃叁佰伍亩贰角。

43 　　王彬佃壹佰壹拾肆亩。

44 陈焕冒占陆佰贰拾亩叁角叁步半,准　使府差常熟县

45 　　打量到上件学田,并量出连段下脚肆佰陆拾亩贰

46 　　角伍拾玖步。

47 贰项共计壹阡玖拾亩贰角贰步半。

48 **牒请照应施行。谨牒。**

49 　　绍 定 元 年 十一月(平江府印)日 牒

50 　　　　**儒林郎、平江府观察推官吕**(名字,押)

51　　　　承直郎、平江军节度推官耿（名字，押）

52　　　　通直郎、特差金书平江军节度判官厅公事赵（名字，押）

府学

53　　　　承议郎、通判平江军府事石（孝隆，押）

54朝请大夫、直秘阁、两浙西路提点刑狱事、兼权平江府、新除太常
卿林（押）

（三）绍定元年十一月提举常平司牒文

提举常平司　　　牒　　　平江府府学

01 今月初四日准

02 尚书省札子：平江府申，证对本府。据府学教授汪泰亨从事状
申：本

03 学养士田产系范文正公选请，至绍兴四年立石公堂，淳熙五年置

04 砧基簿，庆元二年重立石刻，并载常熟县双凤乡四十二都器字荡

05 田壹阡陆佰玖拾亩叁角壹拾玖步。　一、前项田除濮光辅、施
祥等

06 承佃壹阡柒拾亩壹拾伍步半外，于内不见陆佰贰拾亩叁角叁步

07 半着落。自嘉定二年以来，节次据王彬、叶延年告首，系是豪户
陈焕

08 冒占。虽屡具申　使府，缘陈焕富强，不伏出官。　一、绍定元
年正月

09 内，泰亨再据叶延年状首，备因依申府，蒙　权府帖巡尉会合
追，继

10 帖本县邵县尉打量，定验到陈焕冒占陆佰贰拾亩叁角叁步半，连

11 段宽剩田肆佰陆拾玖亩贰角伍拾玖步，共壹阡玖拾亩贰角贰步

12 半。继帖吴县周主簿，指定到父宿供对，田内既无其他民产，则
府学

13 所失陆佰余亩，合给还府学管业；宽剩田肆佰余亩，乞并给府
学，以

（注：以上为第三截碑文）

14 助养士。奉　判案行牒学证应，仍将陈焕庄屋、车舡等籍给府学。

15 一、本学再具归给因依申府，乞备申　台部诸司证会。　书判："府学

16 荡田载之砧基，刊之石刻，悉有可证。濮光辅等立租输纳，惟陈焕冒

17 占在己。学校第知濮光辅等已行请佃，而陈焕所占未及知。因叶延

18 年告首，方于砧基、石刻考证，始知源流。陈焕欺弊迹已难掩，乃于本

19 府已断之后，辄经提举司作自己荡田番诉。且谓：'昨来有指挥，开掘

20 之日先曾自陈，开掘围田，青册已载者并行免掘。'府学田荡所系养

21 士，别无民产邻至，从前并无开掘明文。陈焕弟陈焯岂得以尝作荡

22 田，经提举司陈词借口，执出叁契，皆是以别项影射。周主簿点对极

23 为明白。"本府打量：除证府学旧来亩步外，尚有余剩田肆佰余亩。陈

24 焕既无祖来干照可证，拘没入官，并拨养士，已为得当。陈焕欺弊，质

25 之　条法，本非轻典，犹敢饰词妄诉，法司具　条呈，牒府学证应。

26 一、今来本学已证府牒管业，缘陈焕弟陈焯富横健讼，尚虑日后多

27 方营求，紊扰不已，乞备申

28 尚书省札下本学，以凭悠久遵守。本府证得：先据府学教授汪从事

29 申，前项学田已帖委常熟县尉邵从事，集父宿等打量，定验到陈焕

30 冒占学田因依，遂再送吴县主簿周修职，从 条指定，断归府学绍

31 业。及监陈焕弟陈焯了还所欠本学租米外，今据教授汪泰亨从事

32 所申，本府所合具申

33 尚书省，乞赐札下提举司及本府遵守施行，伏乞指挥施行申

闻事。

34 札付本司，从平江府所申事理施行。所准

35 省札，佥厅官书拟欲牒府学及帖常熟县，照

36 省札内事理坐下数目绍业收租养士。奉

37 台判行当司，除别行遣外，须至行遣。

38 牒请遵照

39 省札内事理坐下数目绍业收租养

40 士。谨牒。

41　　　　绍定元年十一月（两浙路提举司之印）日牒

42　　平江府府学

43 朝请大夫、提举两浙西路常平茶盐公事王（押）

（注：以上为第四截碑文）

三、《给复学田省札》录文

（一）绍定元年十月省札

01 平江府申，证对本府。据府学教授汪泰亨从事状申：本学养士田产系 范文正公选请，至绍兴肆年立石

02 公堂，淳熙伍年置砧基簿，庆元贰年重立石刻，并载常熟县双凤乡肆拾贰都器字荡田壹阡陆佰玖拾

03 亩叁角壹拾玖步。　一、前项田除濮光辅、施祥等承佃壹阡柒拾亩壹拾伍步半外，于内不见陆佰贰拾

04 亩叁角叁步三角半着落。自嘉定贰年以来，节次据王彬、叶延年告首，系是豪户陈焕冒占。虽屡具申使府，缘

05 陈焕富强，不伏出官。　一、绍定元年正月内，泰亨再据叶延年

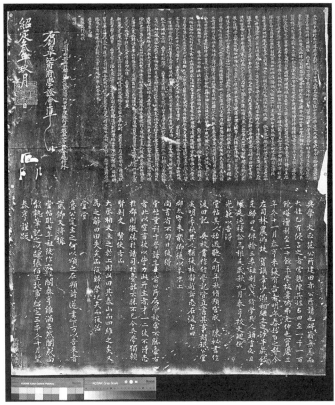

图3 《给复学田省札》拓本

状首,备因依申府,蒙权府帖巡尉会合追,

06 继帖本县邵县尉打量,定验到陈焕冒占陆佰贰拾亩叁角叁步半,连段宽剩田肆佰陆拾玖亩贰角伍

07 拾玖步,共壹阡玖拾十亩贰角贰步半。继帖吴县周主簿,指定到父宿供对,田内既无其他民产,则府学所

08 失陆佰余亩,合给还府学管业;宽剩田肆佰余亩,乞并给府学,以助养士。奉判案行牒学证应,仍将陈焕

09 庄屋、车舡等籍给府学。 一、本学再具归给因依申府,乞备申台部诸司证会。介书判:"府学荡田载之砧

10 基,刊之石刻,悉有可证。濮光辅等立租输纳,惟陈焕冒占在己。学校第知濮光辅等已行请佃,而陈焕所

11 占未及知。因叶延年告首,方于砧基、石刻考证,始知源流。陈焕欺弊迹已难掩,乃于本府已断之后,辄经

12 提举司作自己荡田翻诉。且谓:'昨来有指挥,开掘之日先曾自陈,且开掘围田,青册已载者并行免掘。'府

13 学田荡所系养士,别无民产邻至,从前并无开掘明文。陈焕弟陈焯岂得以尝作荡田,经提举司陈词藉

14 口,执出参契,皆是以别项影射。周主簿点对极为明白。"本府打量,除证府学旧来亩步外,尚有余剩田肆

15 佰余亩。陈焕既无祖来干照可证,拘没入官,并拨养士,已为得当。陈焕欺弊,质之 条法,本非轻典,犹敢

16 饰词妄诉,法司具 条呈,牒府学证应。 一、今来本学已证府牒管业,缘陈焕弟陈焯富横健讼,尚虑日

17 后多方营求,紊扰不已,乞备申

18 尚书省札下本学,以凭悠久遵守。本府证得:先据府学教授汪从事申,前项学田已帖委常熟县尉邵从

19 事,集父宿等打量,定验到陈焕冒占学田因依,遂再送吴县主簿周修职,从 条指定,断归府学绍业。及

20 监陈焕弟陈焯了还所欠本学租米外,今据教授汪泰亨从事所申,本府所合具申

21 尚书省，乞赐

22 札下提举司及本府遵守施行。伏乞

23 指挥施行申闻事。

24　　已札下浙西提举司，从所申事理施行外，

25　　　　右札付平江府证会施行。准此。

26 绍定元年拾月叁拾（尚书省印）日　　　丞相在假　　押①

（注：以上为第一截碑文）

（二）绍定三年九月省札

01 平江府申，证对本府。据府学教授汪从事申，据正录、直学、②乡贡进士、学正、③学生王

天德等状申：今月拾肆日，准通判转

02 运主管司牒、准转运使衙，准　尚书刑部符。据常熟县陈焯妄诉学田事，证得：本学淳熙伍年砧基簿，及庆元贰年公

03 堂石刻，有管常熟县双凤乡肆拾贰都器字号荡田。除王彬、濮光辅等承佃外，有田壹阡余亩不见着落。自嘉定叁年

04 刘教授以后，节次据王彬、朱忠、张千拾贰、叶延年等告首，被豪户陈焕、陈焯倚恃强横，从嘉定贰年冒占在己，盗收花

05 利计壹拾玖年。本学累申本府及提刑司追理，缘陈焕、陈焯家豪有力，不能究竟，积计盗收花利壹万叁阡余石。至绍

06 定元年，又据叶延年告首，遂具申本府。蒙权府提刑林少卿帖匣巡尉追，经涉肆伍个月，至知府章少卿到任，方始追

07 得出官帖。常熟县邵县尉躬亲前往田所，呼集邻保父宿供证打量。续据回申，陈焕冒占分明，送吴县周主簿从

① 绍定元年十月，在位宰执为右丞相史弥远和参知政事薛极，故告假者为史弥远，签押者为薛极。参见《宋史》卷214《宰辅表》，第5610页。

② 正录，学正与学录连称。"正、录，掌举行学规，凡诸生之戾规矩者，待以五等之罚，考校训导如博士之职。"直学，学官名。"掌诸生之籍及几察出入"参见《宋史》卷165《职官志五》，第3911页。

③ 学正与学录连称正录，参见前注。

08 条指定，准府牒断，还本学养士。及将陈焕责出伪契及砧基毁抹
附案，仍证　条合追拾年花利纳官，所有庄屋、农具、缸

09 只，一并藉给本学公用。自后，陈焕在安下人黄百贰家染病身
死。续蒙本府追弟陈焯监纳盗收花利，其陈焯脱身，又经

10 提举司，将冒占学田伪作自己荡田妄诉。蒙提举司马郎中①台
判，是荡是田，皆合归府学，牒学证应。续准府牒，蒙权府

11 提刑林少卿台判："府学田荡，载之砧基，刊之石刻，悉有可证。
先本荡地，续后众户围裹成田，濮光辅等肆名于已围

12 裹之后就学立租，岁有输纳。惟陈焕冒占在己。学校第知器字
号荡田，濮光辅等已行请佃，其陈焕冒占所未及知，因

13 叶延年等告首，方于砧基、石刻考证，始知源流。陈焕欺弊，迹已
难掩，乃于本府已断之后，辄经提举司作自己荡田翻诉。

14 且谓：'昨来有指挥，开掘之日先曾自陈，且开掘围田，青册已载
者并行免掘。'府学田荡所系养士，别无民产邻至，从前

15 并无开掘明文。陈焕弟陈焯岂得以尝作荡田，经提举司陈词籍
口。况今来执出叁契，皆是以别项影射，周主簿点对

16 极为明白。"本府打量，除证府学旧来亩步外，尚有余剩田肆佰余
亩。陈焕既无祖来干照可证，拘没入官，并拨养士，已为

17 得当。陈焕欺弊，质之　条法，本非轻典，犹敢于已断之后，饰词
妄诉。法司具　条，仍申转运司证会。自后，本府领上

18 陈焯监纳拾年花利，其本人节次止纳到钱叁阡伍佰壹拾贯文官
会②，蒙本府牒发，上项钱送钱粮官耿节推交管收，

19 附赤历官簿讫，及在府责状，甘自理断，之后不敢冒占。罪赏文
状附案存证。本学为见陈焯富横健讼，尚虑日后多方营

20 求，紊扰不已，已具申本府，乞备申　尚书省。至绍定元年拾月
叁拾日备准　省札，札下浙西提举司及札下本府，从所

---

① 司马郎中，即司马述，生卒年不详，字遵古，祖籍涑水（今山西夏县）。《吴郡志》卷7"提举常
平茶盐司"目载："朝奉郎司马述，宝庆元年十二月到任，绍定元年正月，除大理正，迁金部郎
官。"见《吴郡志》卷7，第746页。

② 官会，又称官会子，南宋时由官方发行的纸币。绍兴三十年，户部侍郎钱端礼被旨造会子。
三十二年，定伪造会子法。犯人处斩。参见《宋史》卷181《食货志下三》，第4406页。

21 申事理证会施行外。切缘当来本府止据陈焯供责，自后不敢仍前冒占学田，具状哀鸣，一时宽恤，有失结断罪名，以

22 致今来陈焯妄经　尚书刑部，隐下　尚书省省札一节，及隐下冒占学田、盗收花利壹拾玖年，计积壹万叁阡余

23 石情犯，却以陈焕在外病亡，妄称在狱身死，及将纳到盗收花利钱叁阡伍佰壹拾贯文，妄作吏胥欺诈脱判，符①下转运司。天

24 德等窃详：陈焯缘见府教先生书满在即，栽埋讼根，为异时侵占张本。虽诉府吏，乞觅有无，于本学初无关涉，但陈焯

25 借诉吏胥为名，意实在田。所诉取索案祖，意欲灭去其籍，以显陈焯豪横狡诈。又陈焯当来于提举司妄诉，则称是自

26 己荡田；今来于转运司妄诉，则称是自己省额苗田②。只此两端，便又显见得陈焯前后异同，虚妄狡诈。又况上件田元系

27 文正范公启请于朝，自是本学旧物。今系　尚书省札下，即是

28 朝廷养士之田。陈焯罪名未正，岂得复萌觊觎，及便欲脱漏桩管田苗。今摹印到　省札及本府并提举司公牒，随状

29 见到申府，乞备申　尚书省，乞证先来行下　省札事理。札下刑部及转运司，就将陈焯并男陈念九押下，从　条结断

30 冒占学田情罪，及今来违背省札指挥、妄状越诉情罪，及监追未纳足已指定拾年花利入官。仍乞　札下平江府府学

31 证应。本府所据府学教授汪从事前项所申，所合具申

32 尚书省，乞赐

33 指挥施行，伏候

34 指挥。

35 　　　　　已札下刑部、两浙转运，从平江府所申事理施行，并札平江府证会施行外，

36　右札付平江府府学证会。准此。

---

① 　符，文书名。其一指尚书省六部（刑部为六部之一）行下文书，称"部符"；另一指州下所属县，径称"符"。以"符到奉行"结语。本文此处指"部符"。参见《宋代职官辞典》，第623页。
② 　省额苗田，指应当纳税的田亩。

37 绍定叁年玖月（尚书省印）日　　　　（押押押）①

（注：以上为第二截碑文）

（三）绍定三年十月跋文

01 吴学，　文正范公所建，田亦公所请也。碑籍②无恙，而

02 大姓已有侵占之者。常熟陈其姓占田至一千一百

03 余晦，擅利至二十余年，学校娄鸣，弗克伸也。宝庆三

04 年冬十一月，泰亨来，复有告者。明年春，始白之郡。今

05 左司林农卿③、故　宝谟章少卿相继主之，涉半岁，始

06 克归田。又俾输三季租，别贮以修学。其人诵言，必且

07 坏是，乃种讼为根。是岁秋九月，泰亨校文回伏

08 光范，以告得

09 堂帖④，其人始退听。又明年秋，修頖宫成，　陈秘书⑤作

10《复田记》，　吴校书⑥作《修学记》，皆直书其事，刻珉公堂

11 矣。明季秋，其人犹复枝辞越诉，志在复占田。

12 郡太守朱贰卿复以本末，上

13 尚书省，不旬日，复得

---

① 绍定三年九月在位宰执分别是右丞相史弥远、知枢密院事兼参知政事薛极、签书枢密院事兼参知政事葛洪，故签押者为此三人。参见《宋史》卷214《宰辅表》，第5611页。三个押字呈"品"字形，尊者在前。《石林燕语》载："（省札）宰相自上先书，有次相则重书，共一行，而左右丞于下分书，别为两行，盖以上为重。"参见（宋）叶梦得：《石林燕语》卷6，侯忠义点校，中华书局，1984年，第87页。

② 此处碑籍应指庆元二年（1196）所置《吴学粮田籍记》一、二，载缪荃孙编：《江苏省通志稿·艺文志三·金石十三》，林荣华校：《石刻史料新编》第1辑第13册，台北新文丰出版公司，1982年，第9764页。

③ 左司林农卿，即前文林介。左司，尚书省左司郎中简称，元丰新制正六品。见《宋代官制辞典》，第182页。农卿，系司农寺少卿的简称，居于太府少卿之上。

④ 堂帖，即尚书省札，或称省札。堂帖是适应中晚唐政治变化而出现的宰相独立处理政务的文书类型，宰相机构为政事堂（中书门下），故称。宋元丰改制后，政令须经尚书省行下，堂帖遂变为省札。参见李全德：《从堂帖到省札——略论唐宋时期宰相处理政务的文书之演变》，《北京大学学报》（哲学社会科学版）2012年第2期。

⑤ 陈秘书，即陈耆卿，所撰《吴学复田记》，载《吴郡志》卷4，第717页。

⑥ 吴校书，即吴潜，与汪泰亨同乡，所撰《修学记》载《吴郡志》卷4，第716页。

14 堂帖，重刊于学。诸生来前曰："所在学校常不胜豪右

15 者，此以空言，彼以訾力。此所主者才一二，彼不得志

16 于郡，则徼胜于诸司，于台部，不胜不已。今吴学独赖

17 贤刺史、 贤使者，而

18 大丞相①又主之于上，则此田其泰山而四维之矣。"又

19 为之辞曰："田失矣而复归，学圮矣而复治。

20 堂堂

21 鲁公实主之，何以颂之在頖诗。"遂书下方，以告来者。

22 贰卿又将据

23 堂帖，辄七年租复作六经阁②。泰亨虽满去，然阁成尚

24 能执笔记之，以踵张伯玉故事。绍定三年季冬十月望，

25 泰亨谨跋。

26 吴门张思恭刊。

（注：以上为第三截碑文）

---

① 大丞相，指史弥远（1164—1233）。嘉定元年（1208），迁知枢密院事，兼参知政事，拜右丞相兼枢密使。丁母忧，归治丧。二年，起复右丞相兼枢密使。事见《宋史》卷414，第12417页。下文"鲁公"亦是史弥远。

② 《吴郡志》卷4载："六经阁旧有之，吴学始于范文正公，后更八政，始成。而此阁成于富严郎中。先是，张伯玉以郡从主学，后帅浙东，阁始成。"第715页。

第八章　定章立制：从《永定河志》
看公文碑的功效

　　清代乾隆、嘉庆和光绪时期纂辑的三部《永定河志》反映了官修河渠志与一般地方志不同的编纂特色和定章立制的实用功能。三部志书中篇幅巨大的奏议事关治河规则程式；志书中前后贯通的碑文及立碑举措，是治河规章走出衙署、推行于社会的重要途径。它们也记录了永定河管理制度由"随机"走向"永定"的过程。

一、"可奉为程式"的臣公奏议

　　清代纂修过三部永定河志书，即乾隆五十四年（1789）陈琮纂修《永定河志》、嘉庆二十年（1815）李逢亨纂修《永定河志》和光绪八年（1882）朱其诏、蒋廷皋纂修《永定河续志》。这三部志书依据成书年代，可分别称之为乾隆《永定河志》、嘉庆《永定河志》和光绪《永定河续志》。①

　　三部《永定河志》成书于乾隆末年至光绪初年的 100 年间。就三志的关

①　陈琮纂修《永定河志》成书于乾隆五十四年（1789），书稿进呈乾隆皇帝后陈琮不久去世，未及刊刻。已知抄本 4 部，2 部为完整本，2 部为简本，现分别藏于故宫博物院、国家图书馆（12 卷本）和北京大学图书馆（1 部为完整本，一部为 4 卷本）。现流行本有《续修四库全书》（上海古籍出版社，1995—2001 年）以北京大学图书馆藏 19 卷、卷首 1 卷抄本影印本，故宫博物院编《故宫珍本丛刊》（海南出版社，2001 年）以原藏故宫懋勤殿进呈本影印本。李逢亨纂修《永定河志》成书于嘉庆二十年（1815），进呈嘉庆皇帝后刊印出版，是为嘉庆刻本。《永定河续志》有光绪八年刻本。嘉庆《永定河志》和光绪《永定河续志》现有沈云龙主编《中国水利要籍丛编》影印本（台北文海出版社，1970 年）、石光明等编《中华山水志丛刊》影印本（线装书局，2004 年）。另有北京永定河文化博物馆整理的《（乾隆）永定河志》《（嘉庆）永定河志》和《（光绪）永定河续志》点校本（学苑出版社，2013 年）。本章有关《永定河志》的引注均依据学苑出版社 2013 年版点校本。以下出注均省略编纂者和出版信息，简注为乾隆《永定河志》、嘉庆《永定河志》和光绪《永定河续志》。

系而言,前两志编纂时间接近,体例、内容、篇幅相仿,均由谕旨、图示、河考、工程、官制、建置、奏议、碑文等构成,同为永定河志的"本志"。相较而言,乾隆《永定河志》体例得当,选取资料全面翔实;嘉庆《永定河志》注重检索实用,材料选取精练。两者选录资料分别截止于成书之时的乾隆五十三年(1788)和嘉庆二十年(1815)。光绪《永定河续志》与前两志间隔较远,内容差异较大,注重拾遗补阙和考释更新,"续补"特征明显。①

尽管三部志书的编纂时间、版本流传、社会影响及内容不尽相同,但共同点依然鲜明。如三志的编纂者陈琮(1731—1789)、李逢亨(1744—1822)、朱其诏(?—1892)均曾任职永定河道。由于永定河关系京畿安危,永定河道"虽隶于直督,而权独归道,得人自安,不得人则危,任至重也"。②乾隆和嘉庆《永定河志》的纂修者陈琮和李逢亨分别任永定河道6年和7年,属任职时间较久者;主持光绪《永定河志》纂修的朱其诏,任职仅数月。然无论任职时间长短,三人对河道事务均尽心详究。

三部《永定河志》有个鲜明特色,即各书收录的臣工奏议,所占篇幅几近全书的一半。而三部河志收录奏议的内容和目的,尤值得认真分析。

乾隆《永定河志》除卷首外,正文凡19卷,奏议占10卷,收录自康熙三十七年(1698)至乾隆五十三年(1788)共172份奏议。所收历朝奏议中,康熙朝29份,工部奏议最多(15份),其次是吏部(5份)和永定河分司(4份);雍正朝27份,怡亲王允祥领衔的奏议有9份,工部有7份;乾隆朝116份,直隶总督奏议最多(45份),其次是工部奏议(31份),另各部会议的奏牍30份。由于永定河的系统治理和建官立制在清康熙三十七年(1698)告成,雍正四年(1726)完备,乾隆初期又有调整,故这三个时段的奏议颇具创制意义。

嘉庆《永定河志》除卷首外,凡32卷,奏议有13卷,收录自康熙三十七年(1698)至嘉庆二十年(1815)奏议共193份。所收康熙、雍正和乾隆朝奏议分别为19、21、95份,与乾隆《永定河志》收录的奏议重复较多;所收乾隆五十四年(1789)及以后的65份奏议为新增部分。新增的嘉庆年间的58份奏议中,直隶总督奏议最多(41份),其次为曾任职兵部、户部和工部侍郎的那彦宝的

---

① 关于清代三部《永定河志》的关系,可参见拙作《清代三部〈永定河志〉评析》,载《文博探索》2013年第4期。

② (清)李调元:《中宪大夫永定河道蕴山陈公墓志铭》,载乾隆《永定河志》,第599页。

奏议(10 份)。

光绪《永定河续志》除卷首外，凡 16 卷，奏议有 6 卷，收录嘉庆二十年(1815)至光绪六年(1880)奏议共 187 份，仍以直隶总督奏议为主，计有那彦成、方受畴等 17 位总督所提奏议计 147 份；此外还有工部、户部等的奏议。另补旧志未收的雍正八年(1730)至乾隆二十七年(1762)奏议 15 份，总计 202 份。奏议内容多围绕永定河的治理防汛、经费收支和官员任免等。

从三部志书所收臣公奏议的隶属关系看，康熙、雍正和乾隆朝以工部奏议为主，内容多事关治河工程和制度建设，如康熙四十年(1701)五月工部《为请节钱粮豫筹悠长以济河防事》和《为请旨保守直隶河堤以期永久事》两奏。乾隆朝对永定河的治理，直隶总督负有更多责任，同时多部门共同会奏制度较为普遍，如总理事务大臣会同九卿、吏部和工户会奏，江南河总与直隶总督会奏等，可谓举全国之力修治京畿河流，永定河治理难度由此可见一斑。

检之各志奏议，出自总河及专管永定河职官的奏议所占比重不大。在乾隆《永定河志》中，仅见康熙三十七年(1698)总河于成龙的 1 份口奏和 2 份短奏，以及康熙五十六年(1717)永定河分司齐苏勒《为钦奉上谕踏勘河道事》，康熙五十八年(1719)永定河分司雅思海、齐苏勒《为钦奉上谕事》和《为请旨事》，雍正元年(1723)北岸分司兼南岸分司苏敏《为钦奉上谕事》，雍正十年(1732)直隶河道总督王朝恩和协理北河事务徐世湛奏，乾隆五年(1740)江南河道总督高斌和直隶总督孙嘉淦等《会勘永定河水道事》，乾隆六年(1741)直隶河道总督顾琮奏《河工疏挑情形疏》和《为奏明事》等十余份，所涉事项较为琐碎具体。

自乾隆朝，直隶总督的陈奏数量开始增加。在乾隆初年时，直隶总督或独奏，或会奏，并未占主导地位。乾隆元年(1736)八月李卫《为复奏勘过河道大概情形仰请训示事》的题衔为"总督兼理河务"。由直隶总督兼理河务的依据，见于乾隆元年(1736)四月十七日谕旨："直隶不必设立副总河，定柱着回京候旨另用。直隶河务，虽有专办之总河，着总督李卫兼行管理。钦此。"① 李卫在奏折中也论及总河设置与地方河流治理的不协之处："窃查，从前设立总河共止一员，驻扎山东之济宁州，直隶运河亦归管辖。后移江南鞭长莫及。

---

① 乾隆《永定河志》卷首《恭纪》，第 9 页。

此地所有河员，大者惟子牙、永定二河分司，其余皆系府州县佐贰兼管。既未谙晓河务，又无法则事程，各凭己意，草率经理。虽有巡抚统辖大概，而堤防随便堵筑，多不合法。"①

自乾隆十四年(1749)正式裁直隶总河、由直隶总督兼管河务以来，直隶总督的奏议明显增多，仅乾隆十九年(1754)一年，直隶总督方观承的奏议即有4份。之后两三年内，工部、吏部会奏之事，也均围绕方观承奏疏内容，直隶总督掌管河务的制度已成定章。在乾隆以后各朝，直隶总督的奏议一直占压倒性多数。是故，奏议者隶属部门的变化及奏议数量的多少，既反映皇帝对奏议者为官能力的器重程度，也可反映清代官职权属的变化。

《永定河志》之所以选录大量奏议，乃因"治河无永逸之策，治永定河之策为尤难"。而奏议多为"任事王、大臣亲承德意，周览形势，相度机宜，规画尽善，而后陈奏。复经睿览裁定，而后施行"，故司河务者，"均可奉为程式"。②

值得注意的是，三部志书所收奏议主要取材于永定河道的档案存牍。陈琮在《永定河志例略》中写明："永定河旧无成书，九十余年来卷牒不无残缺。"文中所指"九十余年来卷牒"，即自康熙三十七年(1698)以来道署所存案牍。《例略》还强调："堤防宣泄之方，官民修守之策，至周至密，毕具于谕旨、宸章及臣工奏议中。"③点明谕旨与奏议"可奉为程式"的实用功效。

光绪修《永定河续志》，也抱有整理抢救官署旧档的目的。朱其诏在《序》中自言：在光绪五年(1879)任职道署时，"检阅旧牍，又积万余宗，惧其久而散佚"，特起例续修。④《详定续修河志章程》同样强调：考虑到旧志"年久失修，卷牍散失恐已不少，若再迁延，必致文献无征，倍难措手"，朱其诏特要求属下："自嘉庆二十年后，道署卷宗应先饬房查点齐全，一边送局检阅，应入志书者存局抄写，余即发还该房查收。所有存局卷宗，均归局书一手经理，以专责成。""在道署设局，以昭慎重，俟各卷宗摘录齐全，或改设寺观，以便字匠人等随时出入。"⑤

由于档案内容多事关治河规范程式，而这些内容又是河志的主导，故纂

① 乾隆《永定河志》卷13《奏议四》，第409页。
② 乾隆《永定河志》卷10《奏议一》，第339页。
③ （清）陈琮：《永定河志例略》，载乾隆《永定河志》，第1页。
④ （清）朱其诏：《永定河续志序》，载光绪《永定河续志》，第1页。
⑤ 《详定续修河志章程》，载光绪《永定河续志》，第2—3页。

修永定河志书作为官方治河指南的特性昭然若揭。陈琮强调："堤防宣泄之方，官民修守之策，至周之密，毕具于谕旨、宸章及臣工奏议中，敬谨备录，用昭一代章程，即为万世法守。"①李逢亨纂修志书是基于"在官言官之义，谨辑旧章及现在情形拟为一书，以备稽考……以示亿万斯年遵循之道"。② 朱其诏也明确指出："志乘一书，实与治河相表里，修订一事，遂为今日之要图。"③以上都充分体现了河道官的务实性及对制度的持守。

除谕旨、奏议外，前朝碑文、河道管理成规、累年销案开支等，也均有核查备考的档案属性。嘉庆十九年（1814）直隶总督那彦成奏称："据永定河道李逢亨禀称：'上年六月间，北六工旧堤因长水冲缺，经该处贺尧营等村民人以力难补筑，禀请动帑办理，等情。随检查旧卷，并石刻碑记内载……'"④光绪《永定河续志》在所录乾隆四十二年（1777）《良乡县沿河十六村庄碑》后附有纂者的说明："乾隆十五年奏议载旧志。其十七年原奏旧志失载，远年档案霉烂无存，姑录碑记以志大概。"刻于碑石上的"旧志失载"的内容是乾隆十七年（1752）直隶总督方观承所定规章："凡属河员管辖十里村庄，该州县除皇差及捕蝻两项听其派拨，其余一切杂差俱免，专归河员拨用。"⑤

从编纂者永定河道台的特定身份及他们所肩负的治水重任角度看，他们将所属部门的奏议、档案等分门别类进行整理，并辅之以其他文献力求完备，也肩负为后来者指明治河门径的意图。诚如陈琮所言："永定河源流、分合、险夷、迁徙，即在河年久者，亦难深晰。若骤易生手，必茫然失错。"表明纂志的主要目的是"俾后来观斯土者，了如指掌"，便于完成治河重任。李逢亨"思在官言官之义，谨辑旧章及现在情形，拟为一书，以备稽考"，也是为后继者着想。他总结出永定河岁修经验汇为《治河管见》附于志书之后，忠告后任的意图明显。针对以善淤善徙的永定河，"司河务者，谨守成规，自可安澜永奏。惟是治水之道，必当因时因地以酌其宜，庶于修防有所裨益"。⑥ 是故总结治理永定河的经验，提供治河门径，也是纂修《永定河志》的重要目的。

---

①　（清）陈琮：《永定河志例略》，载乾隆《永定河志》，第1页。
②　（清）李逢亨：《例略》，载嘉庆《永定河志》，第1页。
③　《详定续修河志章程》，载光绪《永定河续志》，第2—3页。
④　嘉庆《永定河志》卷31《奏议》，第572页。
⑤　光绪《永定河续志》卷15《附录》，第476—477页。
⑥　（清）李逢亨：《治河摘要》，载嘉庆《永定河志》卷32《附录》，第592页。

二、祭祀碑和公文碑

清代三部《永定河志》均由谕旨、图示、河考、工程、官制、建置、奏议、碑文等部分构成,各部分所寄予的功能不尽相同但又有所关联。其中图示、河考、工程部分多纪录永定河的自然属性和防汛工程与治理技术的摸索与定型,内容侧重于工程技术层面;谕旨、官制、奏议等多传达皇帝与臣僚对京畿河流与京城安危的特别关注和相关管理制度建立与实施,行政管理特色鲜明;贯通全志的碑刻(包括谕旨碑、碑亭和碑记),通过河务纪事碑和公文禁令碑,展示了永定河管理制度与永定河流域社会生活的全面对接与冲突,具有丰富的政治、经济和文化内涵。

《永定河志》所展现的诸多实用功能,有学者概括为"经世致用",但笔者认为其关键在于定章立制,尤其是立碑举措,与治河防汛制度形成关系紧密,是使治河制度走出衙署、脱离档案而推行于社会的一种重要途径。

三部《永定河志》所收碑文均在 20 通以上,较其他河渠志为多。[1] 三志对碑文的选择也有一定共性,均"采石景山至三角淀古迹碑记有关河务者",[2]也即立碑位置在永定河工程关键部位,且均是与河务关系密切者。

有关河务的碑文大致包括三方面的内容:一是关乎修建堤坝和桥梁工程的纪事碑,二是修建维护河神庙与河神祭祀的纪事碑,三是有关永定河管理的公文碑。这三者可概分为河务纪事碑和河务公文碑两类,下面试分别述其特色。

(一) 河务纪事碑中的河神祭祀

三部志书中所载河务纪事碑以修桥、固堤、建庙为主,就数量而言,建庙碑最多,固堤、修桥次之。

乾隆《永定河志》涉及碑文及立碑建亭之事者,集中于卷首《恭纪》、卷 9

---

[1]　明嘉靖七年吴仲撰《通惠河志》收 4 通碑文,有元代宋褧撰《改修庆丰碑碣记》、欧阳玄撰《中书左丞相都水监政绩碑》及明嘉靖《工部都分水司题名记》、隆庆《重修闸河记》,碑文均属记事类。

[2]　《永定河志例略》,载乾隆《永定河志》,第 3 页。

《建制考》、卷19《附录·碑记》中。卷首《恭纪》有御制碑文6篇,有2篇涉及卢沟桥,3篇涉及河神庙。① 《建置考》中记有13座碑亭,除与卷首所载御制碑同时建立者外,还有与御制诗文碑等同时建立者。② 《碑记》载碑文15篇,计西晋碑1篇、明代碑5篇、清代碑9篇。

明代5篇碑文为正统元年(1436)礼部尚书张昇撰《重修卢沟河堤记》、正统三年(1438)大学士杨荣撰《固安堤记》、嘉靖袁炜撰《重修卢沟河堤记略》、万历三年(1575)都给事中龙懋撰《固安县修堤建龙王庙碑记》、万历四十三年(1615)右副都御史郭光复撰《固安县创修重堤暨龙王庙碑记》。碑文撰写者均为朝廷重臣,内容均是记述卢沟河修堤建庙之事,而且有2篇碑文是堤、庙并记。

清代9篇碑文中,建庙祭神的碑文较明代增幅显著,有康熙三十九年(1692)《固安县太平庄东河河神庙碑记》、雍正十一年(1733)《西惠济庙碑》、乾隆二十一年(1757)《东惠济庙文》、乾隆二十二年(1757)《三角淀惠济庙碑》、乾隆三十三年《重修南岸五工河神庙记》5篇,撰文者为永定河道台和沿河州县长官。另有修堤纪事碑1篇、公文碑3篇。

是故在乾隆《永定河志》中,修建河神庙及祭拜河神的碑文,计明代2篇、清代5篇。加上卷首御制碑中的3篇,总数占乾隆《永定河志》所收明清碑文总数的一半,反映了河神祭祀在清代永定河事务中的重要性。

永定河神地位的提高与永定河治理的难度相关。卢沟河决堤为害见于金元史籍。史载金大定二十五年(1185)五月,"卢沟决于上阳村";③明昌四年(1193),"卢沟河决"。④ 明代卢沟河决堤之事更为频繁。永乐十年(1412)七月,"卢沟水涨,坏桥及堤岸,溺死人畜";洪熙元年(1425)七月,"浑河决卢沟

---

① 6篇御制碑文分别为：康熙八年(1669)十一月二十七日《卢沟桥碑文》、康熙三十七年(1698)十二月十六日《永定河神庙碑文》、雍正十年(1722)四月《石景山惠济庙碑文》、乾隆十六年(1751)十一月十一日《安流广惠永定河神庙碑文》、乾隆三十八年(1773)三月《阅永定河记》、乾隆五十一年(1786)二月《重葺卢沟桥记》。载乾隆《永定河志》卷首《恭纪·宸章纪》,第21—25页。

② 乾隆《永定河志》载：卢沟桥西碑亭一座,康熙四十四年(1702)十一月建,刊康熙《察永定河诗》一章;北惠济祠碑亭一座,乾隆十五年(1750)三月建,刊御制《阅永定河》诗一章,御制《阅永定河堤示直隶总督方观承之作》一章;卢沟桥东碑亭一座,乾隆十六年(1751)建,刊御书《卢沟晓月》,御制《七言律诗》一章。详见乾隆《永定河志》卷9《建置考》,第330—331页。

③ 《金史》卷27《河渠志·卢沟河条》,中华书局,1975年,第686页。

④ 《金史》卷100《路铎传》,第2205页。

桥东狼窝口，顺天、河间、保定、滦州俱水"；宣德三年（1428）六月，"浑河水溢，决卢沟河堤百余丈……六年六月，浑河溢，决徐家等口，顺天、保定、真定、河间州县二十九俱水"。①

随着环绕京畿的卢沟河决堤泛滥事件的增多，卢沟河治理和河神祭祀，成为同等重要的事情。自金代"诏封卢沟水神为安平侯"后，②历朝多有赐封。清康熙、雍正、乾隆时期，中央政府对永定河整治颇具力度，同时皇帝对永定河神也崇敬有加，往往是河堤巡视和礼庙祭祀并举。雍正十年（1722）御制《石景山惠济庙碑文》载："河之有神，备载祀典。况永定为畿辅之名川，灵应夙著……今兹数十里内，庙貌相望，虔修秩祀。"③乾隆十六年（1751）皇帝敕封永定河为"安流广惠永定河神"，并重修了北惠济庙，撰御制《安流广惠永定河神庙碑文》。乾隆十八年（1753）冬十月，皇帝"巡幸戒坛，礼北惠济庙"，写下《石景山初礼惠济祠》诗，并镌刻成碑。此外，乾隆还于二十九年（1764）"临石景山，礼北惠济庙"，三十八年（1773）春三月"阅视永定河，自北岸二工九号浮桥渡河，循南岸二工至头工，礼玉皇庙"。④

由于皇帝的重视和表率，永定河神祭祀与庙貌维修遂成为永定河道和沿河州县长官的重要职责。当然建庙之费用主要出自公款帑金，"或请于工部，或解自各州"。⑤建庙的花费，并不亚于修堤建闸的支出。雍正八年（1730），"石景山新建河神庙，用银一万三千八百十五两。卢沟桥重修河神庙，用银三千三百七十两"。而雍正元年（1723）修金门闸，用银不过"五千六百十四两九分六厘"。⑥

除修庙建祠外，每年祀神费用也是一笔不小的开支，"石景山南、北惠济庙，固安县东西惠济庙，南头工玉皇庙，北二工河神祠，安澜演戏，共银三百两"，这些费用均由苇场淤地租额中动支。⑦由"祀神公费"支出的，总计有东、西河神庙，衙门关帝牌、河神牌等26处。而见之于《永定河源流全图》《永定

① 《明史》卷28《五行志·水条》，中华书局，1974年，第446、447、450页。
② 《金史》卷27《河渠志·卢沟河条》，第686页。
③ 乾隆《永定河志》卷首《恭纪·宸章纪》，第22页。
④ 乾隆《永定河志》卷首《恭纪·巡幸纪》，第54页。
⑤ 乾隆《永定河志》卷8《经费考》，第305页。
⑥ 乾隆《永定河志》卷8《经费考》"累年销案"，第306页。
⑦ 乾隆《永定河志》卷8《经费考》"苇场淤地"，第325页。

沿河州县分界图》中的庙宇，当不止此数。

对于将修庙祭祀列为河务并载于志书，当代人多解释为迷信或受技术条件的限制，但笔者更倾向于是古人尊崇天命与和谐自然观念的反映。

（二）制度性碑刻中的公文和禁令

制度性碑刻主要以公文和禁令的形式出现。在三部志书中，公文碑有逐渐增多的趋势。

乾隆《永定河志》载有2篇公文碑，为乾隆十八年（1753）三月《禁止河身内增盖民房上谕碑》、乾隆三十八年（1753）三月《永定河事宜碑》，另有乾隆三十八年（1773）六月《金门闸过水后浚淤上谕碑》仅见碑名。

嘉庆《永定河志》所载公文碑与乾隆志基本相同，增加较多的是光绪《永定河续志》，新增碑文9篇，其中8篇为公文碑，乾隆和嘉庆《永定河志》中所占比重较大的修庙祭神碑未见一篇。

《永定河续志》新录乾隆时期的碑文为乾隆三十八年（1773）《金门闸浚淤碑》、乾隆三十八年（1773）《金门闸三次建修丈尺银数碑》、乾隆四十二年（1777）《良乡县沿河十六村庄碑》，三碑均为旧志失载。其中《金门闸浚淤碑》在乾隆《永定河志》中仅有碑名。

新增的道光、同治和光绪时期的6篇碑文，包括道光四年（1824）《上谕南二工拆修金门石闸碑》和《上谕南上汛建造灰坝碑》，同治十一年（1872）《重修金门减水石闸碑》、同治十二年（1873）《重修南上汛灰坝碑》、同治十三年（1874）《重修求贤灰坝碑》，以及光绪三年（1877）《禁止下口私筑土埝碑》。

对三部《永定河志》所载公文碑情况进行分析，有两个值得关注的特点：

一是公文碑在志书中具有贯通性。尽管纪事碑在乾隆和嘉庆《永定河志》中占有相当比例，但从三部《永定河志》的总体情况看，公文碑在志书中出现的频率较纪事碑更高。公文碑或完整出现于《碑记》中，或作为重要议题出现在《奏议》及《建置考》《工程考》卷中，而且碑文和谕旨、奏议往往可以相互验证，可借此了解公文碑的生成方式，以及河务管理制度形成模式。如《工程考》对金门闸式记述道：乾隆三十八年（1773）春，"圣驾临幸，谕令添筑挑水草坝十丈，使水迂回过闸。伏汛，又奉上谕：'每过水后，即将口门及河流去路随时挑浚，务使积淤尽涤，水道畅行。永远照此办理。钦此。'

勒碑南坝台上”。①

　　乾隆三十八年(1773)《永定河事宜碑》中载有立碑缘由。碑文载巡抚何煟奏称：“疏导修防，原属治水不易之法。而人情厌常好异，每视为平淡无奇。诚恐数十年后，或有妄为高论，别立奇谋，转致变坏成法。应请将现奉上谕及议定章程，摘叙简明条款，刊勒丰碑，昭示来兹，庶成法永垂勿替。”此奏“经部议行，知照办理”，特摘录各段疏筑宣防章程，“勒石记载”，并立碑于道署仪门。②

　　而乾隆十八年(1753)《禁止河身内增盖民房上谕碑》、乾隆三十八年《永定河事宜碑》等公文碑在三部志书的不同部分反复出现，反映了碑文与上谕、奏折的关联，记录了各项治河政策的形成经过及如何落实，也反映了清朝皇帝在永定河管理制度形成中的特殊作用。

　　三部志书均将御碑置于卷首，编排位置突出。在各志中，除修建永定河桥堤、祭祀河神碑文外，“御制诗文，祠庙匾联”及“凡为永定河所作篇什，俱按年恭录”。③　御碑多建有碑亭。在志书中，碑亭有文字记述与绘图标记的双重表达方式，且御碑亭与筑堤工程同样重要。在《建制》卷中，碑亭居于首位，其次是行宫、祠庙、衙署、防汛公署。④　当然修建御碑和碑亭的款项，都从治河工程费中支出。⑤

　　综之，三部《永定河志》涉及立碑之事，在卷首、绘图、工程、经费、建制、奏议、附录等主干结构中的衔接印证，说明碑刻在志书及河务工作中具有重要意义。尤其在现实中，碑刻的作用兼及有案可稽、建章定制和公示于众，是永定河河务管理制度形成的重要标志。

　　二是公文碑复刻现象较为普遍。乾隆十八年《禁止河身内增盖民房上谕碑》(嘉庆志录为《禁河身内居民添盖房屋碑》)计立于 4 处，分别为南岸四工

---

① 乾隆《永定河志》卷6《工程考・闸坝式》，第 277 页；嘉庆《永定河志》卷7《工程・闸坝式》，第228—229 页。
② 嘉庆《永定河志》卷32《附录》，第 589—590 页。
③ 《永定河志例略》，载乾隆《永定河志》，第 2 页。
④ 嘉庆《永定河志》卷12《建置》，第 274 页。
⑤ 同治十一年(1872)《重修金门减水石闸碑》载：“重建御碑亭、汛房等工，通盘核计，共需银六万四千七百四十二两七钱九分二厘。禀蒙批准，在秋灾赈抚项下如数筹拨。”载光绪《永定河续志》卷 15《附录》，第 478—479 页。

五号、北埝工头（被淤）、南堤五号及石各庄村前北埝上。① 乾隆三十八年（1753）《永定河事宜碑》计有 5 通，分别立在河道署仪门左、南惠济庙正殿前、南岸四工五号内、北岸三工十五号堤上及北堤七工头号堤上。② 光绪三年（1877）《禁止下口私筑土埝碑》有 3 通，分别立在青光村、韩家树村和南八下汛署后。③

以乾隆十八年（1753）《禁河身内居民添盖房屋碑》为例。该碑在三部志书中均有记载，在各志中又数见于卷首《恭纪·谕旨》《建置·碑亭》和《附录·碑记》中，且相同的碑刻立于多处。④

此禁碑的出现有特定的背景。随着清代人口增多，水资源和土地资源的压力进一步突出，一些农民占据河滩建房、垦殖，成为危害河道安全的隐患。此事引起乾隆帝的高度关注。

设禁的动议先见于乾隆十五年（1750）二月二十九日皇帝给直隶总督方观承的上谕："朕见永定河身之内建有房屋，询系穷民就耕滩地，水至则避去。虽不为害，但其筑埝、垒坝，未免有填河之患。可即查明现在户数，姑听暂住，嗣后不得复有增添。钦此。"⑤之后几年，措施渐严。乾隆十八年（1753）二月二十三日内阁奉上谕称：

　　　　缘河堤埝内为河身要地，本不应令民居住，向因地方官不能查禁，即有无知愚民，狃于目前便利，聚庐播种，罔恤日久漂溺之患。襄岁朕阅视永定河工，目击情形，因饬有司出示晓谕，并官给迁移价值。阅今数年于兹。朕此次巡视，见居民村庄仍有占住河身者。或因其中积成高阜处所，可御暴涨。小民安土重迁，不愿远徙，而将来或至日渐增益，于经流有碍，不可不严立限制。著该督方观承，将现在堤内村民人等，已经迁移户口房屋若干，其不愿迁移之户口房屋若干，确查实数，详悉奏闻。于南、北两岸刊立石碑，并严行通饬。如此后村庄烟户较现在奏明勒碑之

---

① 嘉庆《永定河志》卷 32《附录》，第 587—589 页。
② 乾隆《永定河志》卷 9《建置考》，第 331 页；嘉庆《永定河志》卷 12《建置》，第 275 页。
③ 光绪《永定河志》卷 3《经费建置》，第 138 页。
④ 嘉庆《永定河志》载禁碑立于南岸四工五号、北埝工头（被淤）、南堤五号、石各庄村前北埝上。见嘉庆《永定河志》卷 32《附录》，第 587—589 页。
⑤ 乾隆《永定河志》卷首《恭纪》，第 12 页；嘉庆《永定河志》卷首《谕旨宸章》，第 11 页。

数稍有加增，即属该地方官不能实力奉行。一经查出，定行严加治罪。特谕。钦此。①

内阁大臣接奉上谕，"令沿河州县，会同河员逐一清查"，同时要求将查办结果在相应地段"立碑以杜增添"。之后内阁大臣再委员查办覆核，将结果上奏皇上。奏文中特别强调："钦遵谕旨，于两岸、两埝各刊立石碑一座，严行饬禁，毋许于现在之数稍有增加。"②检之附录中的碑记，乾隆十八年（1753）《禁河身内居民添盖房屋碑》题为"直隶总督兼理河道臣方观承敬刊"，③即是方观承奉旨而为。

一般而言，公文碑多涉及规章制度，其法律效力具有持续性。但公文碑的复刻现象，说明其效力范围有一定限度。

前述禁令公文碑石在现实中的功效，可从嘉庆《永定河志》所载乾隆五十五年（1790）上谕和大臣覆奏中找到答案。该年十月二十一日上谕称：

> 直隶永定河两岸地方在堤内河滩居住者，经朕屡降谕旨饬禁，而地方官奉行不力，小民等又罔知后患，只图目前之利，以致村庄户口日聚日多。若不申明禁例，转非爱护黎元之意……

直隶总督梁肯堂奉旨查视，但当年十一月的覆奏乾隆帝不满意，十二月再次查明覆奏。奏文称：

> 现存一百一十二村庄内，东安县之郑家楼等六村，武清县之西萧家庄等十一村，系乾隆十八年，前督臣方观承因无碍河流，遵奉谕旨，刊刻石碑，准其居住……臣覆查柳坨等十一村，据该道罗焞覆勘明，确实已迁净，自应永禁民人复行潜往。臣请即于该处建立石碑一座，镌明'不许民人复行占住'字样，以杜阻碍河流之弊。其现存一百一十二村，亦据勘

---

① 乾隆《永定河志》卷首《恭纪》，第 14 页；嘉庆《永定河志》卷首《谕旨宸章》，第 12—13 页。
② 乾隆《永定河志》卷 15《奏议六》，第 500 页；嘉庆《永定河志》卷 22《奏议》，第 469—470 页。
③ 乾隆《永定河志》卷 19《附录》，第 591 页；嘉庆《永定河志》卷 32《附录》，第 587 页。

明，实在并未私增一户，添建一屋，自无虚饰。①

从奏文中可以了解，原立碑设禁之处确有效果，但未立禁碑之处又生弊端。

在光绪《永定河续志》中，新增了与乾隆十八年（1753）禁碑关系密切之《禁止下口私筑土埝碑》。碑文为：

> 为刊碑示禁事。照得光绪二年九月初六日，蒙宫保阁爵宪李札："据天津、武清等县文生王联璞等呈请'平毁曹家淀私埝'等情一案，饬即督令平毁，刊碑示谕，永远不准再筑。"等因。查永定河下口一带，原系散水均沙，任其荡漾之区，例不准私筑土埝。圣谕煌煌，永宜遵守。现经本道派员察勘，将有碍河流之私埝，均已遵札一律平毁净尽。合亟刊碑示谕：附近下口一带村民，自示之后，永远不准再行私筑土埝，以及插箔捕鱼。倘敢故违，立即拿交各该地方官衙门，按律惩办，决不宽贷。各宜凛遵。②

据上述谕旨、奏议以及碑文所载，禁百姓占据河滩的规定自乾隆帝以谕旨形式下达并经直隶总督立碑示禁后，确有实效。然而河防工程与民生的矛盾，并不能因禁令、禁碑而彻底解决。此消彼长，禁碑渐多，也势所难免。

＊　＊　＊

清代三部《永定河志》具有鲜明的共性。纂修者均为永定河道台，揭示了修志活动为官方行为；编纂体例、材料选择乃至纂修目的的相仿，明确了治河指南的实用性；篇幅巨大的谕旨、奏议和前后贯通的碑文，寓示《永定河志》兼具档案保存和制度创制功能，而这些也正是清代《永定河志》有别于其他志书的鲜明特色。

《永定河志》的内容主要取决于永定河道的职守。永定河道设于清雍正四年（1726），前身为康熙三十七年（1698）设立的永定河南北两岸分司。康熙四十三年（1704）设南岸同知、北岸同知，雍正元年（1723）罢南岸分司，雍正四年（1726）在北岸分司基础上成立永定河道，设衙于固安县。其职责乃"专司

---

① 嘉庆《永定河志》卷26《奏议》，第512—514页。
② 光绪《永定河志》卷15《附录》，第481—482页。

河务，无民社事"，①即专职于永定河的治理与防汛工作。而注重河务的特性，决定了《永定河志》尤其是所录碑文更加专注于定规和立制。

从碑文内容看，基于"以工程为要领"的编纂方针，所收碑刻自然聚焦于治河规章和堤坝工程的维护。乾隆《永定河志》曾特别指明其与一般郡县志所采碑记之不同道："凡修郡县志，每采名流著述及金石之文，以矜博雅。《永定河志》则以工程为要领。"②修志的官方视角，建章立制的实用功能，治河防患的职责要求，也决定了志书与民间碑刻无缘，故皇帝和官方的永定河神祭祀碑文可入志书，民间的龙王崇拜等被摒弃在外。

从志书所载碑石分布区域看，范围较小，多集中于关乎京畿安全的桥梁、堤坝、涵闸及相关衙署、官庙等处。而永定河流域地跨京津冀晋地区，但因上游桑干河等远离京畿，与治河工程关系不大，故相关碑刻也不在志书的关照范围内。朱其诏在编纂《永定河续志》时特别强调"石景山以上未及详者，非防汛所及也"③。

清代《永定河志》的专业、单一等局限，反而使我们更易把握其"定章立制"的特色。故永定河流域重要工程段的官刻碑文，既是志书中长篇奏牍的浓缩，更是《永定河志》的精华所在。

---

① 光绪《永定河续志》卷4《职官》，第142页。
② 乾隆《永定河志》卷19《附录》，第576页。
③ 光绪《永定河续志》卷4《职官》，第142页。

第九章 会馆碑刻与"公产"保障机制

在古代和近代中国,公产是与私产、官产并存的一种重要财产形式,其中会馆公产的设立、运营及争讼,以北京较具代表性。北京地区的会馆及其公产的发展,大致经历了明代初建、清代繁盛、清末民初维持、民国衰落和建国初的转折等阶段。本章基于碑文和相关档案,着重对清代民国北京会馆由繁盛走向衰落的300年间,会馆公产在累积、流失及争讼过程中的表象和焦点、因果和措施等,进行梳理分析。此间,全国各地设立于北京的400余家同乡和同业会馆就公产创建与经营、公产争讼预防等积累了丰富的经验。这种根源于实践的民间法律智慧,对展现中国古代和近代法律制度与法律文化的包容性及其自我调适性,具有重要意义。

一、公产的多重含义及相对性

公产的含义较为复杂,有现代法理和传统实践的不同解释。现代法学意义上的公产源自西方,主要是行政法学上的概念。[①] 本章所阐释的公产是根源于中国传统社会的考察。在中国传统社会中,公产也有多重内涵和表象。

首先,公产有广义和狭义之别。广义的公产包括官产和民产(此处的民产不包括家庭财产)。官产指由官府直接支配管理或指定特定机构负责管理

---

① 现代意义上的公物(公产)制度的产生与给付行政、福利行政等观念紧密相连。公物是以德国、日本、中国台湾地区为代表的行政法学中广泛使用的概念,公产是以法国为代表的其他大陆法系国家行政法学上广泛使用的概念。参见姜广俊《公物与公产概念辨析》,载《求索》2008年第4期。就西方公产理论对当代中国的影响,张建文认为:行政法学不但没有建立起完整的本土化的公产学说,而且对于国外公产法的研究还处在引进和消化阶段。参见张建文《公产法视角下的宗教财产透视》,载《法律科学》2012年第6期。

的财产；民产即狭义的公产，指非官府所有的集合性产业，一般指为特定的群体或民间组织，如寺庙、宗族、同乡同业会馆等所拥有的田地、房屋、山林等产业，又可分别称之为寺产、族产、馆产等。本章所探讨的清代民国北京会馆公产，指狭义的公产。

其次，公产具有不确定性。清代，公产与官产和私产既可并存，也可相互转换。如旗产在官产和私产之间的变换，[①]族产在公产和私产间的流动，[②]庙产、学产等不同公产之间的替代（如清末的"庙产兴学"），[③]都反映了公产易于变动的不稳定性。

再次，公产的概念具有一定的相对性，这主要取决于参照坐标。如果是从国有和私有的角度论，非政府所有的寺庙、祠堂、会馆等多被视为"公同所有"的私产（在民国时也被视为社团法人或财团法人）；如果从个人角度看，尤其在寺庙、宗族和会馆内部，又被视为有别于个人财产的"公产"。即使在会馆公产内部，也可依据公产建立方式的不同，细分为同乡公有公产和同乡同业私有公产。

尽管狭义的公产包括寺产、族产、馆产等多种，但笔者在探讨北京清代和民国公产时，特别关注会馆产业，这主要是因为会馆在北京延续时间长，发展较充分，公产纷争具有代表性。

明清时，作为全国的政治、经济和文化中心，北京是各地高官显贵，士子商人频繁往返汇聚之地，会馆即为满足这些流动性强的异籍人士的需求而建立。据1949年北京市人民政府民政局统计，全市共有会馆391处，其中建于明朝的33个，建于清朝的341个，建于民国初年的17个。[④]

---

① 衣保中以清代东北旗地为例，认为清代旗地制度的演变，表现为私有化与公产化两种相悖的历史运动。公产化主要表现为清政府将部分私有旗地入官征租，设立各种公产旗地，推行八旗官兵职田制，实施京旗移屯政策。但这些措施未能从根本上解决旗地私有化问题。详见衣保中《论清代东北旗地的公产化》，载《吉林大学社会科学学报》1994年第2期。

② 张佩国认为：在传统中国社会"家族共财制"的历史场景中，公、私的相对化在财产观念上的表现就是家产与族产的相互转化。族产在某种意义上成为某一房或某一支的家产，这是相对于支派或整个宗族而言的，而在一定的血缘群体范围内，族产又会成为公产。公、私相对化财产观念，使族产没有一个明确的权利主体，其权属关系也极其混乱，经管人盗卖贪污、族人肆意侵蚀的现象同时存在。详见张佩国《近代江南乡村的族产分配与家庭伦理》，载《江苏社会科学》2002年第2期。

③ 可参见黄源一《略论民国初年法人制度的萌芽——以大理院寺庙判决为中心》，载《中外法学》2005年第6期。

④ 北京市档案馆编：《北京会馆档案史料》，北京出版社，1997年，第1066—1076页。

从北京会馆兴建数目的朝代分布情况看，历经明代的初创，会馆在清代进入发展鼎盛期，其中绝大多数是为各地进京参加科考的士子和候选官吏等提供便利的试馆。另为满足工商业需求而建立的行业性会馆在北京也有重要影响力。京城试馆和行业会馆的并行发展，较之其他城市如苏州、上海等地以工商会馆为主的单一模式，更有助于多角度地考察会馆公产的来源、变迁乃至争讼情况。

二、公有公产与独立公产

(一) 同乡公有公产

会馆最初设立时是为士子服务，而会馆之名也与会试有关。"京师之有会馆，肇自有明，其始专为便于公车而设，为士子会试之用，故称会馆。"①

明清时，三年一次在北京举行的全国性选官考试"会试"，使京城成为全国规模最大的人才汇聚地。会试完毕后，还有继续留京参加殿试者及"候缺"官员，解决他们的食宿，同时又使客居者有归属感，非同乡会馆莫属，于是各地在京为官为商者，多带头出资兴建会馆。这种地区性会馆的创建及运营经费，主要源自特别捐、例捐和馆捐等名目。

"特别捐"不具常规性，捐助的数额和人员不确定，但对会馆的创建、改建、恢复等具有实质性意义，且多被铭刻于碑石。如湖北黄陂会馆，"旧馆在东草厂，明季废为墟，谋新久未逮。洎嘉庆癸亥，姜方伯星六先生，捐千金改置潘家河沿之南北院"，奠定了黄陂新馆的基业。② 另在京官员捐献私宅为会馆的情况也较常见。广东番禺会馆，即是道光年间潘仕成"奉襄海疆事宜"南归，捐出旧居作"公车聚会之所"。③ 此外，同乡募捐集资也是重要一途。嘉庆二十四年(1819)《泾县新馆记》碑文载："嘉庆辛未会试后，公车诸君归而遍谂邑中，邑中诸族姓莫不慷慨乐输，得白金以两计者万有奇，遂邮书京师，购得南横街屋三所六十余间为馆屋，又于馆东及兵马司后街各买屋一所，取其岁

---

① 李景铭：《闽中会馆志》卷首"程树德序"，1943 年。
② 光绪十六年(1890)《黄陂新馆记》碑，载李金龙、孙兴亚主编：《北京会馆资料集成》，学苑出版社，2007 年，第 571 页。
③ 同治二年(1863)《京师番禺会馆记》，载《北京会馆档案史料》，第 1385 页。

赁所入为公事费。"①

　　"例捐"是各地士子和官员按各自身份或品级捐纳的款项,是会馆经费的重要来源,也是会馆公产建立的主要基础。道光年间安徽绩溪会馆规定:"惟发科受职之后,亦应输资,以充公用。"该规条按京官、外官、武官、出差、科甲类排列,捐资最多的为外官,计有"督抚、总漕、总河、盐政 100 两,藩司、运司 80 两,臬司 60 两,道、府、运、同 40 两,直隶州、运副、提举 32 两,知州、知县、盐库各大使 24 两,同知 16 两,六品佐杂 12 两,七品佐杂教职 10 两,八品佐杂教职 8 两,九品未入流 6 两";其次为出差、武官,最低的为京官和科甲。②

　　上述"例捐"带有半强制性。凡交纳者多书于碑匾并公示永存,未按规定交纳者,则以"削名"或"开除"等有损名誉的方式公之于众。由于地区性会馆是直接为同乡仕宦提供便利,同时也关乎地方荣誉及个人名声,在会馆制度健全、运行正常情况下,不按规则交纳者毕竟是少数。基于这种半强制性,会馆资金聚集迅速,并主要用于购置房屋、义冢等公产。不少具有百年以上历史的会馆,因此聚集了大量公产。

　　相对于特别捐和例捐,馆捐一般数额不大,主要对入住会馆者收取,对贫寒同乡还有减免照顾。

　　在上述三种捐项中,例捐更具普遍性和长期性。基于例捐的广泛推行和规范化,"会馆系合邑公业"③的观念也得到同乡认同。

(二) 同业独立公产(行业私产)

　　清代,工商业已成为城市社会生活中不可缺少的一部分。据道光十八年(1838)北京《颜料行会馆碑记》载:"京师称天下首善地,货行会馆之多,不啻什佰倍于天下各外省;且正阳、崇文、宣武门三门外,货行会馆之多,又不啻什佰倍于京师各门外。"④京城的诸多工商会馆中,不乏明代创建的老馆,有的还存续到民国时期。如山西颜料、桐油商人于明中叶兴建的平遥会馆,又名集瀛会馆,后改称颜料会馆,到清末民初时改称颜料行同业公会;山西临汾、襄

① 《北京会馆档案史料》,第 1330—1331 页。
② 《绩溪会馆规条》,载《北京会馆档案史料》,第 283—286 页。
③ 《泾县会馆光绪丁丑年(1877)重议馆规》,载《北京会馆档案史料》,第 287 页。
④ 彭泽益选编:《清代工商行业碑文集粹》,中州古籍出版社,1997 年,第 28 页。

陵两县在京油商创建的临襄会馆也建于明代，原名山右会馆，清末改称油盐粮行同业公会；明代浙东药材商在北京创建了鄞县会馆，民国十一年改称四明会馆。上述会馆，都有 400 年以上的历史。

行业会馆在京城能长期生存发展，并历久弥新，自有其特殊的使命和功能。

行业会馆的服务对象不同于地区性会馆。嘉庆二年(1797)《新置盂县碻磲行六字号公局碑记》载："京师为四方士民辐辏之地，凡公车北上与谒选者，类皆建会馆以资憩息；而商贾之业同术设公局以会酌事谊者，亦所在多有。"①碑文点明士子会馆是"以资憩息"，即偏重于寄寓休息；工商会馆为"会酌事谊"，即会聚商讨行业内的事宜，反映了行业会馆有别于士子会馆的建立初衷。

从功能看，工商会馆最突出的特色是"酬神议事"、"奉神明，立商约"，②即通过行业神崇拜与信仰等方式，增进同业者的凝聚力与竞争力，团结同业抵御牙行盘剥等，同时也顾及行业自律、内部管理和同乡同业者的福利。

至于工商业会馆公产的设立和扩充的途径与方式，主要得益于行业内汇集的公积金，其名目有捐银、助银、规银等数种。

捐银、助银多指捐助款项，如北京玉器行"润古斋玉器铺，倡捐巨款"而修缮长春会馆③。另按照清代行业准入制的惯例，新入行者也要有捐助一定的会资。规银也称摊捐或提厘等，一般要求从业者按销售比例或公平原则交纳。如嘉庆二十二年(1817)药行公议规条称："各铺家按生意，每月八毫捐钱。每逢初二，着看铺人取作公费。费用之外，余钱存公。各行每节按行用，捐银五厘存公。各行每年按生意，捐银五十两，于八月二十六日交入公账，另行出息。"④

助银、规银的行业差异非常大。有些利润好的行业捐助或抽厘总数相当可观，仅一次所聚即可购地建房，或设立义冢、义园。也有些行业则需筹集多年方有一定资本，会馆建筑多因陋就简。

---

① 李华编：《明清以来北京工商会馆碑刻选编》，文物出版社，1980 年，第 89 页。
② 同治四年(1865)《重修正乙祠碑记》，载《明清以来北京工商会馆碑刻选编》，第 11—12 页。
③ 《清代工商行业碑文集粹》，第 32 页。
④ 《清代工商行业碑文集粹》，第 93 页。

不过在一些碑文中,捐银、施银、助银和规银等的划分并不严格,有时甚至是混用。此外,行业会馆收入来源还有公产出租、经营和公积金放息收入等,它们共同构成了行业性会馆公产创立的基础。如广东仙城会馆,"初由粤商和丰昌记等九家各捐基金一百五十两,再在各号货物内抽取佣费集成巨款,购买房屋,收取租金,维持馆用"。①

从助资名目及收取对象看,行业性会馆的资金来源,具有特定的从业对象或固定的商铺;无论是同一地域还是跨地域的从业者,其出资、捐资者的群体范围,明显小于地区性会馆,也即行业会馆的公产来源,不似地区性会馆具有普遍性,产业"公"的范围被限定于行业内,形成了与地区性会馆同乡共有产业不同的行业独立性产业,即行业私有公产(亦可称之为"行业私产")。

行业会馆公产的独立性特色,在民国时期表现最为鲜明。当时多数同乡会馆或同乡团体在改组并向主管机关申报备案时,无不宣布原会馆产业为同乡公有,而工商会馆却反其道而行之,明确宣布会馆为行业私产,目的是防止一些人借同乡公有之名侵占行业公产。民国二十四年《玉行规约》特别强调:"本会保管会产,自创立以来,系公举会董制,历有年所,以尊崇道教慈善为怀,纯粹独立性质。其他团体及同行人等,另立名义,概不得加入,以防侵占。"②广东仙城会馆也自称为私人团体而强调其公产非"公有之产业"。1947年《仙城会馆总登记表》追述其历史沿革道:"本会馆原创立于康熙五十一年,因年久抢修延至咸丰十一年已倾废,仅余馆址,遂由粤商和丰昌记等九家捐款重修,置产养馆,专为会议商务及奉祀关帝天后,以酬谢庇佑航海商业之顺利而设,纯为私人之会馆,并非公有之产业,与各省会馆由公众集款成立及募捐建筑者性质全然不同。"在表格备注中也特别强调其性质和管理制度与其他同乡会馆之不同:"本会馆为粤商数家筹资成立,乃私人之团体,并非公众之团体,与各省府县会馆向公众募捐成立者性质不同,故章程亦与各会馆稍异,并不设立董事,每年亦不开会选举,只聘用馆长一人掌理一切事务,无故不随时更换,以专责成。"③

可见,与同乡会馆标榜对同乡的普惠性不同的是,行业会馆更强调奉献

---

① 《北京会馆档案史料》,第1000页。
② 《北京会馆资料集成》(上),第111页。
③ 《北京会馆档案史料》,第999—1000页。

与受益的对等性，谁出资谁受益。对于没有交纳过助银和规银的同乡和同业者，一般无缘分享行业公产的利益。这种强调有限分享公产利益的原则虽说有民国时期特殊的时代背景，但确是工商业者一贯遵从的公平交易宗旨的贯彻和体现。

(三) 公产增值与承继

就会馆公产的表现形态而言，地区性会馆和行业性会馆大略相同，主要包括不动产如房产、祀产、田业以及动产等。动产与不动产的概念在民国初年方逐渐流行，清代主要使用公产、公业等传统概念。在民国时，传统本土概念和新传入的法律概念同时并用。

在会馆公产中，不动产即房屋、义园等是公产的主体，动产一般包括家具设备和房租收益。会馆公产以房产为大宗，北京市民政局于1951年8月所作《会馆工作总结报告》统计全市会馆共有401处，房屋计21000余间。在北京会馆房产最多的省份主要是山西、浙江、安徽、广东、江苏等。[①]

会馆公产也可分为主产和附产。主产是会馆最早建立、承担会馆主要任务即接待举子或"敬神明讲商约"的馆舍。附产一般多指以会馆积累的资金另购的房舍或同乡捐献的房地产，以及祠庙、义园、学校等。经营较好的会馆，有的附产规模大于主产。如福建莆阳会馆主产有房间数19间，附产计有7处房间61间及6亩地；广东粤东会馆有新馆和老馆两处主产计104间房；附产有11外，有住房200余间、义园地100余亩以及中学等，规模也远大于主产。[②]

一些历史较长、经营管理完善的会馆，其公产的来源、增值和管理使用，能表现出鲜明的聚合性和承继性特色。

会馆公产的聚合性指来源的多样性和增值的持续性。来源的多样性，在前文提到同乡会馆的特别捐、例捐及行业会馆的助银和规银时已述及。就公产增值方式而言，大多数会馆选择以积累租息添置房产，并认为这是最稳妥的方式。嘉庆二十二年(1817)《泾县会馆新议馆规》规定："每年出息银两，除

---

① 《北京会馆档案史料》，第54—57页。
② 分别据1952、1951年的统计，参见《北京会馆资料集成》(下)，第1377、1380页。

岁修及各项支用外,余者公酌妥为生放,俟积有成数,便须公酌置产,不得贪利,以致有误。"①光绪三年(1877)《泾县会馆馆规》规定:"每年出息银两,除岁修及公项支用外,如有盈余至百两以上,即于交馆时公同商议,交妥店存放生息,俟积有成数,公酌置产。"②

公产的承继性与公产的集体处分权有关,这是会馆能否延续发展的关键。

公产属于同乡或同业者的所有,个人无权处置,这是清代和民国时期会馆管理规则的共识。1915年《修正北京金溪会馆规约》规定:"本会馆为阖邑公产,所有不动产及动产,无论何人不得典卖损毁。"③1928年江西《高安会馆章程》规定:"馆款,无论何人,不得以任何名义,向会计挪借分文,否则经手人负责赔偿。""遇有侵蚀公款事实发现时,馆务委员会应召集大会处理之。"④这些禁规,主要针对内部瓦解公产的两种情况:一是下文专述的馆蠹侵吞与盗卖,另一是公产捐施人及其后代的索捐行为。

索捐行为不仅危及会馆公产,对寺产、学产等类公产的正常运营往往也会造成严重影响,因此引起的纷争为数不少,故一些会馆对此专门作了防范性规定。绩溪会馆于道光六年(1826)据嘉庆十九年(1814)旧规做出特别规定:"捐成善举后来受益者,固当兴仰止之恩,然在其人当日只系为公起见,非以自私,况资既捐出即属公物,与己无涉。从前乾隆间建置会馆有捐输较多者,其子孙每即借口染指,不知既名曰绩溪会馆,岂属一家一姓之私?且前人捐输急公,而后人反败公肥己,亦不肖无耻甚矣。此次重建房屋多有捐资者,其后嗣当思以前为鉴,切勿效尤,自私自矜,玷辱先人。"⑤

民国时期,各地同乡会改组频繁,约束捐献者退会的内容也成为会馆章程中的重要一项。1948年《青阳会馆章程》就特别规定会员退会后即丧失对馆产权利的主张:"退会时应清偿退会前对本会所负之债务。""在会时所捐助之财物退会时不得请求退还。""退会时会员权利即归消灭,不得转让,并不得

---

① 《北京会馆档案史料》,第280—282页。
② 《北京会馆资料集成》(上),第34—35页。
③ 《北京会馆档案史料》,第383页。
④ 《北京会馆资料集成》(中),第797页。
⑤ 《北京会馆档案史料》,第285—286页。

请求分割财产。"①《滦密二十二县旅平同乡会简章》第九条规定："本会会员退会或开除后，对于本会之财产无请求权，其在退会或开除前，如有欠缴会费，仍须负责清偿。"②而这些规定均基于现实中类似事情的时有发生。由于会馆在创立、聚集公产时无不强调对同乡同业者的整体公益性和长期循环回馈，其捐款规章也偏重对捐助者奉献义务的强调，这种"半强制性"所导致的弊端，便是同乡对公产维护意识的淡漠，及借机侵蚀公产事件的频发。

三、公产争讼之原因与管辖

（一）争讼表现及其原因

1. 馆蠹侵吞与盗卖

馆蠹侵蚀是会馆公产流失最常见的原因。康熙二十二年（1718）《岭南会馆记》列出馆蠹侵蚀的大概情形为："借一乡先生捐助之名，而公然混迹，以会馆为典债之质，以会馆为丝竹之场，以会馆为缉奸之所，以会馆节年之租额而越恣侵渔不可言也。有一于此，皆为馆蠹。"③

馆蠹侵蚀行为能否发生，受制于多种因素，包括会馆管理人选是否妥当，公产管理制度是否健全，以及同乡同行对公产事务的关注程度。虽然上述因素具有相辅相成的关系，但导致争讼的关键，往往集中在管理者身上。

清代会馆多实行馆长制，由本籍同乡或本行业中公推德高望重、办事公道，并有实际管理能力的人士轮流担当。由于馆长任期多为一年，也称"值年"。光绪初年《上湖南会馆新议章程》规定："每岁值年，由同馆公举京官一人执管，不得推诿。如非公举之人，亦不得自行承揽。其修理房屋收支银钱，即由值年承管，以专责成。"④可见，馆长的职责中包括掌管收支银两，并保管公产文契等重要文件。而公产纷争的发生，主要表现为流动资金被侵吞、公产契券遗失以及公产被私租、私典等情况，这些均与管理者有直接或间接关联。如岭南会馆的存贮银，自康熙十八年（1679）至康熙二十年（1681）"系某

---

① 《北京会馆资料集成》（上），第 60 页。
② 《北京会馆档案史料》，第 74 页。
③ 《北京会馆档案史料》，第 1371—1373 页。
④ 《北京会馆资料集成》（中），第 645 页。

府某公掌管。除修葺迎贺公费外,尚该剩银六十五两八钱竟为干没。此主会馆者不可滥付其人也"。①

除馆长、值年外,看馆人也是侵蚀公产、引发纷争的潜在威胁群体。从会馆管理人员的设置情况看,馆长、值年为会馆的实际管理者,但轮换频繁,反而看馆人(也称"长班")相对稳定。加之大多数馆长日常不住馆内,②许多日常事务多交由看馆人处理。安徽泾县会馆在光绪三年(1877)的馆规中强调看馆人对会馆日常管理的重要性道:"会馆系合邑公业,京官管理固属谊不容辞,而监视工程稽查家具及一切杂务,势难一一亲临。道光十六年定章,听值年京官于同乡中托一朴勤可靠之人帮办诸务。"③《上湖南会馆新议章程》也规定:"设立看馆长班,准带家眷,责令传送知单,照应门户,扫除厅院,检查家具,拦阻闲人。倘有怠玩贻误,及酗酒赌博等事,立即斥逐。"④从馆规中可以看出,看馆人地位不高,多负责日常勤杂之事,但现实中因看馆人私租盗典而引起的公产争讼却不在少数,说明看馆人实有操纵公产的种种便利。

此类争讼在清代碑石中屡有所见。值得注意的是,此类争讼更易发生于工商会馆中。因行业性会馆主要用于酬神议事而非备同乡居住,同业者每年去会馆的时间不多,平时多聘请住持维持香火兼及照料馆务,公产出现异动时很难及时发现制止,最终多通过讼官的途径解决。道光十八年(1838)《颜料行会馆碑记》便记载了一起因看馆主持而致的争讼案件:

嘉庆二十四年(1819)山西颜料会馆重修时,曾将与会馆仙翁庙毗连的火神庙一并修整。作为交换条件,会馆所属仙翁庙的晨夕香火,交由火神庙道人鲁恭安照管,同时值年公议每月给鲁恭安一定的工费钱作为代看会馆的报酬。道光十六年(1936)鲁恭安病亡,曾被鲁恭安逐出的弟子蔡盛名回来接替师傅。当时会馆尚未找到合适的看馆人,蔡盛名"适求出相识之人说合,情愿代书雇约,保其看馆"。值年"面情难却,姑共许之"。然仅过两个月,蔡即私行典当馆中器具,又得知"会馆契纸久遭回禄,遂妄据火神庙与会馆仙翁庙毗

---

① 康熙五十七年(1718)《岭南会馆记》,载《北京会馆档案史料》,第1371—1373页。
② 据光绪三十二年(1906)《北京外城巡警右厅会馆调查表》所统计的254个会馆,管理人常住会馆的有71家,约占28%,也即有72%的绝大多数会馆管理人并不住馆。详见《北京会馆档案史料》,第798—818页。
③ 《北京会馆资料集成》(上),第34页。
④ 《北京会馆资料集成》(中),第645页。

连,陡起贪夺之心,致与涉讼坊城。经断案,复捏虚反控。幸蒙察院大人明镜发悬两回,照破肝胆,复断令火神庙仍归蔡盛名,其仙翁庙着颜料行另觅妥人,并令将当票交侯维山等自行赎取"。讼案最终得以解决。①

此案所反馈的信息大致有这样几点:一是会馆管理的重要事项,如确定看馆人及其报酬等,由六家值年共同商议决定,即会馆管理采取集体负责制。二是看馆人确定后一般不无故替换。鲁恭安代看会馆直至去世,达 17 年之久。三是碑文记述的会馆与蔡盛名之间的公产争讼及裁决过程较为简略,但关键事项均交待较为清晰。争讼的原因是契纸灭失及仙翁庙与火神庙毗连;"涉讼坊城"指明受理这一讼案的机构为坊城察院(详见后文),且经过会馆呈控和蔡盛名反控的环节;最终处理结果是将山西颜料行商人的祀神之所仙翁庙与蔡盛名主持的火神庙的"此疆尔界,划然一清",明确双方的产权归属。至于被蔡"私行典当"的馆中器具,"将当票交侯维山等自行赎取",损失由会馆承担。四是"侯维山"的身份并非为值年,而是以"鸿昌号"号主的身份出现在经理人名单中。在碑文后面的题名中,先是经理人 9 户商号,次是值年 6 户商号,之后才是 63 家捐施银叁拾两的铺号名单。从这种排列顺序看,经理人在行业中的地位最高。

另此碑所载内容的真实性,可从其他碑刻得到验证。立于颜料会馆内的乾隆六年(1741)《建修戏台罩棚碑记》曾刻载同业商户为"恭遇仙翁诞辰,献戏设供"而捐资建造戏台罩棚之事,同时载明仙翁庙基地的四至:"是庙坐落中城北芦草园地方,坐北向南。西至大沟,东至本城坊衙门,南至官街,北至金行会馆南截,中至火神庙殿。"②

从此碑可以确证,颜料会馆的仙翁庙与火神庙确实毗邻而居。双方"涉讼坊城",可推测应是东邻的中城察院。嘉庆二十四年(1819)颜料会馆重修仙翁庙时一并将火神庙修整之事,也见之于当年所立《重修仙翁庙碑记》。碑文载:"火神一殿,门盈三间,甚至于日即倾颓。……质之同乡诸人,各家愿解囊输资,筹所以修理者,而犹虑力之不给也。又公举纠首,持疏广募。"募捐之地有通州、天津、保定府以及湖北汉口、江西吴城等地。③

----

① 《明清以来北京工商会馆碑刻选编》,第 7—10 页。
② 《明清以来北京工商会馆碑刻选编》,第 1—2 页。
③ 《明清以来北京工商会馆碑刻选编》,第 4—7 页。

民国年间,会馆公产被经管者私自处分的情况也屡有发生。民国五年三月,山西潞郡会馆馆役德海私将会馆全部房舍租给陆军部兵工厂官硝局并引发了房产租约讼案。民国三十年前后,广东蕉岭分馆经理钟铁铮将会馆盗卖,历经两年诉讼,终得以解决。①

至于会馆现金和家具等动产被侵蚀的情况则更为常见。1949年北京市民政局对391家会馆的财产进调查统计后分析道:只有47家单位有动产,连全数13％都不到。按说每个会馆都有些家具,而大多数会馆未填写数目的原因,"一方面是原有家具逐渐损坏,或为负责人、看馆人所盗卖(如江西宜分万会馆的家具物品多为以前看馆的盗卖);一方面是由于负责人对于馆务漫不关心,馆内财物并无详细记载,无法填写(如江西会馆的负责人胡家麟虽知道馆内有家具,因前途未办移交,他也未检查登记,所以也没填写)"。② 当是反映了公产管理中的实际情况。

2.强占强租

会馆产业被强占强租的案件,多发生于社会动荡之际,尤以清初、民国初年、日军侵华时期为常见。清初有多起会馆被强占的实例。如上湖南会馆,"国初被人横踞"③;粤西会馆"清初为强有力者所占据,经同乡京官四控,于部院力争始克返还"。④ 其中广州会馆被强占而致讼的事例较具代表性。

据康熙十二年(1673)《重修广州会馆记》碑文所载,广州会馆建于明天启年间,由于明末战乱,住馆京官和同乡四散。"皇朝定鼎之初",会馆前两层为武人占居,"表其堂为厅事,敞东西中三门以受讼,而后座则番禺山人陈道居之,从后门而入凡一座五间"。后来"山人出游中州死覃怀,武人益并吞中外。士大夫但立门外,踟蹰却顾不得入"。康熙四年(1665)春,广州籍在京官员联合"控之司空之署,司空移刑部都察院下所司及台使者,勘至再,碑版岿然,武人无尺寸之籍,乃弃馆之前后悉牒而还之广州"。⑤ 会馆归还时,已被侵占达20年之久。

民国年间,类似的事例不断上演。民国九年《潞郡会馆纪念碑文》记载了

---

① 《北京会馆档案史料》,第1015页。
② 《北京会馆档案史料》,第1066—1076页。
③ 康熙五十二年(1713)《重修上湖南会馆碑记》,载《北京会馆档案史料》,第1356页。
④ 《北京会馆档案史料》,第1020—1022页。
⑤ 《北京会馆档案史料》,第1367页。

一起山西商人会馆与陆军部兵工厂之间的房产租约讼案。依据碑文：民国五年三月，馆役德海将会馆全部房舍租给陆军部兵工厂官硝局之朱兰田。"彼恃势值卫，禁阻潞人会议。三帮经理目击心惊，义愤同深"，遂公举绅、商界代表刘伯川等处理此事。根据会馆管理规章，馆役无权私典私租会馆产业，故此项租约当不具有法律效力。会馆一面"呈究德海于警察"，同时向法厅起诉解除租约，经"三审终结"，判决朱兰田将所占用的会馆房舍全部退还。但判决执行时并非一帆风顺，会馆特将争讼经过及判决执行的布告以"执行管业"的名义录于碑石。[①]

在日军侵华期间，会馆被日军强占强租之事有多起。湖南长沙邑馆位于东城试馆贡院西大街 10 号的房屋，"始由敌日强占强租，光复后虽经讼凭，内一区解除租约，限期腾交，但日人甫迁他机关即更迭进驻"，至 1947 年时，馆产归属仍"在多方交涉办理中"。[②]

上述在社会动乱之际馆产被强占强租的事例，虽最终均通过讼官或向法庭起诉等方式得以解决，但因涉讼一方的军事或武力的特殊背景，使争讼解决过程棘手耗时，甚至必须有同乡高官等一定政治权势的介入，方才奏效。

其实，每一次社会动荡，对公私产业都是一场浩劫，作为都城的北京更是如此。社会动荡所导致的契据遗失等也埋下了公产纷争的隐患。江西南安会馆东西两馆"因庚子变乱，将契约遗失"。[③] 凤阳会馆因"庚子五月京师有警，文正（为掌馆人孙文正）所居被兵，馆之簿籍丧焉"。[④] 广西三处省馆，即粤西会馆、广西中馆、广西新馆，"房屋契据经庚子拳匪之变均皆损失"。[⑤] 日军侵华期间，有不少会馆负责人携契南下，使一些会馆长期处于"真空"状态。如湖北大冶会馆在"七七事变"后，因住馆人"卢宗吕南旋，本馆全被外籍占住"。[⑥] 江西新建会馆馆长李敦恒在事变时将馆内契约及一切章则携去，后来李敦恒离平时委托管理馆务的符云甫病故，会馆遂处于"失忆失考"状态。[⑦]

---

① 《明清以来北京工商会馆碑刻选编》，第 41—42 页。
② 《北京会馆档案史料》，第 984 页。
③ 《北京会馆档案史料》，第 927 页。
④ 《北京会馆资料集成》（上），第 15 页。
⑤ 民国三年《京师凤阳会馆记》，载《北京会馆档案史料》，第 1021 页。
⑥ 《北京会馆档案史料》，第 971 页。
⑦ 《北京会馆档案史料》，第 923—924 页。

当公产面临这种"失管"的真空状况,势必引起各种势力的觊觎。外部的强势侵占有之,内部侵吞瓜分者也不在少数。商山会馆,"辛亥武昌变起,都中秩序乱,凡会馆基金多为乡人攫去,甚且鬻而分其直"。① 1925 年 4 月 1 日京师审判厅登记处发布的《关于不动产登记问题的白话通告》中的一段文字,更能说明庚子之乱以来因公产契据遗失所造成的种种乱象:"……有补契的,有失契的,有新旧老契的,有大、宛两县税契的,又有左右翼税契的,有盗典、盗押、盗卖的,也有将老契数套分典分押分卖的,所以因此等纠葛,打官司的人实在不少。"②

3. 同乡利益之争

清末民初,地方行政区划发生了较大变化。民国二年,北洋政府公布《划一现行各县地方行政官厅组织令》,宣布废府州、存道县,将清代实行的省、道、府、州、县(厅)五级行政区划体制改为省、道、县三级制;民国十六年宣布废道,实行省、县二级政区制。由于清代同乡会馆是建立在旧有行政区划基础之上,州县等行政设置的分合变化,往往会引起连锁反应,进而导致公产归属的争讼。湖南善化会馆的馆产之争,即是典型一例。

善化会馆建于清道光三年(1823)。民国二年,长沙、善化两县合并,均称长沙。在此后的 20 年中,旧善化籍人和旧长沙籍人对善化会馆的产权之争,持续不断。

民国二年两县合并后,旧善化籍人提出:善化会馆"由当时京内外旧湖南善化县籍同乡官员捐建","并历年由旅京津之原捐建人,或其后人,推举职员管理馆务",故会馆"产权,仍属旧善化籍人所有,由旧善化籍人管理及居住,外籍人不得侵占",并于民国三年六月公立规约,声明"仍保持'善化会馆'四字名义及匾额,以示区别,而维产权"。

事隔 24 年,至民国二十七年,"旧长沙籍人杨寅等,意图侵夺馆产,联合馆内混入外籍分子,及馆外江苏人唐长风等,因卖产偿债事件,藉词在法院诬控,缠讼七年。及胜利后,讼案虽结,而同乡星散已多……"。

分析清末及民国时同乡对会馆产业的争夺,其实多源于会馆之名称和性

① 1927 年《创建商山会馆记》,载《北京会馆档案史料》,第 1397—1398 页。
② 《北京会馆档案史料》,第 7—8 页。

质。名称代表公产的地域属性，而性质则决定了公产"公有"的范围。善化会馆特别强调其为捐助人所有的同乡会馆，而非为普通的同乡会馆，也意在缩小公产"公有"的范围："所谓同乡会之性质，实非同于普通同乡会之广泛。依照本馆民国三年六月《公议善化会馆规约》第四则之解释，名义上虽为同乡会，实际上只为捐建人会，不惟非旧善化籍人参加本会，即原属善化人，而其本人或先人，并未于民元前捐有款项者，亦仍不得参加本会。""讵以名义上之文字，与普通同乡会有涉混同，又以善化县现已合并长沙，因之本馆二十年来，纠纷屡起，非未捐款之旧善化籍人借口同乡妄干馆务，即原非旧善化籍之旧长沙人，亦借口两县现已合并，强冒会员甚至因争夺馆产，缠讼连年，馆务不能推行，官府不堪烦扰，推原其故，盖皆当日名称未正之所致也。"①

值得注意的是，民国时期，各同乡会等社会团体改组、新建之事较为频繁，因同乡权力重组而导致的会馆公产之争已非属偶例和个案。前述工商会馆强调是独立公产而非同乡公有之公产，实也隐含着同业公产面临着被一些新成立及改组的同乡团体借"同乡公有"之名而侵占的危险。同样，一些同乡会馆，也面临着被工商同业者借机垄断的忧患。

越中先贤祠(旧名稽山会馆)在1947年《总登记表》备注栏称："本祠系旧绍兴府属八县旅平同乡崇祀先贤联络乡谊之所，与同乡会性质名异实同。其产业为八县公有，故历届作事者必须县各有人，意在共同保管、互相纠察，章则完备，誉为各祠馆之冠。"然而在1947年春，"绍兴县一部分同乡(以洗染业者居多数)，以联络感情共谋福利为名，组织七县同乡会，事前并未知会主持本祠之人，亦未公告已登记之同乡，蒙准成立，所谓选民多系新近招来染业中之绍兴人，当选者又多属绍兴县之业洗染业者"。"以八县人多年共管之祠产，一时将由不健全之同乡会取而代之，衡情论法，均欠平允"。②

由于会馆登记备案往往事关公产权属，三四十年代会馆及同乡团体登记备案又呈警察局、社会局、财政局等多头并举之势，一些潜在的公产之争多在此时浮出水面。而这里不仅混杂着因州县等分化合并而导致的区域利益之争，同时也夹杂着同乡之间的矛盾和现实经济利益的争夺。

---

① 1950年8月8日《北京善化会馆为报旧有规约致民政局呈》，载《北京会馆档案史料》，第570—573页。
② 《北京会馆档案史料》，第879—881页。

上述三类会馆公产争讼的表现和原因只是大略区分,很多情况是两种以上的原因同共促成的。如湖北汉阳会馆,"自民国十七年政府南迁,同乡人士随之南下,前馆长周贞亮(前平政院评事)亦已南旋,馆务无人负责,致馆内所有家具陈设均被住馆之不肖同乡盗卖一空,即连同原有之玻璃镜框内嵌之会馆章程一并丢失"。① 这应是迁都的政治原因与内部管理失控共同造成的。卢沟桥事变后会馆公产被盗卖事件增多同样也是多种原因的组合。1939 年7 月 8 日北京特别市公署《关于修正管理会馆规则的训令》中载内政部的汇报称:"京市各省会馆同乡会管理废弛,时有不法情事,推原其故,大抵由于近十余年来,京市屡经事变,各省会馆所公举董事、委员不免因事离京,或虽有董事、委员而不克尽其保管之责任,以致被人盗卖、侵占之事,不一而足,甚至甲省人士盗卖乙省会馆。"②日军侵华所造成的社会动荡,会馆管理的真空状态,馆蠹内外勾结等原因,应是四十年代前后公产争讼大幅度增加的主要原因。

(二) 争讼管辖与审级

1. 清代多元管辖与一审制

一般在社会秩序安定、会馆管理制度健全时,遇有馆蠹侵吞公产行为,同乡及同业等多以"革出""驱逐"等剥夺同乡权利的形式自行解决,如道光初年,安徽绩溪会馆"王照、舒国安相继踞管,侵蚀众同乡,已将伊二人革出,永远不许入馆"。③ 但清代大多数公产纠纷,主要以讼官的方式解决。安徽芜湖会馆,"咸同间馆舍为京民侵占。光绪十一年讼官,仍还会馆"。④ 商山会馆,在光绪丁酉(1897)购屋创建时,因修葺费绌,"几与售主构讼,工头又被唆使,肆刁骗人,送城坊惩创乃已"。⑤ 类似记述公产争讼的碑文较多,不过所记诉讼过程较为简略。但依据一些会馆涉讼的碑文档案,仍可大致了解清代北京会馆争讼管辖的实际情形。

民国三年《靴鞋行财神会碑文》记述了清光绪年间,由靴鞋行众商号组成的财神会与由缝、尚等工人组成的合美会因工价增减涉讼的情况。光绪八年

① 《北京会馆档案史料》,第 961 页。
② 《北京会馆档案史料》,第 12 页。
③ 《绩溪会馆规条》,载《北京会馆档案史料》,第 283—286 页。
④ 《芜湖会馆总登记表》,载《北京会馆档案史料》,第 903—904 页。
⑤ 1927 年《创建商山会馆记》,载《北京会馆档案史料》,第 1397—1398 页。

(1882)，为应对工人齐行罢工，120 余家商号联名在中城司控告由工人组成的合美会。"两造各执一词，一求增价，一求减价。奉城宪当堂公断，不增不减，俱照原价开工做活。"合美会不服堂断，又在提督衙门及顺天府大、宛两县等衙门控告，冀推翻前案。但各署均不受理，并俱将案卷送交中城察院归案讯办。①

碑文中提到的中城察院、提督衙门及顺天府大兴和宛平两县，同样也是会馆公产争讼的管辖部门。从碑文所载争讼受理情况看，中城察院、提督衙门及顺天府大兴和宛平两县似是平行机构，均可接受诉状。由于清代会馆主要建于处城，涉及会馆公产的争讼案件，以及会馆治安和房产登契补契等类民政事务，主要由五城巡城御史和大兴、宛平县衙管辖。在清代前中期，会馆争讼诉之察院的较多，光绪以后，呈状至大兴、宛平的更为常见。由于多个机构均有管辖权，现实中也有不服此处另投他处，以及涉讼另一方反控的实例，故受理机构间的互通气息及会审，成为较通行的做法。光绪九年（1883）《临汾乡祠公会碑》便记载了大兴和宛平两县会审断结的案例。

据该碑记载，光绪八年（1882）十二月，三家牙行店"突兴讹赖之举。凡各行由津办买运京之货，每件欲打用银二钱，众行未依"，牙行店在宛平县将 4 家纸商"先行控告，未经讯结"。光绪九年二月，"适有鲁琪光侍御条陈场务，向有牙行藉差派累情事。随奉上谕，永行禁止"。该年四月，干果行、颜料行、烟行的商号"在大兴县将牙行呈控。五月内，经大、宛两县会讯断结。谕令纸张众行等，各守旧章，并不准牙行妄生枝节。须颁发告示，各持为凭"。②

此例中的牙商之争及前述财神会与合美会的争讼，均有控告和反控的情节，双方既可在同一衙门也可选不同的衙门投递呈状，但首接呈状衙门具有优先管辖权。作为平行管辖权单位，后接状者可以会审名义参加，如此例；也可将所接呈状交由首接衙门，如前案提督衙门及顺天府大、宛两县等衙门"均不受理，俱将案卷送交中城察院归案"。

这两个实例反映出清代会馆争讼事宜主要采取一审终审制。其管辖的多元性通过平行部门间的沟通与协调而避免管辖冲突，形成乱而有序的管辖

---

① 《明清以来北京工商会馆碑刻选编》，第 164—166 页。
② 《清代工商行业碑文集粹》，第 54—55 页。

特色。

2. 民国三审制与多重管控

民国时期,随着近代司法独立制度的建立和完善,清代北京司法与行政、监察、军事等合一的诉讼管辖制度逐渐向法庭独立审判的方向发展,但清代实行的治安、司法、行政合一的传统模式在现实中仍有较大的影响力。

民国年间,解决公产争讼的主要渠道是诉诸法庭。民国四年《重修襄陵北馆记》碑文载:"……因义园地有租户跋扈狡赖,讼达京师地方厅,划清段落,新立界石。"①诉诸法庭的公产争讼,多经过三审程序。广东蕉岭分馆在三十年代初被经理人盗卖后,"经三审判决胜诉"将被盗卖的产业追回。② 浙江越中先贤祠(旧名稽山会馆)也是"诉经三审,收回被盗卖之崇外南岗子新旧两义园"。③

公产争讼经法庭判决后的执行情况,在碑文档案中也有一定的体现。福建泉郡会馆因"馆丁伪造契券,占馆业为己有",会馆管理者特"邀乡友诉诸官,涉讼数年,几经波折,卒请地方审判厅,强制执行,始得收回"。④ 广东蕉岭分馆被盗卖的公产,"经三审判决胜诉,于三十三年四月三十日蒙法院执行将房屋交还同乡会收回经管"。⑤ 文中反映了地方审判厅民事执行处存在的实际意义。

由于会馆公产争纷不同于一般的民事纷争,它涉及外省市的团体地益,连带效应广,加之受传统司法、行政合一制度的影响,故即使在民国司法独立制度已然推行时期,行政手段仍然起重要作用,司法与治安、行政相互纠缠的情形难以改观。其表现主要有三:

一是会馆由警察厅、局主管,社会局、财政局、地政局兼管的多重行政管控特色。1947年北平市政府社会局对设在北平的会馆和同乡会组织进行全面登记调查时统一拟制了登记表,表中所设许可机关、备案年月及批文号数两栏,对考察清末和民国时期会馆的行政与社会归属,颇有参考价值。

---

① 《明清以来北京工商会馆碑刻选编》,第127页。
② 《北京会馆档案史料》,第1015页。
③ 《越中先贤祠总登记表》,载《北京会馆档案史料》,第879—881页。
④ 民国二十六年六月《福建泉郡会馆记》,载《北京会馆档案史料》,第1341页。
⑤ 《北京会馆档案史料》,第1015页。

清末民国会馆"许可机关"统计表①

	未填	无	不详	前清	警察局	公安局	社会局	社警会察局局	财政局	地政局	其他	报批中
206	100	6	12	3	37	3	22	77	5	3	6	2

此次登记调查中共收到各会馆提交的"总登记表"计 206 份,表中"许可机关"不清的为数最多,有 100 份登记表此栏为空白。未填的原因,多是填表人不了解会馆的发展历史,填写"不详"的 12 份也是同样的原因。

在明确填写有"许可机关"的表格中,警察局、公安局数目最多,如将填写"前清"的归入此类,总计有 43 个。另值得注意的是,有 7 个会馆同时在警察局和社会局备案,时间集中在 1937 年到 1946 年。这样算下来,在警察厅、局备案的会馆总计有 50 个,持续时间达 40 年,无论会馆数目还是持续性,均远远超过其他许可备案机构。总登记表中,仅次于在警察厅、局备案的机构是北平市社会局,备案的会馆数目为 22 个(如加上同时在警察局和社会局备案的为 29 个),备案时间集中在 1946—1948 年间。虽然这一统计数据尚不具有完整性,但可大致表明京师警察厅、局对会馆管理和公产保全的重要性,以及会馆对其管辖的认同性。

二是不动产登记制度由地方审判厅负责,扩大了司法审判机构的社会管理权限。京师地方审判厅于 1922 年创办不动产登记制度,对符合程序、经在《司法公报》上公示没有异议的房屋土地登记者发给《不动产登记证明书》。该厅 1925 年 4 月 1 日发布的白话通告宣传不动产登记有三重好处:一是可以确定产权所有者的利益关系,避免因契据遗失而产生的争讼,且可省去契据遗失后呈报官署、登报声明、找铺保补契等繁琐程序。二是手续简便,省时省力。从前办理登记要通知四邻到场并等候派员丈量,现在可用信函通知及市政公所的尺丈数目凭单。三是费用按产业价值的千分之二收费,六个月内办理可享受半价优惠。

在由京师地方审判厅统管不动产登记之前,北京城内及关厢的不动产契证登记及交纳契税为分散征管。而由京师地方审判厅统一进行产权登记、确

---

① 本表所依据的 206 个会馆总登记表,详见《北京会馆档案史料》,第 830—1065 页。

认权属,其目的主要是为澄清讼源,避免今后可能出现的产权纠纷,这与法院的职能多少有些关联。

但严格来说,由京师地方审判厅创办不动产登记制度,仅是一种变通或过渡,因这毕竟与近代中国所推行的司法独立制度有一定的背离,故在实施15年后改由财政局、地政局承担房地产权的登记与征税,使司法审判与社会管理和服务相分离,更具有合理性。

三是特殊时期对公产盗卖案件的行政干预。所谓特殊时期,主要指三四十年代。1939年11月颍州会馆被盗卖的事件,引起市政府的高度关注。一年后,北京特别市市长余晋和会同财政局、社会局、警察局局长共同签署发布了《关于严禁盗卖会馆公产的布告》。布告转述王子彬等函称:"近有高文光、王乃朴、徐赞卿三人,勾串盗卖裘家街三号之颍州会馆,恳求转饬主管区署,迅予制止。"同时该函还建议:"凡属会馆公产,不得私行买卖。如系公意处分,亦须先行呈报,否则不准转移,俾众周知,则纠纷自可减少,并训令警察、财政、社会三局,注意取缔等情。"

王子彬的建议既反映了会馆由多部门兼管的现实情况,又提出了可行的加强行政监管的环节和措施,故被市政当局采纳。该布告特别强调在公产买卖环节进行行政监控,以减少私行买卖或典押公产案件的发生。[①]

民国时期警察、财政、社会等多部门对会馆的管辖各有侧重,又相互关联。管辖侧重警察厅、局着重从维护社会治安与保护公产的角度,社会局从社团管理的角度,财政局从公产登记征税的角度。这种多部门共同管理,既反映了民国时期会馆人员构成的复杂性和流动性,会馆公产维持的艰难性,同时也体现了国家权力对会馆的多角度、全方位的干预渗透。

伴随这一过程的是各省市县会馆自治特征和个性色彩的渐趋弱化,这在会馆规约章程上表现得尤为明显。清代各会馆管理规则,一般省内或邻近地区会馆有一定的趋同性,但省际之间的差别比较明显。这一态势在民国初年还可见到。但到三四十年代,随着国家管控的加强,会馆规章带有明显的模式化风格,对组织形式、选举办法、职权范围等方面的规定雷同性强,多是表面文章,反而不如清代和民国初年的会馆规章带有鲜明的个性和针对性。这

---

① 《北京会馆档案史料》,第13页。

也是会馆由自治走向他治及政府统一管理的前奏。

四、公产保全措施

（一）完善规则

公产争讼给会馆造成的影响是多方面的。而会馆公产管理制度的建立与完善，也建立在公产争讼经验总结的基础之上。前文所述，清代民国 300 年间会馆公产争讼主要有内因、外因和内外合力之因多种因素。就战乱所造成的社会动荡及迁都等政治因素，大多数会馆无法左右，但加强内部防范与制度建设以减少公产流失及争讼，则是大多数会馆力所能及之事。

公产被私拆私分、盗典盗卖等而引起公产争讼具有普遍性和长期性，而导致这类争讼最大的危险来自经营层，故经营人选是否稳妥最为关键。玉器业长春会馆的管理章程强调："本行各值年会首，原以公正老成素望之人办理馆事，无论该会首等子孙如何贤能，不得接替承办馆事，切记切记。"①《绩溪会馆规条》强调馆内存款和租息"不许本邑人借用"。② 两则规章均体现出公产管理中避亲避嫌的自我规范特性。

为了制约经营层擅自侵吞变卖公产，不少会馆规则采取以公议、公决的方式进行制约。《泾县会馆馆规》规定："如有事须动存项，亦必约同公议，以避嫌疑。"③《邵武会馆新订管理规则》亦明确规定："董事掌管馆中物产，及收益处理之权，但关于不动产之典卖变换，非经公同议决，不得私行处分。"④

为了防范以私害公，采用公产轮流经管、账目公开、公众监督等措施，成为大多数会馆规章一致性的要求。《泾县会馆新议馆规》规定："自本年始，一切费用帐目定于每年九月初一日结算，值年人先期出知，邀集凡在京同乡将新旧馆文契及各帐共三匣，并馆内物件公同查明，交下班经管。如有短少，未交之前，旧值补偿；已交之后，新值补偿，两无推诿。"⑤有的强调在交接日时，

---

① 《明清以来北京工商会馆碑刻选编》，第 116 页。
② 《北京会馆档案史料》，第 283—286 页。
③ 《北京会馆资料集成》（上），第 34—35 页。
④ 《北京会馆档案史料》，第 344—345 页。
⑤ 《北京会馆档案史料》，第 280 页。

将账目"开一清单,粘贴于壁,听众查核"。① 1932年《吉林旅平同乡会简章》在"会产及经费"一章中规定:"所有本会会产永远不准用作抵押及典卖,并变更其原来用途。"②民国三十年《晋翼会馆简章》第一条规定:"晋翼会馆为翼城县人集资购买,即永远为翼城县人公共产业,无论何人,概不得私自处分,或指产借款,以及临时抵押。"③上述规章严禁私自处分公产及借贷、抵押公产,均是从保全公产的目的出发,也是基于现实经验的总结。

一些会馆也注意到制度建立固然重要,而更重要的是制度能够长期推行,其中最关键的一环是要求同乡同行关注馆务,热心公益。康熙二十二年(1683)《建元宁会馆记》对缎行众商提出的要求是:"会兹馆者,切勿忍作私宅,生侵占攘夺之心;亦勿视作公家,起推诿卸事之念。时时防杜,事事护持,久冠与岁月与长,兴隆等江流并茂,庶不没创馆之苦志也夫。"④安徽绩溪会馆总结之前公产被侵蚀的原因道:"从前馆事之坏,固坏于败类者之嗜利侵蚀,而尤坏于取巧者之唯阿退缩,以致正气孤而事益不振。"进而对同乡提出要求:"嗣后倘再有败类之徒出,必须同心协力共摈。若或依违观望,意存推诿,即非吾绩之人。明神在上,实鉴斯言。"⑤

上述避亲避嫌、公议至上、公开透明等原则,是清代会馆在总结公产流失与争讼的经验基础上不断提炼和完善的。

民国时期,一些会馆也适时调整并创立新的自治规则。针对同乡利益争夺日益激化,一些会馆对监督权行使设定了一些限制,以防越权而影响会馆的正常活动。1915年《重订浙闽会馆章程》基于会馆产业源于两省同乡,特规定"两省同乡各界,人人皆有议事查账之权,但须知会总董、值年方能开议"。⑥ 1915年《修正北京金溪会馆规约》也规定:"各董事及旅京邑人,均有查帐之权。有疑义时,应报告于在京之同乡,公同评议,但不得以私人侵越主任之权。"⑦

① 1826年公议《绩溪会馆规条》,载《北京会馆档案史料》,第283—286页。
② 《北京会馆资料集成》(中),第692页。
③ 《北京会馆档案史料》,第104—106页。
④ 《清代工商行业碑文集粹》,第53页。
⑤ 《北京会馆档案史料》,第285—286页。
⑥ 《北京会馆档案史料》,第211—214页。
⑦ 《北京会馆档案史料》,第383页。

即使在会馆规章制度日趋同化的四十年代，为防范纷争的民间自创性规制也依然可见，如担保连带责任制的实施。1948年《吉州十属北平公产保管会章程》规定："本会执行委员，如有侵吞公款，及损害本会名誉者，由执委会全体负连带责任。"①1949年《歙县会馆组织章程》规定会馆设经理员和总务员各一名，由理事长提名，交理事会通过派用，且"总务员、经理员须觅具殷实铺保"，"总务、经理各员如有拐逃或亏欠公款者，应由理事会追查铺保赔偿"。这些内容，均体现了民间自治性规范应时制宜的创意和智慧。

（二）刻碑公示

公产争讼发生及结案之后，各会馆多注意总结经验教训，或定规立约，或补契报官，并刻碑铭记公示。涉及争讼的碑文铭刻内容，其突出特点有二：

一是即时刊刻公示，即在争讼解决后总结经验教训，有针对性地采取措施，完善规则，以避免类似情形再度发生。道光十八年（1838），山西颜料会馆针对看馆人蔡盛名借房契失火不存而起贪夺之心，"讼平后，即已将会馆房数地界，开写清单，复照例在于大兴县过契，封藏值年处公筒中，作为轮流交代之物"，且由六家值年公议将事情发生经过等勒石"以志颠末"。②

二是重视公布结果，尤其是官府的定性批语和告示，以此作为明确争论双方权利义务关系的基础，同时对类似事情有警示震慑之效。山西颜料会馆在乾隆十八年（1753）所刻《公建桐油行碑记》即载有"牌批"对商人与牙行纷争的效用。碑文载："颜料行桐油一项，售卖者惟吾乡人甚伙。自生理以来，绝无开行店□，亦绝无经济评价……有网利傅天德者，既不开行，又不评价，不知执何年月之帖，平空索取牙用，捏词叠控，哓哓不已。幸蒙都宪大人执法如山，爱民如子，无事听断之烦，而宵小之奸洞悉。牌批云：'凡一切不藉经纪之力者，俱听民自便，毋得任其违例需索，扰累铺户，致干未便。'皇皇铁案，炳若日星，不数日而弊绝风清，冰消瓦解……其在安居乐业者，固应歌功而颂德；即彼营私妄作者，亦自当畏威而远罪也夫。用敢泐石，以志不朽。"③

正是基于上述特点，我们得以从以往的碑石文献中，把握北京会馆公产

---

① 《北京会馆档案史料》，第408—412页。
② 道光十八年（1838）《颜料行会馆碑记》，载《明清以来北京工商会馆碑刻选编》，第7—10页。
③ 《明清以来北京工商会馆碑刻选编》，第2—3页。

发展的概貌,同时也借此了解立碑在传统产权形成中的作用,它是公产确立及合法化的一个重要标志。

结　　语

通过前述对清代和民国各地设于北京的会馆及会馆公产所作的初步分析,我们可大致了解会馆公产的性质和运营情况,同乡和同业会馆公产的异同,①以及它们在近代中国法律和社会转型中所面临的难题。

公产是中国传统社会广泛存在的一种公有产权形式,其中会馆公产以清代较发达。会馆公产通过自愿捐献和向特定人群(如同乡、同业等)半强制性摊捐的方式设立,按共同约定使用和管理财产,并通过严格限定处置权(禁止盗卖典押及私人处置等)以保证其长期存续。为保障公产的合法性,一些会馆通过"公产立案"及刻碑等方式,②形成社会认可和官府保护的惯例。

清代,同乡和同业会馆公产的差异性并未受到过多强调。除服务对象、主要功能有所不同外,两者在公产形态、公产的聚合与承继、公产增值途径、公产集体处分权及公开透明管理模式等方面,均有近似性。民国时期,两类公产的差异性渐趋明显。一些会馆如玉行长春会馆、广东仙城会馆等特别强调其公产的私有属性,表现出会馆公产中公、私的相对性。其原因,既有民国时期所有权观念普及的影响,也存在当时新成立的社会团体和同乡组织对公产利益的争夺。而与公产有关的争讼及处理情况,也一定程度反映出由西方引入的所有权、社团法人、财团法人等观念,与中国传统的公产惯例,难以完全相融。

公产争讼的解决途径,清代呈现出司法管辖中的乱而有序及一审终审制。民国时期,解决公产争讼的主要渠道是诉诸法庭。但由于会馆公产往往涉及外省市的团体地益,社会关注度高,解决难度大,行政干预难以骤然消失。另民国时期政府对会馆管控的不断加强,也使原本以自治自管为主的同

---

① 除同乡会馆和行业会馆两大类别外,还存在同乡兼同业性会馆,本文将其归属于同乡会馆中,未将其视为单独一类。

② 详见邱澎生《公产与法人——综论会馆、公所与商会的制度变迁》,载朱英等主编:《商会与近代中国》,华中师范大学出版社,2005年,第54—82页。

乡同业会馆逐渐向政府管控的方向发展。1949 年新中国成立后，各地设于北京的会馆终于完成其历史使命，一部分由民政局接收后移交房管局统一管理，一部分由各省县人民政府管理并逐渐改变为驻京办事处。[①]

[①] 参见北京市民政局：《关于将会馆房屋移交房地产管理局的请示》（1956 年 6 月 5 日），载《北京会馆档案史料》，第 66 页。

后　　记

　　石刻法律文献研究是一个新的领域。从初始时对法律碑刻的界定,到渐渐明晰石刻法律文献与法律碑刻的界限;从构建学科框架、辨析金石关联,到注重精细化考证;沉浸其中,转眼已过二十春秋。于心无愧的是,二十年来,一直脚踏实地,稳步前行,结果便有了三本聚焦于古代法律碑刻的专著。

　　第一本是2009年出版的《碑刻法律史料考》(杨一凡主编《中国法制史考证续编》第三册,社会科学文献出版社)。此书阐述了碑刻法律史料的界定原则、形式特征、分类特色以及时代演进,提出以碑刻形式为主而辅之以碑文内容的新分类法,将碑刻法律史料分为圣旨碑、示禁碑、公约碑、凭证碑、讼案与纪事碑,并对各类碑文的主要特色和史料价值进行深入分析;对族规碑、乡约碑、行规碑、学规碑等作重点考述,并对某些地区的碑刻法律史料历史情形作了个案研究。

　　第二本是2015年出版的《法制"镂之金石"传统与明清碑禁体系》(国家哲学社会科学成果文库,中华书局)。此书采取了相对宏观的视角,研究内容由嘉石扩展到吉金,研究的时段上起周秦下至明清,力图通过对铭金刻石传统的系统梳理,建构解读中国古代法律的新话语体系。书中分析了法律碑刻的"碑以明礼""碑以载政""碑以示禁"等阶段性发展特色,提出中国法制"镂之金石"传统的核心是彰显"礼制"和布行"公政";指出作为一种相对独立的纪事体系和秩序建构要素,法制"镂金之石"传统在中华法制文明发展史上具有特殊意义。

　　第三本便是这本最新面世的《昭昭千载:法律碑刻功能研究》,内容包括基础性研究和碑刻个案分析研究。

　　对碑刻史料的基础性研究,如分类定性、规范定名、流程分析、格式复原、功能阐释等,是无法绕开的话题,也会直接影响研究范式。本书的基础性研究集中在开头(第一、二章)和结尾(第八、九章)。对碑刻分类的探讨，得益于前几年主持的一些科研项目，如中国政法大学校级人文社会科学研究项目"古代中国民众法律需求的构成——以石刻法制文献分类研究为中心"(2012—2016)、中国政法大学首届优秀中青年教师培养支持计划"古代石刻法律文献分类集释与研究"(2013—2016)等。当然基础性研究可以从多角度展开。本书第八章关注的清代三部《永定河志》所展现的诸多实用功能，有学者将其概括为"经世致用"，但笔者将其解释为定章立制，尤其是志书中记载的立碑举措，与治河防汛制度的形成关系紧密，也是治河制度走出衙署、脱离档案而推行于社会的重要途径。

相对于基础性研究，对碑刻的"深耕"性解读更为耗时，同时也更具挑战性。其实每一部书稿完成后，自己都在不断反省，力求找出薄弱点再行提升。第二部专著初步阐发了唐宋金元时期"碑以载政"的时代特色和公文碑的特殊意义，但尚缺乏对"公文碑"个案的精细化研究。而这本新著，便是对前段研究中薄弱环节的增补。一些传世名碑，如唐《少林寺碑》、宋《大观圣作之碑》，尽管古今关注者不在少数，但一些基础问题仍值得探讨。本书第三至七章注重对碑石上的公文、规条等进行考证分析，旨在藉此揭示碑志上的公文和程序的特别意义，进而对法律碑刻与法律制度、行政运作之间的关系进行深层次的思考。这也是"功能研究"的重要切入点。

本书定名为"法律碑刻功能研究"，除意在凸显法律碑刻有别于一般碑刻的实用性外，也意在强调，石刻法律文献研究已从文献整理、脉络梳理阶段迈向一个新的高度。法律碑刻不单纯是古代流传下来的文献或文物，在其刻立之时，即有明显的实用目的，此是法律碑刻制度属性的重要体现。碑刻的实用功能在古代为官民所共知，传承千年，这也是在书名前加饰"昭昭千载"的原因。

法律碑刻的"功能"研究，通俗解释，就是研究法律碑刻的生成路径和方式，揭示一块看似普通的石头，通过何种方式和步骤，变身为具有约束力或确权作用的法律碑刻；碑刻如何从依托文本，最终超越文本，成为独立的"碑本"。

这是一个宏大的议题。本书所做的工作，仅仅是开始。

李雪梅

2019 年 8 月于京城

图书在版编目(CIP)数据

昭昭千载：法律碑刻功能研究 / 李雪梅著；徐世
虹主编. —上海：上海古籍出版社,2019.10
(中国古代法律文献研究丛刊)
ISBN 978-7-5325-9333-0

Ⅰ.①昭…　Ⅱ.①李…　②徐…　Ⅲ.①法律-碑刻-
古籍研究-中国　Ⅳ.①D929

中国版本图书馆 CIP 数据核字(2019)第 191273 号

上海文化发展基金会图书出版专项基金资助项目

中国古代法律文献研究丛刊/徐世虹　主编
昭昭千载：法律碑刻功能研究
李雪梅　著
上海古籍出版社出版发行
(上海瑞金二路 272 号　邮政编码 200020)
(1) 网址：www.guji.com.cn
(2) E-mail：guji1@guji.com.cn
(3) 易文网网址：www.ewen.co
上海商务联西印刷有限公司印刷
开本 700×1000　1/16　印张 17　插页 2　字数 261,000
2019 年 10 月第 1 版　2019 年 10 月第 1 次印刷
ISBN 978-7-5325-9333-0
K・2696　定价：68.00 元
如有质量问题,请与承印公司联系